DEUTSCHE KUNSTDENKMÄLER
EIN BILDHANDBUCH

DEUTSCHE KUNSTDENKMÄLER

EIN BILDHANDBUCH

SACHSEN-ANHALT

Ausgewählt und erläutert von Hans-Joachim Krause
Einleitung Albrecht Dohmann

EDITION LEIPZIG

Die Deutsche Bibliothek — CIP-Einheitsaufnahme
Deutsche Kunstdenkmäler : ein Bildhandbuch. —
Leipzig : Ed. Leipzig. Teilw. u. d. T.:
Kunstdenkmäler in der DDR
NE: Kunstdenkmäler in der DDR
Sachsen-Anhalt / ausgew. und erl. von Hans-Joachim Krause.
Einl. Albrecht Dohmann. —
2., überarb. Aufl. — 1993
NE: Krause, Hans-Joachim

2., überarbeitete Auflage 1993
Gesamtherstellung: Druckerei Lorenz Ellwanger KG, Bayreuth
Printed in Germany

ISBN 3-361-00374-1

INHALT

VORWORT

Auch wenn Sachsen-Anhalt keine historisch gewachsene Kunstlandschaft darstellt, zeichnet es sich durch eine erstaunliche Fülle und Vielgestaltigkeit hervorragender und bedeutender Bau- und Kunstdenkmale aus. Diesen reichen Bestand in einer charakteristischen Bildauswahl vorzustellen, die weithin Bekanntes ebenso umfaßt wie sonst kaum oder noch nie Erwähntes, war bereits Ziel der ersten Ausgabe des Bandes 1968 und mußte es – mit leichten Akzentverschiebungen – auch für die Neuauflage sein.

Da Albrecht Dohmann († 1987) sie selbst nicht mehr vorbereiten konnte, übernahm der Verfasser auf Wunsch des Verlags diese Aufgabe. Sie mit einer lediglich aktualisierenden Durchsicht der Texte und der Auswechselung einiger Bilder lösen zu wollen, erwies sich freilich bald als nicht ausreichend. Außerdem verlangten die politisch-territorialen Veränderungen im Herbst 1990 korrigierende Eingriffe, gehört doch der Kreis Artern seit dieser Zeit zum Land Thüringen, während der Kreis Jessen wieder zu Sachsen-Anhalt kam, was zwangsläufig Verschiebungen im Denkmalbestand zur Folge hatte. Vor allem aber haben der Fortgang der Forschung und die Anstregungen der Denkmalpflege im zurückliegenden Vierteljahrhundert in so vielen Fällen neue Erkenntnisse zu den Denkmalen zutage gefördert und auch ihr Aussehen verändert, daß eine entsprechende Berücksichtigung im Abbildungsteil und die Neufassung der Bilderläuterungen schließlich unumgänglich wurden. Die von A. Dohmann verfaßte Einleitung hingegen, in der »auf engstem Raum eine Einführung in das geschichtliche Werden und die damit innig verknüpfte künstlerische Entwicklung des Gebietes« vermittelt wird, besitzt als Aussage des Autors davon unabhängig Geltung. Hier war – abgesehen von den Berichtigungen aufgrund der territorialen Verschiebungen – nur eine behutsame Angleichung weniger, nicht mehr zutreffender Einzelangaben im Text notwendig.

Die Abbildungen zeigen soweit wie möglich den heutigen Zustand der Denkmale und Einzelobjekte. Wenn diese Absicht in einigen Fällen nicht durchzusetzen war, so ist das insbesondere den raschen Veränderungen der jüngsten Zeit geschuldet. Instandsetzungsmaßnahmen in und an Baudenkmalen und Restaurierungen von Kunstwerken sind jetzt an so vielen Stellen in Gang gekommen, daß manches hier gezeigte Bild bald historische Bedeutung haben wird. Die Einbeziehung von bisher in die Bildfolge nicht aufgenommenen Bau- und Kunstdenkmälern – vornehmlich des späten 19. und des 20. Jahrhunderts – konnte mit Rücksicht auf die unerläßliche Wiedergabe der meisten der bereits 1968 erfaßten, vor allem der großen Monumente, nur in geringem Umfang erfolgen. Die Bilderläuterungen sind überall dort umfassender gehalten, wo es für das bessere Verständnis der oft komplizierten Entstehungsgeschichte, der hinter dem jeweiligen Werk stehenden Gestaltungsabsichten und der kunst- und architekturgeschichtlichen, aber ebenso der historischen wie allgemein kulturellen Bedeutung zweckmäßig erschien. Dennoch können es im vorgegebenen Rahmen kaum mehr als Hinweise und Andeutungen sein.

Zur näheren Erschließung der in diesem Band behandelten Werke sind eine chronologische Übersicht und ein Künstlerverzeichnis, zur raschen geographischen Orientierung eine Karte mit dem Standort der Denkmale beigegeben. Objekte, die sich heute in Museen befinden, erscheinen unter ihrem ursprünglichen Aufbewahrungsort. Bildteil und Erläuterungen sind nach den Ortsnamen alphabetisch geordnet; in einigen wenigen Fällen war aus technischen Gründen die administrativ gültige Ortsbezeichnung nicht mehr einzubringen. Diese Denkmale sind unter ihrem alten Orts-, jetzt Ortsteil-Namen aufgeführt. In [ ] gesetzte Zahlen zu Beginn eines Erläuterungstextes geben die Seitenzahlen der Abbildungen an. Die Lage des Ortes im Quadratnetz der Karte wird durch die in [ ] gesetzten Koordinaten am Ende des jeweiligen Artikels bezeichnet.

Für die Neuausgabe war die Beschaffung zahlreicher neuer Bildvorlagen notwendig. Viele halfen dabei. Für unermüdliche Mitwirkung habe ich vor allem Klaus G. Beyer zu danken, der stets bereitwillig – später gemeinsam mit Constantin Beyer – auf die unterschiedlichsten Aufnahmewünsche einging und die im Ergebnis meisterlichen Fotos beisteuerte. Frau Sigrid Schütze-Rodemann hat gleichfalls eine Reihe wichtiger Objekte fotografisch neu erfaßt, wofür ihr ebenso sehr zu danken ist wie den Herren Karl Geipl und Gunar Preuß, deren Aufnahmen das Landesamt für Denkmalpflege Sachsen-Anhalt freundlicherweise zur Verfügung gestellt hat.

Hans-Joachim Krause

EINLEITUNG

Zur Geschichte

Sachsen-Anhalt, dem der vorliegende Band gewidmet ist, wird von den drei Regierungsbezirken Magdeburg, Halle und Dessau gebildet. Sie besitzen keine natürlichen geographischen Grenzen, es sind Territorien recht verschiedenen Charakters. Der Südwesten ist bergig, Norden und Osten sind flach und wenig gegliedert. Das Land reicht im Westen bis in das Harzmassiv; der höchste Berg des Harzes, der Brocken, liegt im Regierungsbezirk Magdeburg. Das Massiv des Harzes fällt nach Norden verhältnismäßig steil ab und wird von einigen niedrigeren vorgelagerten Höhenzügen (Huy, Elm) begleitet, im Süden und Südosten ist der Harz nur wenig deutlich von dem zu Unstrut und Saale hinleitenden Berg- und Hügelland geschieden. Der nordöstliche Teil des Gebietes wird von der Elbe maßgeblich bestimmt, deren lebende und tote Arme und deren weite Auen der Landschaft ihren Ausdruck verleihen. Die in der Nähe von Barby in die Elbe mündende Saale hat sich im größten Teil ihres Laufes den Weg durch mannigfache Gesteinsschichten erkämpfen müssen. Steile Erhebungen an ihren Ufern haben die Anlage vieler Burgen und Schlösser begünstigt. Ein gleiches gilt für die von Westen der Saale zufließende und bei Naumburg einmündende Unstrut. Nordöstlich des Harzes und seiner Vorberge erstreckt sich das fruchtbare Gebiet der Magdeburger Börde, die nach Osten in die Elbniederung, nach Norden in die zur norddeutschen Tiefebene gehörige wald- und heidereiche Altmark überleitet. Das Gebiet östlich von Elbe und Saale ist im Süden Teil der Leipziger Tieflandsbucht, weiter nördlich gehört es zum westlichen Fläming und zur sandigen, flachen Mittelmark.

Die Grenzen des betrachteten Gebiets wurden 1990 neu festgelegt; sie entsprechen mit geringen Abweichungen denen der 1952 gebildeten Bezirke Halle und Magdeburg und damit in der Hauptsache denen des von 1945 bis 1952 bereits einmal bestehenden Landes Sachsen-Anhalt. Dem Zusammenschluß der auch im neuen Bundesland vereinten Landesteile ist freilich historisch eine lange und komplizierte Entwicklung vorausgegangen.

In den ersten Jahrhunderten nach der Zeitenwende bewohnten germanische Stämme das Gebiet des heutigen Bundeslandes Sachsen-Anhalt, die wichtigsten darunter waren im Süden die Hermunduren, im Norden Sweben und Langobarden. Im 4. und 5. Jahrhundert gehörte das Gebiet fast vollständig zum damaligen Thüringischen Reich. 531 besiegten die merowingischen Franken im Bunde mit den Sachsen die Thüringer bei Burgscheidungen, daraufhin fiel der Nordteil des Thüringischen Reiches an Sachsen. Die Gebiete östlich der Saale wurden um diese Zeit von den Hermunduren geräumt, slawische Stämme stießen nach und besiedelten im Verlauf des 6. Jahrhunderts das Gebiet; im eigentlichen Thüringen kam es zu slawischen Streusiedlungen, herrührend von verschiedenen nach Westen gerichteten Kriegszügen slawischer Fürsten. Während der Völkerwanderung wurde auch das ehemals germanische Land östlich der mittleren Elbe von den dort ursprünglich ansässigen Stämmen verlassen und von nachrückenden slawischen Völkerschaften besiedelt. So bildete sich längs der Elbe und Saale die in Nord-Süd-Richtung durch die beiden Bezirke verlaufende Scheidelinie zwischen Germanen und Slawen, die auch für längere Zeit die politische Ostgrenze des Deutschen Reiches darstellte.

Anfang des 8. Jahrhunderts begann die christliche Missionierung Thüringens; 741 begründete Bonifatius das nur kurzlebige Bistum Erfurt. Die Bedeutung dieses Platzes blieb jedoch auch nach der Angliederung an das Erzstift Mainz für den südlichen Teil des Gebietes lange erhalten. Weitere Missionsstützpunkte können wir nur vermuten, wahrscheinlich befand sich ein solcher in Merseburg. Unter den Karolingern gelangte die Christianisierung des germanisch-deutsch gebliebenen Teiles des Landes zumindest oberflächlich zu einem Abschluß. Im Zuge der Zwangsmissionierung der Sachsen wurde 780/81 in Seligenstadt, dem heutigen Osterwieck, ein Stift errichtet. Ein dünner Burgensaum sicherte die Elbe-Saale-Grenze; die Militärstützpunkte in Magdeburg und Halle (gegründet 806) gehören zu diesem Befestigungsgürtel. Kurz nach 800 wurde das Bistum Halberstadt gegründet, das östlichste im Sachsenland.

Im 9. Jahrhundert entwickelten und festigten sich in den deutschen Teilen des Gebietes die feudalen Verhältnisse. Unter den 919 zur Herrschaft gelangten Königen und Kaisern aus dem sächsischen Hause verlagerte sich der Schwerpunkt des Deutschen Reiches nach Osten; im Vorland des Harzes hatten die Herrscher ihre Lieblingsresidenzen, hier erbauten sie mächtige Befestigungen. Heinrich I. siegte 933 bei Riade (Kalbsrieth a. d. Helme?) über die Ungarn, die ihre Kriegszüge bis nach Sachsen ausgedehnt hatten. Unter Heinrich I. begann die Eroberung der slawisch besiedelten Gebiete östlich von Elbe und Saale; unter Otto I. wurde die Mark Meißen gegründet, die nicht nur das Land zwischen Saale und Elbe umfaßte, sondern nach Osten bis zu Bober und Queiß reichte. Andererseits war während der Sachsenkriege durch Karl den Großen eine große Zahl von Slawen westlich der Elbe in der Altmark angesiedelt worden und ging dort langsam in der sie umgebenden niedersächsischen Bevölkerung auf.

Einer der Führer des deutschen Vordringens in die Gebiete östlich der Saale und der mittleren Elbe, das auch unter Kaiser Otto I. fortgesetzt wurde, war Markgraf Gero, der 965 in der Kirche des von ihm gegründeten Damenstiftes Gernrode beigesetzt wurde. Heinrich I. und Otto I. starben 936 bzw. 973 in ihrer Pfalz Memleben a. d. Unstrut, beide hielten wiederholt Reichstage in Quedlinburg ab. Heinrich I. wurde in der von ihm begründeten Quedlinburger Stiftskirche, Otto I. in der Krypta des Magdeburger Domes, dessen Bau er als eine seiner Hauptaufgaben angesehen hatte, bestattet.

Für die eroberten Gebiete östlich der mittleren Elbe wurden 948 die Bistümer Havelberg und Brandenburg errichtet. Eine deutsche Besiedlung des ostelbischen Gebietes erfolgte um diese Zeit jedoch nicht; vielmehr wurden die slawischen Stämme in eine tributpflichtige Abhängigkeit gebracht und — mehr oder minder an der Oberfläche bleibend — stammesweise zur Annahme des christlichen Glaubens geführt. 968 wurde Magdeburg Sitz eines Erzbischofs, dem die Bistümer Havelberg und Brandenburg sowie die neu gegründeten Bistümer Meißen, Merseburg und Zeitz unterstellt wurden. Zugunsten Magdeburgs wurde der Bereich des alten Bistums Halberstadt stark verkleinert.

Beim Tode des Markgrafen Gero zerfiel sein ausgedehnter Besitz in die Nordmark (aus der das spätere Brandenburg hervorging), die Ostmark und die Mark Meißen. Im großen Slawenaufstand von 983 gingen die Stützpunkte im Norden wieder verloren; die Bistümer Havelberg und Brandenburg mußten aufgegeben werden. Aus Sicherheitsgründen erfolgte 1028 die Verlegung des Zeitzer Bischofssitzes nach Naumburg. In der Ostexpansion trat danach eine längere Pause ein, die zum Teil durch die alle Kräfte in Anspruch nehmende Italienpolitik der deutschen Kaiser des sächsischen und des nachfolgenden salischen Hauses bedingt war. 1080 fiel der vor allem vom sächsischen Hochadel unterstützte, gegen Kaiser Heinrich IV. aufgestellte Gegenkönig, Rudolf von Schwaben, bei Hohenmölsen im Kampf gegen seinen kaiserlichen Rivalen. Seine Grabstätte fand er im Dom von Merseburg. 1115 wurde Kaiser Heinrich V. von den aufständischen sächsischen Feudalherren am Welfesholz bei Mansfeld geschlagen. Unter Heinrich IV. war am Rande des Harzes noch einmal eine Reihe von festen Reichsburgen zur Durchsetzung der kaiserlichen Gewalt gegen die der Zentralgewalt widerstrebenden sächsischen Adligen aufgeführt worden.

Von großer Bedeutung für den Norden des Gebietes war die Berufung Norberts von Xanten, des Stifters des Prämonstratenserordens, zum Erzbischof von Magdeburg im Jahre 1126. In schneller Folge reformierte der sich überwiegend der Seelsorge widmende Orden eine Reihe von Klöstern und gründete weitere Niederlassungen. Ausgangspunkt aller Unternehmungen war das Liebfrauenkloster in Magdeburg.

Unter Kaiser Lothar von Supplinburg (1125—1137) begann eine neue Phase der Ostexpansion, diesmal jedoch mit einer Besiedlung der eroberten Gebiete und mit Städtegründungen verbunden. 1131 wurde das Bistum Havelberg neu errichtet. Albrecht der Bär, Graf von Ballenstedt, erhielt 1134 die Nordmark (Altmark), von der aus er sogleich Eroberungszüge über die Elbe nach Osten unternahm. Er bezeichnete sich seit 1150 als Markgraf von Brandenburg. Um die gleiche Zeit wurde Konrad von Wettin mit der Markgrafschaft Meißen und der Lausitz belehnt.

Es zeichnen sich seit der Mitte des 12. Jahrhunderts die Territorialstaaten ab, die in den nächsten Jahrhunderten für dieses Gebiet maßgeblich werden sollten: der brandenburgische Staat im Norden, anfänglich im Besitz der Askanier; die askanischen Anhaltiner mit ihren Besitzungen in Dessau, Bernburg, Zerbst, im Harz und anfänglich auch um Aschersleben; die Wettiner im Süden und das bis 1423 askanische Herzogtum Sachsen um Wittenberg. Dazwischen lagen die Besitzungen des Erzbistums Magdeburg mit dem Lande Jerichow, der Bistümer Halberstadt, Merseburg und Naumburg/Zeitz sowie die Grafschaften Mansfeld und Stolberg. Die Landgrafen von Thüringen besaßen bis zu ihrem Aussterben im Südwesten des Gebietes einen größeren Landkomplex. Die Neuenburg bei Freyburg a. d. Unstrut war die neben der Wartburg größte und wichtigste Residenz der thüringischen Landgrafen und damit zweites Zentrum dieses Staatsgebildes, das 1247 an die Wettiner fiel. Nur für kurze Zeit und mit Unterbrechungen spielte die Mark Landsberg, die aus Erbteilungen der Wettiner hervorgegangen war, eine Rolle. Sie kam 1291 an Brandenburg, bis sie im Jahr 1347 von den Wettinern zurückgekauft wurde.

Unter der Herrschaft der askanischen Markgrafen von Brandenburg lag das Schwergewicht des Staates in der Altmark, deren Städte, vor allem Stendal, Salzwedel und Tangermünde, Handelsplätze von überregionaler Bedeutung waren. Als nach dem Aussterben der brandenburgischen Askanier und dem wittelsbachischen Interregnum Kaiser Karl IV. aus dem Hause Luxemburg 1373 in den Besitz der Mark gelangte, beabsichtigte er, an der mittleren Elbe außerhalb seines Kronlandes Böhmen ein weiteres Zentrum seiner Hausmacht anzulegen, wofür er die Stadt Tangermünde auswählte. Durch den Tod des Kaisers blieben diese Pläne in den Anfängen stecken. Verlagerungen der Handelswege und die städtefeindliche Politik der den Luxemburgern im Besitz Brandenburgs folgenden Hohenzollern ließen die altmärkischen Städte bereits im 15. Jahrhundert in ihrer Bedeutung zurückgehen und immer mehr auf das Niveau kleiner Provinzstädte herabsinken.

Dagegen wuchs die Größe und Geltung Magdeburgs im Verlauf des Mittelalters stetig. In langwierigen Kämpfen zwischen Bürgerschaft und Erzbischof gelang es dem Rat, schrittweise seine Befugnisse zu erweitern. Magdeburg und die altmärkischen Städte schlossen sich der Hanse an. Das magdeburgische Stadtrecht galt als Vorbild in vielen neu gegründeten Städten des Ostens. Im Territorium des Erzbistums Magdeburg lag auch die wichtige Stadt Halle a. d. Saale, deren Bedeutung und Reichtum neben ihrer Lage an einer großen Durchgangsstraße auf der Salzsiederei beruhte. Seit dem 12. Jahrhundert zählte die Stadt zu den wichtigsten Stapel- und Handelsplätzen, vom 13. bis 15. Jahrhundert war sie Mitglied der Hanse. Die ursprünglich hervorragende Bedeutung des Harzgebietes nahm in dem Maße ab, wie diese Gegend nicht mehr Zentrum des Reiches oder zumindest eines der großen deutschen Territorialstaaten war. Der Grenzcharakter des gesamten Gebietes hatte sich bereits im 12. Jahrhundert verwischt, die slawischen Bevölkerungsteile der östlichen Gebiete vermengten sich mit eingewanderten Deutschen, die slawischen Dialekte starben aus. Seit dem 13. Jahrhundert gewann der Kupferbergbau des Mansfelder Landes zunehmend an Wichtigkeit.

Im Jahre 1423 wurden die Wettiner, deren Landbesitz sich vor allem durch Erbteilungen häufig neu gruppierte, nach dem Aussterben der Wittenberger Linie der Askanier auch mit dem Herzogtum Sachsen belehnt. 1485 kam es in Leipzig zur Übereinkunft hinsichtlich der Teilung des Wettinischen Länderbesitzes. Die beiden entstehenden Linien, die Ernestiner wie die Albertiner, verfügten über Besitzungen in unserem Gebiet;

die Kurwürde war dabei an den Besitz des sogenannten »Kurkreises« um Wittenberg gebunden.

Unter Albrecht von Brandenburg, seit 1513 Erzbischof von Magdeburg und Administrator des Bistums Halberstadt, außerdem seit 1514 Erzbischof von Mainz, rückte dieses mitteldeutsche Gebiet mit Albrechts neuer Residenz Halle in den Mittelpunkt der renaissancistischen Bestrebungen in Deutschland. Die von Wittenberg ausstrahlende Reformation bereitete den Plänen des ehrgeizigen Kardinals ein schnelles Ende. Magdeburg, Halberstadt und Halle schlossen sich rasch dem neuen Bekenntnis an; Albrecht zog es vor, seine Residenz zuletzt nach Aschaffenburg zu verlegen. Durch Luther und seine Mitarbeiter wurde Wittenberg im 16. Jahrhundert zu einem der wichtigsten geistigen Zentren Deutschlands. — Allstedt und das thüringische Mühlhausen gehören zu den hauptsächlichen Wirkungsstätten Thomas Müntzers. Bei Frankenhausen am Kyffhäuser wurde 1525 das Bauernheer von dem Aufgebot der Fürsten besiegt, Müntzer gefangengenommen und später hingerichtet.

In Auswirkung des Schmalkaldischen Krieges erhielten 1547 bzw. 1554 die Albertinischen Wettiner von den Ernestinern nicht nur Kurwürde und Kurkreis, sondern auch fast alle in unserem Gebiet gelegenen Ländereien bis auf die Gegend um Allstedt und die Thüringische Pforte. Die säkularisierten Bistümer Merseburg und Naumburg/Zeitz kamen 1564/65 hinzu, wodurch die Kurfürsten von Sachsen faktisch die Herrschaft über den ganzen Süden des Gebietes ausübten. Jedoch auch nach diesem Zeitpunkt hielten die Wettiner an dem alten Brauch der Erbteilungen fest. Auf diese Weise entstanden zeitweilig die Herzogtümer Sachsen-Merseburg, Sachsen-Weißenfels und Sachsen-Zeitz, die jeweils nach dem Aussterben der Seitenlinien an das Stammhaus zurückfielen.

Im Norden erweiterten die Hohenzollern ihren Landbesitz nach dem Dreißigjährigen Kriege zunächst um das Bistum Halberstadt, 1680 auch um das Erzbistum Magdeburg, 1780 durch Erbschaft um die Grafschaft Mansfeld. Auf Grund verschiedener Abkommen verfügte Preußen spätestens seit 1714 ebenfalls über die Grafschaft Wernigerode. Das Jahr 1803 brachte Preußen auch staatsrechtlich die bereits vorher de facto ausgeübte Oberherrschaft über das zusammengeschrumpfte Gebiet des Stiftes Quedlinburg. Nach den nur zeitweiligen Grenzveränderungen der Napoleonischen Zeit, in welcher bedeutende Teile des Gebietes zum Königreich Westfalen geschlagen worden waren, erhielt Preußen auf dem Wiener Kongreß alle ehemals sächsischen Besitzungen in unserem Gebiet, die es mit den bereits vorher ihm gehörenden zur Provinz Sachsen vereinigte. Zwischen 1815 und 1945 gliederte sich das Gebiet nunmehr in die preußische Provinz Sachsen mit den Regierungsbezirken Magdeburg, Merseburg und Erfurt und in die darin eingeschlossenen anhaltinischen Landesteile, die erst 1863 zum Herzogtum (später Freistaat) vereinigt wurden. Hinzu kamen einige braunschweigische und thüringische Enklaven.

1945, nach dem Zusammenbruch Deutschlands, entstand hier zunächst das Land Sachsen-Anhalt, dessen Nordwestgrenze durch die auf alliierten Festlegungen beruhende Abgrenzung zwischen den ehemaligen sowjetischen und britischen Besatzungszonen bestimmt war. Es umfaßte große Teile der vormaligen preußischen Provinz Sachsen, den ehemaligen Freistaat Anhalt und die braunschweigischen Enklaven sowie das thüringische Gebiet um Allstedt; der Regierungsbezirk Erfurt war bereits 1944 dem Land Thüringen zugeschlagen worden. Im Zuge der neuen Verwaltungseinteilung der DDR wurde Sachsen-Anhalt 1952 in die beiden Bezirke Halle und Magdeburg aufgelöst, wobei es zu erheblichen Grenzverschiebungen kam. So ging ein breiter nordöstlicher Landstreifen an den Bezirk Potsdam, während Magdeburg Teile des ehemals brandenburgischen Kreises Havelberg erhielt. Im Südosten wurden die Kreise Delitzsch, Eilenburg und Torgau zum Bezirk Leipzig geschlagen, die Kreise Jessen, Herzberg und Liebenwerda zu Cottbus. Die Grenzverschiebungen zu den Bezirken Gera und Erfurt waren demgegenüber geringfügig. Diesen 1952 geschaffenen Gebietsumfang der Bezirke Halle und Magdeburg hat man im Oktober 1990 bei der Wiedererrichtung des Landes Sachsen-Anhalt mit seinen drei Regierungsbezirken weitgehend beibehalten. Lediglich der Kreis Artern wechselte nach Thüringen, während der Kreis Jessen nun wieder zu Sachsen-Anhalt gehört.

Die Frühzeit

Die Ergebnisse der im Raum zwischen Harz und Saale besonders intensiv betriebenen Burgenforschung haben Aufschluß über das Bestehen zahlreicher großer frühgeschichtlicher Burganlagen gebracht. Diese Burgen bestanden aus einem System von mehreren mächtigen Erdwällen und Gräben, Palisaden und hölzernen Sperren und enthielten in ihrem Inneren verschiedenartige Gebäude in Block- oder Fachwerkbauweise. Manches von diesen Erdanlagen hat sich erhalten, ist entweder Teil der Landschaft geworden oder wurde im Verlauf der Jahrhunderte in spätere Burganlagen einbezogen. Zu den Burgen, die sich aus frühgeschichtlichen Anlagen entwickelt haben, zählen in unserem Gebiet u. a. Burgscheidungen, Burg Querfurt, die Seeburg, Goseck, Landsberg, Allstedt und die Sachsenburg an der Thüringischen Pforte. Sie alle wurden häufig umgebaut, erweitert und neuen Aufgaben angepaßt. Die ältesten Teile ihres heutigen Bestandes sind zumeist die starken, häufig runden Bergfriede. Die ältesten erhaltenen Steinfundamente entstammen wohl erst dem 11. Jahrhundert.

Aus widerstandsfähigem Sandstein ist der Reiterstein gearbeitet, der in einem Gräberfeld bei Hornhausen (Kr. Oschersleben) gefunden wurde. Er entstand bereits in früher christlicher Zeit, wahrscheinlich um 700. Der Stil ist durchaus flächig, das Ornament der Umrandung aus dem nordischen Kerbschnittornament entwickelt. Nächste Verwandte dieses Reliefs finden sich in Grabstelen Südschwedens und dem Stein von Niederdollendorf im Landesmuseum zu Bonn.

9. bis 11. Jahrhundert

Aus karolingischer Zeit haben sich in unserem Gebiet keine baulichen Zeugnisse erhalten, einiges ist jedoch neuerdings in Halberstadt durch Grabungen gesichert worden. Alle Gebäude aus dieser Epoche sind ganz von der Oberfläche verschwunden. An ihrer Stelle sind meistens neue Kirchen oder Burgen entstanden.

Dagegen weist gerade Sachsen-Anhalt bedeutende Werke aus dem 10. und 11. Jahrhundert auf, also jener Zeit, in der unter den Ottonen das Harzgebiet Zentrum des Reiches gewesen ist. An erster Stelle ist hier die königliche Gründung des Damenstiftes Quedlinburg zu nennen. Teile des aufgehenden Mauerwerks in den Westjochen der Krypta der Stiftskirche stammen noch aus dem zweiten Viertel des 10. Jahrhunderts, wohl nur wenig jünger ist die sogenannte Confessio. Unversehrt erhalten hat sich die Krypta des Chorherrenstiftes St. Wiperti in Quedlinburg vom Ende des 10. Jahrhunderts, ein nachträglich in den etwas älteren Chor eingefügter, kleiner, niedriger Raum, erstaunlich im Reichtum seiner architektonischen Motive: vollständige Wölbung, Chorumgang, Stützenwechsel, Trapez- und Pilzkapitelle. Die für die romanische Baukunst im alten Sachsen so kennzeichnende Mannigfaltigkeit des Ausdrucks und der

Mittel kündigt sich hier bereits an. Die 959 durch den mächtigen Markgrafen Gero begründete Damenstiftskirche in Gernrode ist in wesentlichen Teilen unverändert erhalten. Im Grundriß und in der ursprünglichen, im Ostteil noch vorhandenen Mauerbehandlung ungefüge, geben sich Aufriß und Gliederung der Innenwände für die frühe Zeit ungewöhnlich kompliziert. Die Emporen des Langhauses, durch Blendarkaden gruppiert und ehemals auch die Westseite umziehend, haben zu manchen Mutmaßungen über direkten byzantinischen bzw. orientalischen Einfluß Anlaß gegeben.

Gernrode ist der besterhaltene Bau der vorromanischen Zeit. Die übrigen Bauten sind nur in Teilen bewahrt bzw. in späterer Zeit tiefgreifend verändert worden. Eindrucksvoll bietet sich nach der gelungenen Restaurierung die ehemalige Benediktinerinnen-Klosterkirche in Drübeck dar, die wohl um 1100 errichtet wurde. Der heutige Charakter wird jedoch schon weitgehend von der um 1170 zugefügten Westpartie mit Doppelturmfassade und Westapsis bestimmt. Die Krypten der Dome in Zeitz und Merseburg, am damals äußersten Ostrand des deutschen und christlich-lateinischen Machtbereichs gelegen, sind Zeugnisse einer noch tastenden, aber zielstrebig vorwärtsweisenden baukünstlerischen Betätigung. Die einst sehr bedeutende Klosterkirche in Ilsenburg gibt heute nur einen schwachen Abglanz ihrer ursprünglichen Schönheit und Größe.

Die Grabplatte des in der Schlacht bei Hohenmölsen 1080 tödlich verwundeten „Pfaffenkaisers“ Rudolf von Schwaben im Dom zu Merseburg ist in ihrem ganz auf illusionistische Wirkung gestellten flachen Relief eines der kostbarsten Werke deutscher vorromanischer Plastik, nicht denkbar ohne Vorbilder in der zeitgenössischen Buchmalerei.

In diesem Zusammenhang muß auch das Heilige Grab in der Stiftskirche von Gernrode Erwähnung finden. Es weist in einigen Zügen auf die Entwicklung des folgenden Jahrhunderts voraus.

Romanik

Mit dem ausgehenden 11. und dem Beginn des 12. Jahrhunderts hebt in unserem Gebiet eine Periode künstlerischer Blüte an, die sowohl in der Architektur wie auch in der Plastik zu bedeutendsten Leistungen führte. Am Anfang steht der Neubau der Stiftskirche in Quedlinburg mit seinen phantasievollen, mit höchstem Können gearbeiteten Kapitellen und

Friesen. Ihm schließen sich die Bauten in Hamersleben und Frose an. Wahrscheinlich haben Steinmetze aus Como, die nach Quedlinburg gerufen worden waren, heimischen sächsischen Werkleuten den Anstoß für eine neue Gestaltungsweise gegeben, die eine rege und langanhaltende Nachfolge fand. Es sei hierbei an die Ostteile der Stiftskirche von Königslutter gedacht. Vornehmlich sind es die Klosterkirchen, die das Gesicht der Baukunst dieser Zeit bestimmen, Gründungen der Benediktiner- und Augustiner-Chorherren zunächst. Nach der Einsetzung Norberts von Xanten als Erzbischof von Magdeburg treten die Prämonstratenser-Chorherren mit ihrer Bautätigkeit hervor. Die von Cluny eventuell über Hirsau vermittelten, auf neuen liturgischen Gepflogenheiten der Reformklöster beruhenden baulichen Besonderheiten haben für unser Gebiet relativ wenig Bedeutung gewonnen. Neben den Orden treten Bischöfe und Feudalherren als Bauherren auf. Die Bischofskirchen mußten allerdings meistens einem späteren, gotischen Neubau weichen, zum Beispiel in Magdeburg, Halberstadt, Merseburg und Zeitz. Von den landesherrlichen Bauten haben in unserem Raum die beiden Doppelkapellen in Landsberg bei Halle und auf der Neuenburg bei Freyburg a. d. Unstrut sowie die Burgkirche in Querfurt die Zeiten überdauert, während die Burganlage von Landsberg inzwischen ganz verschwunden ist und die beiden anderen weitgehend verändert worden sind. Die Doppelkapellen sind ein höchst interessantes architektonisches Zeugnis für die soziale Aufgliederung der Bevölkerung im Feudalismus auch selbst im Gottesdienst. Nur durch eine Öffnung in der Zwischendecke sind die beiden Kapellenräume, der obere für die Herrschaft, unten der für die Dienstleute, miteinander verbunden. Es spricht für diese Ausdeutung, daß wir Doppelkapellen dieser Art nur in Burgen vorfinden. Von der Kaiserpfalz zu Memleben, bevorzugter Aufenthalts- und auch Sterbeort Heinrichs I. und Ottos I., konnten Überreste ergraben werden. Die später im Bereich der Pfalz begründete Klosterkirche ist jetzt Ruine; nur die Krypta blieb im Ganzen erhalten.

Mit der Prämonstratenser-Stiftskirche Jerichow entstand im dritten Viertel des 12. Jahrhunderts der erste künstlerisch bedeutende Backsteinbau Deutschlands. Die Säulen der Krypta mit ihren Kapitellen sind in Haustein eingesetzt, ebenso die Kämpfer der Vierungspfeiler. Die schweren Rundpfeiler des Langhauses tragen ziegelgemauerte Trapezkapitelle, erste Versuche einer noch wörtlichen Übersetzung von Hausteinformen in das andere neue Material. Von Jerichow geht ein breiter, unübersehbarer Einfluß auf das umliegende Land aus, das dem Stift in einem weiten Bezirk östlich der Elbe gehörte. Wahrscheinlich unter Mithilfe des Stifts entstanden noch vor bzw. um 1200 u. a. die Dorfkirchen von Melkow, Großwulkow und Schönhausen. Letztere bewahren bis heute als besonderen Schatz eichene Kruzifixe aus ihrer Erbauungszeit; über die Bildhauer und ihre Herkunft ist nichts bekannt.

Die Dorfkirchen romanischer Zeit waren in unserem Gebiet üblicherweise Feldsteinbauten in drei- bis vierfacher Abstufung: Turm, Schiff, eventuell Chor und Apsis. Von den noch relativ zahlreich erhaltenen Beispielen seien hier Bernburg-Waldau und Dambeck genannt. Die kleine Kirche in Hohenlangenbeck ist noch einfacher, sie hat nicht einmal einen Turm aufzuweisen.

Städtische Pfarrkirchen aus dieser Zeit sind spärlich erhalten. Häufig gehen sie auf ein ehemals bestehendes Kloster oder Stift zurück, so wahrscheinlich bei dem spätromanischen Bau von St. Nikolai in Aken. Bei den Aufräumungsarbeiten im kriegszerstörten Magdeburg stieß man auf eine geräumige Halle in der Buttergasse, nahe dem alten Markt, die zur Hälfte zugeschüttet und auf mehrere Häuser aufgeteilt worden war. Damit ist einer der seltenen frühen städtischen Profanbauten zu unserer Kenntnis gelangt, von dessen Existenz vorher nichts bekannt war.

In der zweiten Hälfte des 12. Jahrhunderts fertigte die Magdeburger Gießhütte die Grabplatten der Erzbischöfe Friedrich von Wettin († 1152) und Wichmann von Seeburg († 1192), die erste hieratisch starr in blockhafter Strenge — weicher, lebendiger modelliert, wenngleich auch noch ohne Porträtähnlichkeit die zweite. Beide sind jedoch eindeutig körperlich aufgefaßt und haben nichts mehr zu tun mit der ornamenthaft-linearen Eleganz der Grabplatte Rudolfs von Schwaben in Merseburg. Um und nach 1200 entstanden in der Liebfrauenkirche zu Halberstadt und der Klosterkirche zu Hamersleben die Chorschrankenreliefs, Stuckplastiken, durch Vorlagen der Kleinkunst angeregt und zu einer bislang unbekannten lebensvollen Gestaltung hinstrebend. Die Stuckplastiken, zu denen auch die Emporenreliefs aus Kloster Gröningen von 1170 (jetzt in Berlin) gehören, setzen sich fort in den Engeln mit Seligpreisungen in den Arkadenzwickeln des Langhauses der ehemaligen Klosterkirche Hecklingen aus dem fünften Jahrzehnt des 12. Jahrhunderts. Säulen und Kapitelle der Emporenhalle in Hecklingen gehören zu den schmuckfreudigsten Skulpturen dieser Zeit. Zu den bedeutendsten bildhauerischen Leistungen der Spätromanik zählt die mächtige Triumphkreuzgruppe des Halberstädter Domes, um 1220 entstanden. Als „Vorlage“ mag die von Bischof Konrad von Krosigk aus Byzanz mitgebrachte, jetzt im Halberstädter Domschatz aufbewahrte Weihbrotschale gedient haben. Die Halberstädter Triumphkreuzgruppe eröffnet die Reihe der obersächsischen Triumphkreuze, wie wir sie wenig später in Wechselburg und Freiberg i. Sa. fortgesetzt finden. Wertvolle Teppiche, Meßgewänder, Goldschmiedearbeiten, Möbel und Handschriften werden im Domschatz zu Halberstadt und dem „Zitter“ der Stiftskirche Quedlinburg aufbewahrt.

Ende der Romanik und Beginn der Gotik markiert gleichzeitig der als Neubau um 1210 begonnene Naumburger Dom, Langhaus, Krypta, Ostlettner und der später durch einen gotischen Neubau ersetzte Ostchor waren in noch überwiegend romanischen Formen um 1242 beendet. Der gegen 1250 begonnene Westchor ist dann bereits ein rein gotisches Bauwerk.

Gotik

Der komplizierte Prozeß der Aufnahme des gotischen Systems ist an der Baugeschichte des Magdeburger Domes, der 1209 begonnen wurde, abzulesen. Auch der vielleicht französische Baumeister, den sich der erste Bauherr, Erzbischof Albrecht II. von Kefernburg – selbst in Paris gebildet –, heranholte, übernahm in Mauerstärke und Gliederung, in der Kreuzgratwölbung des Chorumgangs noch eine Anzahl romanischer Elemente. Die zeitweilig in Magdeburg tätige Maulbronner Hütte brachte dann die unentwickelte, aber schmuckfreudige zisterziensisch-burgundische Art der Frühgotik mit, die noch ganz eng mit den spätromanischen Bauidealen verbunden war. Ausdruck der Kontinuität des traditionsreich-mittelalterlichen Denkens ist die Wiederverwendung der Spolien aus dem alten ottonischen Dom. Auch in Magdeburg dauerte es bis zur Jahrhundertmitte, ehe sich die gotische Baugesinnung, das durchgreifende Verständnis der neuen zur Verfügung stehenden Mittel wirklich durchsetzte. Ein Kleinod zisterziensischer Frühgotik ist die gleichzeitig errichtete Abtskapelle zu Schulpforta, vergleichbar mit den ganz kurz vorher entstandenen Räumen im Kloster Maulbronn. Im Bereich des Backsteinbaues entspricht der Stilstufe dieser Kirche in etwa die Lorenzkirche in Salzwedel.

Die um 1200 anhebende Blüte der Bildhauerkunst dauert auch beim

Übergang zur Frühgotik an. Es ist unmöglich, hier genaue stilistische Grenzen zu ziehen. Die Magdeburger Arbeiten — Jungfrauenportal, Mauritius und Reiterstandbild — gehen zeitlich voran; ihnen folgen unmittelbar die Werke des Naumburger Meisters und seiner Werkstatt am Lettner des Naumburger Westchores, die Stifterfiguren im Chor und die Kapitellplastik dort und am Lettner. Hinzu kommen, leider nicht mehr so gut erhalten, die Horburger Madonna (vor der Reformation als wundertätiges Gnadenbild Ziel von Wallfahrten) und der Rittergrabstein im Merseburger Dom. Mit dem Werk des von Mainz nach Naumburg gekommenen Meisters ist der Höhepunkt der deutschen Bildhauerkunst des 13. Jahrhunderts erreicht. Die Triumphkreuze in Merseburg und Zörbig stehen noch in der Tradition der großen Schöpfungen von Halberstadt und Wechselburg.

Abgesehen von den bereits erwähnten Arbeiten der Maulbronner Hütte ist unser Gebiet arm an eigentlichen zisterziensischen Bauleistungen. Der zwischen 1251 und 1268 neu errichtete Chor der Klosterkirche Schulpforta hat kaum noch mit den gezielten Traditionen dieses Ordens zu tun, er ist das Werk eines in Frankreich geprägten Meisters, der die Entwicklung zur Hochgotik bereits miterlebt hat. Leider wurde die Qualität des Chores beim Neubau des Langhauses nicht durchgehalten.

Trotz seiner langen Bauzeit weist der Halberstädter Dom, der vor 1240 begonnen wurde, einen recht einheitlichen Charakter auf. Auch hier begegnet uns in der allerersten Phase wiederum die Maulbronner Hütte, welche die unteren Teile der Westseite schmuckfreudig errichtete. Der Weiterbau des Domes erfolgte dann jedoch in entwickelter gotischer Bauweise, die Wölbung gehört der Spätgotik an. Es ist überhaupt ein allgemeines Merkmal sehr vieler mittelalterlichen Kirchen der bis zum Anfang des 16. Jahrhunderts dauernden gotischen Epoche, daß sie eine sehr lange Bauzeit aufweisen, zumeist dadurch verursacht, daß Teile von ihnen nacheinander abgebrochen und neu aufgeführt wurden. Dies gilt natürlich auch für Bauten, deren erste Gestalt noch aus romanischer Zeit stammte, so — um ein hervorragendes Beispiel zu nennen — den Dom zu Havelberg. Der 1170 geweihte Dom blieb im wesentlichen erhalten, doch wurden Chor und Schiff nach einem Brande im Jahre 1279 stark umgestaltet und erhöht. Noch einschneidender wurden der Dom in Merseburg und die Benediktiner-Klosterkirche zu Nienburg/Saale umgebaut.

Im Gebiet des Backsteinbaues entstand zwischen 1250 und 1500 die große Zahl gotischer Kirchen in Dörfern und Städten, die, wenn auch in späteren Jahrhunderten meist verändert, sich bis zum heutigen Tage erhalten haben. Die Verwendung von Bruchstein als Material wurde bald aufgegeben. Als Basiliken angelegte Kirchen wurden mit der Zeit fortschreitend zumeist in Hallenkirchen umgewandelt, Neubauten fast ausschließlich als solche begonnen. Die aus Westfalen übernommene Form der Halle wird in unserem Gebiet vorherrschend. Nur sehr traditionsreiche Anlagen, vornehmlich die Bischofskirchen, blieben bei dem älteren, anscheinend als hoheitsvoller empfundenen, basilikalen Schema. Bei Dorfkirchen überwogen einschiffige Anlagen.

Der Einfluß der Parler-Schule, über Prag vermittelt, macht sich am deutlichsten bei der 1388 begonnenen Moritzkirche in Halle an der Saale bemerkbar. Der hier tätige Baumeister und Bildhauer Conrad von Einbeck brachte in die deutsche Plastik des 14. Jahrhunderts einen frischen Zug ganz persönlicher Art. Seine in der Moritzkirche bewahrten Skulpturen lassen eine individuelle Auseinandersetzung mit den Themen sichtbar werden. Die liebliche Idealität der in dieser Zeit herrschenden „internationalen Gotik" wird von ihm in eine sehr expressive, den Betrachter aufwühlende, an die Vesperbilder der Mystik erinnernde Aussage umgewandelt. Die nur wenig ältere Tumba des Grafen Gebhardt XIV. von Querfurt in der Burgkirche zu Querfurt zeigt — ebenfalls von Prager Vorbildern beeinflußt — eine weit konventionellere Auffassung. In die gleiche Stilrichtung gehören auch die gegen 1430 entstandenen gemalten Tafeln des Altars der Quedlinburger St. Aegidienkirche, die an das Werk des Meister Francke erinnern.

Profane städtische Bauten wurden im 15. Jahrhundert häufiger. Die Mehrzahl von ihnen hat allerdings späteren Neubauten weichen müssen. Im Bereich der Backsteinbaukunst finden wir jedoch noch einige ganz hervorragende Beispiele, so das Tangermünder Rathaus und das Uenglinger Tor in Stendal. Die künstlerischen Ansprüche an solche Bauten sind jetzt erstmalig ebenso hoch wie die an Sakralbauten. Im Gebiet des Backsteinbaues in unserem Land ist die enge Verwandtschaft mit der angrenzenden Mark Brandenburg deutlich ablesbar.

Die Zeit zwischen etwa 1420 und 1525 brachte in unserem Gebiet eine bisher unbekannte Breite des Kunstschaffens, sowohl in der Architektur wie in Plastik und Malerei, wovon auch erfreulich viel erhalten ist. Der Dom zu Stendal mit seinen breiten, wohlproportionierten Verhältnissen, dem die Restaurierung nach dem Zweiten Weltkrieg die ursprüngliche Farbigkeit zurückgegeben hat, ist hier zu nennen, gleichzeitig aber auch die nur wenig später begonnene Marienkirche (Pfarrkirche) in Stendal, die Stephanskirche in Tangermünde, die mächtige Johanniskirche im abgelegenen Werben a. d. Elbe, die Umbauten der Marien- und Katharinenkirche zu Salzwedel sowie die dortige Franziskanerkirche. In vielen dieser Pfarrkirchen finden wir noch kurz vor der Reformation aufwendige Lettner, bemerkenswert auch im Hinblick auf die spätmittelalterliche Liturgie. Örtliche Traditionen werden deutlich, denn alle Stendaler Kirchen dieser Zeit erhalten Lettner.

Die Kirchen der altmärkischen Städte sind noch reich an phantasievoll geschnitzten Chorgestühlen, die mit ihren ältesten Stücken noch dem Ende des 13. Jahrhunderts, in der Mehrzahl jedoch dem 15. Jahrhundert, entstammen. Hier haben örtliche Schnitzwerkstätten von hoher Leistungsfähigkeit bestanden. Nur wenige Burganlagen dieser Zeit sind erhalten. Die gedrängt an Unstrut und Saale und verstreut an anderen Stellen zu findenden Burgruinen sind weit mehr wegen ihres ruinösen Zustandes romantisch verklärte Zweckbauten und weniger als Kunstwerke zu werten. Die in Tangermünde in den siebziger Jahren des 14. Jahrhunderts durch Kaiser Karl IV. ausgebaute Burg ist nur in Resten erhalten. Die mächtigste Burganlage unseres Gebietes, die gräfliche Burg in Mansfeld, ist bis auf die Kapelle und einige Einzelteile verschwunden.

Der städtische Profanbau des Harzvorlandes wird durch die Fachwerktechnik bestimmt. Die ältesten überkommenen Bauten stammen aus dem 15. Jahrhundert; unter diesen muß dem Haus Wordgasse 3 in Quedlinburg der erste Rang eingeräumt werden. Die Entwicklung des Fachwerkbaues kann noch heute in Quedlinburg, Wernigerode und besonders in dem relativ unberührten Osterwieck anhand zahlreicher Beispiele studiert werden. In Wernigerode hat sich das um 1420 als Tanzhaus errichtete und von 1492 bis 1498 umgebaute, später als Rathaus eingerichtete Fachwerkgebäude erhalten, welches hier in der Kombination mit Türmchen und Schieferdächern als ein Verwandter der hessischen Fachwerkbauten erscheint.

16. bis 18. Jahrhundert

Wenn auch gegen Ende des 15. Jahrhunderts die Bautätigkeit insgesamt gesehen nachläßt, so erlebte unser Gebiet ebenso wie das gesamte übrige Deutschland gerade um 1500 eine besonders reiche Blüte hinsichtlich der

Ausstattung von Kirchen mit neuen Altären, Taufen, Leuchtern, einzelnen Bildwerken und Kanzeln. Nur in seltenen Fällen sind die Schöpfer dieser Kunstwerke namentlich bekannt. Im Gegensatz zum übrigen Deutschland steckt hier die kunsthistorische Bearbeitung des reichen Bestandes an Plastik und Malerei dieser Zeit trotz einzelner nützlicher Arbeiten noch in den Anfängen. Für einige Werke kann eine Einfuhr aus Franken oder auch aus Nordwestdeutschland mit Sicherheit angenommen werden, die Mehrzahl jedoch, und darunter ganz ausgezeichnete Werke, ist im Lande selbst entstanden. Groß ist ohne Zweifel die Bedeutung der Cranach-Werkstatt in Wittenberg, die landläufige Zuschreibung „Cranach-Schule" bei einzelnen Tafelbildern oder Flügelaltären des ersten Viertels des 16. Jahrhunderts wird sich jedoch nicht halten lassen. Lucas Cranach d. Ä. war nicht der einzige qualitätvolle Maler der Dürerzeit in unserem Bereich; der Meister des Hauptaltares der Mansfelder Schloßkapelle wird neuerdings mit Hans Döring identifiziert. Ganz ähnlich liegt der Sachverhalt im angrenzenden Obersachsen. Ein bedeutender Maler hat die Außentafeln des Hauptaltares der Ulrichskirche in Halle gemalt. Er ist uns ebenso wie der Bildschnitzer dieses großen Altares, dessen Aufstellungsdatum,1488, wir kennen, und dem auch der Altar in Holleben zugeschrieben werden kann, unbekannt geblieben, obwohl er zu den bedeutenden Künstlern seiner Zeit gehörte, einer Zeit, die ganz allgemein ungewöhnlich reich an Talenten gewesen ist. Nach Niederdeutschland weisen die Schreinaltäre in den Marienkirchen zu Stendal und Salzwedel; da aber die Altmark sprachlich bereits ein Teil Niederdeutschlands ist, können diese Werke demnach nicht als Importstücke angesehen werden. Noch völlig dunkel ist die Herkunft der ausdrucksvollen Holzbildwerke der Dorfkirche zu Abbendorf in der Altmark. In Stolberg, am Südhang des Harzes, dürfte die ungewöhnlich reiche Ausstattung mit Werken der Zeit um 1500 aus Franken stammen.

Im Rahmen seiner weitgespannten Pläne zur Gründung eines ungewöhnlich großen geistlichen Territoriums nach dem Muster des römischen Kirchenstaates wählte Kardinal Albrecht von Brandenburg zu Beginn des 16. Jahrhunderts Halle als seine neue Residenz. Albrecht war von dem Wirken der Medici und anderer italienischer Kirchenfürsten beeindruckt; er stand in Verbindung mit Humanisten und Künstlern. Sein Hof — und damit auch die Stadt Halle — wurde zum Zentrum dessen, was man mit Vorsicht als „deutsche Renaissance" bezeichnen kann. Diese Bestrebungen hatten eine Verwandtschaft mit der gleichzeitigen Kunstpolitik Kurfürst Friedrichs des Weisen von Sachsen in und um Wittenberg. Was von diesen großen Unternehmungen übrig blieb, ist spärlich genug. Im architektonisch oberflächlich modernisierten Dom in Halle befanden sich Gemälde u. a. von Dürer, Grünewald und Baldung-Grien. Das „Hallesche Heiltum", eine gigantische Sammlung von Reliquien in kostbaren, künstlerisch gestalteten Behältern ist verschwunden, ebenso das „Wittenbergische Heiltum" Friedrichs des Weisen. In Halle blieb nur das, was aus dauerndem Stein hergestellt und nicht transportabel war; die Apostel der Backoffen-Schule und die Kanzel im Dom. In Wittenberg überdauerte nur einiges aus der späteren, schon reformatorischen Fortsetzung der kurfürstlichen Kunstpolitik — repräsentiert durch die Werke des Lucas Cranach d. Ä. und seiner Werkstatt und durch die beiden Epitaphien der Vischer-Werkstatt — die Brände und Plünderungen, denen Wittenberg in besonderem Maße ausgesetzt war. Während jedoch Halle durch den Auszug des Kardinals den Charakter eines Kunstzentrums, den es kurze Zeit besessen hatte, wieder verlor, erhielt Wittenberg, bis dahin eine unbedeutende Kleinstadt, auch als Hauptstadt des Herzogtums Sachsen, durch die Reformation lang anhaltende Bedeutung. Die Universität Wittenberg verzeichnete im 16. Jahrhundert bei weitem die meisten Studenten unter allen deutschen Universitäten. Die Werkstatt unter der Leitung Lucas Cranachs d. J. bestimmte, mehr als sie es zur Zeit seines Vaters tat, die Malerei im weiten Umkreis, besonders an den protestantischen Höfen der Wettiner und Askanier. Die heutige Aufgeschlossenheit gegenüber der Kunst des 16. Jahrhunderts, die in den letzten Jahrzehnten ständig zugenommen hat, wird auch dem Werk des jüngeren Cranach größere Gerechtigkeit widerfahren lassen.

Die Reformation, die sich in unserem Gebiet überall schnell durchsetzte, verschaffte den Landesfürsten und Teilen des Adels durch die Säkularisation kirchlichen Besitzes bedeutsamen Zuwachs an Land und sonstigem Reichtum. Deshalb stehen nicht mehr die Kirchen, sondern profane Bauten, vornehmlich Schlösser, in der Zeit nach 1525 in der Zahl der Neubauten obenan. Die Adelsschlösser auf dem Lande sind meist zerstört, von den teilweise erhaltenen seien die Schlösser von Leitzkau und Plötzkau genannt. Es ist durchaus kein Einzelfall, daß beim Bau dieser Schlösser, wie in Leitzkau, eine alte Klosterkirche geplündert, ja teilweise abgebrochen wurde. Viele mittelalterliche Burgen, vor allem aus landesherrlichen Besitz, wurden umgestaltet, ihres Verteidigungscharakters entkleidet und zu Wohnschlössern umgebaut. Bischofssitze wurden in weltliche Schlösser, so Bernburg und Querfurt einerseits und Merseburg andererseits, umgewandelt. Die der Herrschaft mächtiger Landesfürsten unterworfenen Städte erfreuten sich einer wirtschaftlichen Blüte, die sich im Bau aufwendiger Rathäuser äußerte. Das Rathaus in Wittenberg ist das beste Beispiel dafür.

Aus dem 16. Jahrhundert haben sich weit mehr Bürgerhäuser erhalten als aus allen vorhergehenden Jahrhunderten. Besonders treffliche Beispiele finden wir in den Fachwerkstädten des Harzvorlandes. Die Alte Münze in Stolberg und eine stattliche Reihe von Häusern in Osterwieck zeigen, daß die Technik des Fachwerks auch bei Bauten mit Anspruch auf Repräsentation durchaus Anwendung fand.

Dort, wo im 16. Jahrhundert an Kirchen gebaut wurde, handelt es sich in unserem Gebiet fast ausschließlich um Umbauten, die durch notwendige Reparaturen veranlaßt wurden. Die neuen Giebel der Liebfrauenkirche zu Burg und der Lorenzkirche in Loburg zeigen am deutlichsten, wie man hier den alten gotischen Bauten neue Verzierungen hinzufügte. Die nach der Reformation dem protestantischen Kultus dienenden Kirchen, vieler alter Ausstattungsstücke beraubt, bekamen neues Inventar. Zahlreiche Kanzeln wurden errichtet, da die Predigt in den Mittelpunkt des Gottesdienstes gerückt war.

Die Kirchen begannen sich mit plastischen oder gemalten Epitaphien zu füllen, auf dem Lande mit denen der Familien der Patronatsherren, in den Städten mit denen der ratsfähigen Geschlechter. In Magdeburg befand sich der Sitz mehrerer Werkstätten, die vor allem Alabasterarbeiten oft riesigen Ausmaßes lieferten. Während in der Architektur ein sehr langes Nachleben spätgotischer Formen festzustellen ist, so etwa in der Annenkirche zu Eisleben und der Dorfkirche zu Altenhausen, knüpften die Bildhauer und Maler direkt an die zeitgenössische, modernste italienisch-manieristische Formenwelt an, deren Kenntnis wohl in den meisten Fällen durch graphische Vorlagen vermittelt wurde. Werke, welche ein so sicheres Renaissance-Empfinden widerspiegeln, wie etwa der Taufstein der Stadtkirche zu Stolberg, sind selten.

Der Übergang zum Barock vollzieht sich fast unmerklich; er bahnt sich während der Dauer des Dreißigjährigen Krieges an, der von etwa 1630 an alle größeren, künstlerischen Tätigkeiten für rund ein Menschenalter zum Erliegen brachte. Nach dem Ende des Krieges und nach der Stabilisierung der Verhältnisse wurden anderwärts entwickelte Anregungen aufgenommen.

Eine erneute Erbteilung im Hause der Wettiner im Jahre 1656 erforderte den Ausbau neuer Residenzen mit Schlössern und Hofkirchen in Merseburg, Weißenfels und Zeitz. In Merseburg bot sich dazu das bischöfliche Schloß an; die wichtigsten Um- und Einbauten erfolgten am gotischen Dom, der gleichzeitig Hofkirche wurde. In Weißenfels und Zeitz mußten neue Schlösser errichtet werden, wobei in beiden Fällen die thüringische Architektenfamilie Richter herangezogen wurde. Die in das Weißenfelser Schloß eingebaute Kapelle gehört in ihrer Einrichtung zu den schönsten Leistungen des Barock in unserem Gebiet. In Zeitz begnügte man sich mit der Neueinrichtung vor allem des Chores des zur Schloßkirche umgewandelten alten Domes.

Die Bürgerhäuser der zweiten Hälfte des 17. Jahrhunderts sind zumeist bescheiden, erst im 18. Jahrhundert erlaubte der gestiegene Wohlstand die Errichtung anspruchsvollerer und damit teurerer Wohnbauten. Um 1700 beginnt auch eine neue Phase der Ausstattung älterer Kirchen; gelegentlich finden wir auch Umbauten, die einem Neubau gleichkommen. Qualitätvolle Beispiel hierfür bieten u. a. Großkorbetha und Quedlinburg.

In den Anhaltinischen Fürstentümern hatte kurz vor 1700 der Holländer Cornelis Ryckwaerts die Bauleitung des Schlosses Oranienbaum und der Trinitatiskirche in Zerbst. Der etwas nüchterne Charakter dieser Bauten erklärt sich einmal aus dem gewählten Vorbild – der Amsterdamer Oosterkerk für die Zerbster Kirche – und den trotz der Oranischen Mitgift beschränkten finanziellen Möglichkeiten des kleinen Staates.

Einige wenige Kirchen, in ihrer Bausubstanz zumeist älteren Datums, haben sich in ihrer seit dem Ende des 16. Jahrhunderts bis zum 18. Jahrhundert von Jahrzehnt zu Jahrzehnt langsam angewachsenen Ausstattung mit einer Vielzahl von Emporen, Betstuben und Epitaphien relativ ursprünglich erhalten. Im einzelnen handelt es sich bei den Einbauten zumeist um volkskünstlerisch-provinzielle Arbeiten; insgesamt ergeben sie jedoch ein sehr reizvolles Bild und spenden den Räumen Wärme und Leben. Sehr gute Beispiele hierfür finden wir in Schönebeck-Salzelmen, Profen und in kleinerem Ausmaße in der Dorfkirche zu Dehlitz a. d. Saale, deren Altar eine Abendmahldarstellung von Giovanni Antonio Guardi schmückt. In ganz ungewöhnlicher Weise hat ein unbekannter Holzschnitzer die Dorfkirche in Osterwohle in der Altmark umfassend ausgestattet. Sowohl in Dehlitz wie in Osterwohle tritt deutlich die hervorragende Bedeutung der jeweiligen Patronatsherren, die nicht nur für die Mittel sorgten, sondern nach ihrem Geschmack bekannte oder unbekannte Künstler heranzogen, zutage. Das neue Schloß Burgscheidungen, auf einem steilen, für terrassenartige Gärten genutzten Hügel über der Unstrut gelegen und nach Plänen von David Schatz zwischen 1724 und 1732 entstanden, ist die bedeutendste barocke Schloßanlage unseres Gebietes, die sich süddeutschen gleichzeitigen Bauten ebenbürtig zur Seite stellen läßt. Das 1751 durch Friedrich Joachim Stengel entworfene und begonnene Schloß Dornburg a. d. Elbe für die Fürsten von Anhalt-Zerbst würde, wenn der Plan zur Ausführung gelangt wäre, zweifellos die Krone der späten Barockarchitektur in unserem Gebiet darstellen. Das Schlößchen in Dessau-Mosigkau, unter dem Einfluß Georg Wenzeslaus von Knobelsdorff ausgeführt, ist auch in seinem Äußeren eine reizende Anlage; seine ganze Schönheit entfaltet es aber in den historischen Innenräumen, die noch die ursprüngliche Ausstattung mit einem Teil der Bilder aus der Oranischen Erbschaft aufweisen.

Eine Sondergruppe bilden einige zumeist ehemals zu Klöstern gehörige katholische Kirchen, die um 1700 und kurz danach mit großen, die ganze Breite und Höhe des Chores einnehmenden Schnitzaltären sowie Nebenaltären, Beichtstühlen, Chorschranken und sonstigem Gestühl ausgestattet wurden. Diese Gruppe von Klöstern hatte in den ehemals geistlichen Gebieten von Halberstadt und Magdeburg die Reformationszeit dadurch überstanden, daß ihre Konvente intakt blieben, bis nach Abschluß des Dreißigjährigen Krieges ihr Bestand durch den Friedensvertrag gesichert wurde. Zwischen 1800 und 1810 wurden auch diese Klöster im Gefolge des Reichsdeputationshauptschlusses und der Napoleonischen Kriege aufgelöst; die Kirchengebäude blieben jedoch zumeist dem katholischen Bekenntnis erhalten. Die schönste dieser Neueinrichtungen weist die von 1732 bis 1734 anstelle einer älteren errichtete Klosterkirche Marienstuhl vor Egeln auf, die Altäre und Einrichtungen von Hamersleben und Hadmersleben sind wenig älter, stehen aber in architektonisch nur wenig veränderten Kirchenräumen.

Der Dessauer Hof wurde in der zweiten Hälfte des 18. Jahrhunderts zur Geburtsstätte des Klassizismus in Deutschland. Fürst Leopold Friedrich Franz von Anhalt-Dessau war der Initiator dieser Entwicklung. Der Fürst, von empfindsamer Natur, Vertreter des aufgeklärten Absolutismus mit ausgeprägten philanthropischen Neigungen, war in starkem Maße von den Ideen sowohl Jean-Jacques Rousseaus wie auch Johann Joachim Winckelmanns beeinflußt. Mit seinem Freunde, dem Baumeister Friedrich

Wilhelm von Erdmannsdorff, hatte er Italien bereist. Die entscheidenden Anregungen für seine bauliche Tätigkeit empfing Erdmannsdorff jedoch nicht in Italien, sondern aus England, wo auch das Ideal des Klassizismus auf eine längere Geschichte zurückblicken konnte. 1769 beauftragte der Fürst seinen Freund mit dem Bau des Schlosses Wörlitz, dem ersten entschieden klassizistischen Bauwerk des deutschen Sprachbereichs. Mutet den heutigen Betrachter auch vieles in der Innenausstattung noch spielerisch-rokokohaft an, so ist doch der würdige, gemessene Stil des Baukörpers, der trotzdem elegant bleibt, ein eindeutiges Bekenntnis zur antiken Baukunst. Erdmannsdorff übernahm von der britischen Insel auch den dort entwickelten Parkstil. Der Wörlitzer Landschaftsgarten, der eine kleine, ältere Anlage in der gestutzten französischen Art ablöste, ebenso wie die Parks der Schlösser Georgium und Luisium in Dessau, beziehen die wildgewachsene Natur ein, in die der Gärtner zwar wesentlich, aber doch behutsam und möglichst unmerklich eingreift. Gewundene Wasserläufe, von Brücken überspannt, Teiche und vor allem auch kleine Parkarchitekturen beleben den weiten Garten. Die beiden Schlösser Georgium und Luisium in Dessau haben sich erhalten; auch sie sind von Erdmannsdorff erbaut. Die reiche klassizistische Architektur Dessaus wurde im Zweiten Weltkrieg zerstört.

19. Jahrhundert

Nach einem Entwurf von Heinrich Gentz wurde 1802 das Bade-Theater in Bad Lauchstädt errichtet, in dem alle rokokohaften Tändeleien eliminiert sind. Noch schwerer und ernster in den Formen gibt sich die zwischen 1826 und 1832 von Gottfried Bandhauer erbaute katholische Kirche in Köthen. Bandhauer, über dessen Bauten ein Unstern stand — der von ihm geplante hohe Zentralturm der katholischen Kirche fiel beim Bau zusammen —, ist ein charaktervoller Vertreter des deutschen Spätklassizismus. — Nach Plänen des wandlungsfähigen Karl Friedrich Schinkel wurde in unserem Gebiet ebenfalls in spätklassizistischen Formen die Nikolaikirche zu Magdeburg errichtet.

Beinahe gleichzeitig mit dem Klassizismus entstanden im Bereich des Dessauer Hofes die ersten Schöpfungen der Neugotik. Es ist der Geist der Frühromantik, der sich in den von Georg Christoph Hesekiel errichteten Bauten im Park von Wörlitz, vor allem im „Gotischen Haus“, ausspricht.

Auch hier gehen ganz deutlich die Anregungen von England aus. Das im Gefolge der französischen Revolution sich überall in Europa herausbildende Nationalgefühl sah in den — wenn auch nachgeahmten — gotischen Formen einen Ausdruck deutscher Eigenart. So riß man mittelalterliche Kirchen ab oder gestaltete sie zumindest einschneidend um, wie etwa in Wörlitz und in einer ganzen Reihe von Dörfern im Dessauer Fürstentum. Die Gleichzeitigkeit von Klassizismus und Neugotik sowie die Tatsache, daß sich beide fast komplementär entfalteten, darf nicht zu sehr verwundern, haben sie doch beide zumindest eine ihrer Wurzeln in den „fabriques" des Rokoko-Parkes, in dem auch die Chinoiserien, wie wir sie im Park von Oranienbaum finden, ihren Platz hatten.

Unter den Werken des Historismus in der zweiten Jahrhunderthälfte muß der zwischen 1862 und 1883 erfolgte, einem Neubau nahekommende Umbau des Schlosses von Wernigerode in unserem Gebiet zuerst genannt werden. Im letzten Jahrzehnt des 19. Jahrhunderts schuf der Berliner Architekt Franz Schwechten das eigenwillige Mausoleum der Herzöge von Anhalt in Dessau.

20. Jahrhundert

Als im Jahre 1925 das „Bauhaus" unter dem Druck reaktionärer Politiker aus Weimar weichen mußte, bot die Stadt Dessau der Institution ein neues Domizil. Die internationale Bedeutung des Bauhauses ist heute allgemein bekannt. Der Gründer und erste Direktor der Hochschule, Walter Gropius, errichtete in Dessau sofort nach dem Umzug das Bauhaus-Gebäude, das in seiner funktionellen Perfektion und in seinen klaren, eindeutigen, einer neuen Ästhetik verpflichteten Formen inzwischen zum Vorbild für unzählige Bauten in aller Welt geworden ist. Nach den Verschandelungen des Gebäudes in der Nazizeit und Kriegsschäden ist es heute wieder annähernd in der alten Form hergestellt. Die in den zwanziger Jahren von Gropius errichteten Meisterhäuser des Bauhauses und auch die städtische Siedlung Törten haben zwar durch Schäden und Veränderungen von der Originalsubstanz erheblich eingebüßt, lassen aber das Charakteristische noch deutlich erkennen.

Ein zweiter Schwerpunkt neuen Bauens in unserem Gebiet entstand in Magdeburg anläßlich der Internationalen Theater-Ausstellung 1927 auf der Elbinsel. Das Ensemble — Stadthalle, Aussichtsturm und Pferdetor — wurde im Zweiten Weltkrieg stark beschädigt, ist jedoch restauriert. Mit dem Magdeburger Ehrenmal von Ernst Barlach, 1929 geschaffen und in der Nazizeit aus dem Dom entfernt, beherbergt die Stadt ein besonders wertvolles Dokument deutscher Bildhauerkunst des 20. Jahrhunderts in ihren Mauern.

Die Verluste an wertvollen Bauten durch den Zweiten Weltkrieg waren in Sachsen-Anhalt groß. Die barocke Innenstadt Magdeburgs wurde so gut wie vollständig vernichtet; sieben mittelalterliche Kirchen wurden zerstört bzw. mußten einer radikalen Neuplanung weichen. Nur wenige Magdeburger Sakralbauten konnten wiederhergestellt werden, einige harren noch des Abschlusses ihrer Restaurierung. Auch die reizvollen Innenstädte von Zerbst, Dessau und Halberstadt fielen den Luftangriffen fast völlig zum Opfer. Andere Städte wie Halle und Merseburg und selbst kleine Orte wie Leitzkau, Redekin und Hundisburg traf der Verlust bedeutender Bauwerke. Durch die Tätigkeit der Denkmalpflege haben bereits in den Jahren unmittelbar nach dem Krieg – um nur einige der größten Objekte zu nennen – die Dome und Liebfrauenkirchen in Halberstadt und Magdeburg sowie der Stendaler Dom ihre ursprüngliche Gestalt weitgehend zurückerhalten. Etwas später nötigten Folgeschäden oder Vernachlässigung zu umfassenden Restaurierungen wichtiger Bauten, z. B. der Schloßkapelle in Weißenfels und der Klosterkirche in Drübeck. Eine vollständige Instandsetzung erfuhren dann nach und nach u. a. die Stiftskirchen in Jerichow und Hamersleben, der Dom zu Naumburg, alle großen Kirchen in Salzwedel und die Stadtkirchen in Halle und Tangermünde. Manche Restaurierung zog sich aufgrund politischer Willkür jahrzehntelang hin und kommt erst jetzt zum Abschluß, z. B. in Schulpforta.

Zu neuerlichen schweren Verlusten von Baudenkmalen und vor allem städtebaulich charakteristischen Denkmalbereichen kam es in den siebziger und achtziger Jahren durch die verfehlte Baupolitik in der DDR, vor allem in Städten wie Zeitz, Weißenfels, Bernburg und Blankenburg, aber ebenso in Halle und Merseburg, in der Unterstadt von Halberstadt und in Stendal. Nur unablässige Bemühungen der Denkmalpflege um den Erhalt selbst kleinerer Objekte konnten noch Schlimmeres verhindern. Was in den Jahrzehnten nach 1945 im Zuge des Wiederaufbaus und der „sozialistischen“ Stadtgestaltung an neuen Bauten entstand, hat dem architektonischen Gepräge des Gebietes gewiß einen unübersehbaren Akzent hinzugefügt – aufs Ganze gesehen, markiert dieser Abschnitt ein bau- und kunstgeschichtlich eher untergeordnetes Zwischenspiel.

BILDTEIL

1 | Abbendorf. Dorfkirche: Vesperbild | A

A | Aken. Nikolaikirche: Westbau | 2

3 | Allstedt. Schloß: Ansicht von Südwesten | A

A | ALTENHAUSEN. Dorfkirche: Innenraum |

7 | Arendsee. Klosterkirche: Innenraum nach Osten | A

A | Arendsee. Klosterkirche: Triumphkreuz | 8

 | Aschersleben. Stephanikirche: Innenraum nach Osten | A

A | ASCHERSLEBEN. Stephanikirche: Altartafel mit den Heiligen Stephan und Katharina | 10

11 | Axien. Dorfkirche: Gewölbemalerei im Chor | A

B | Ballenstedt. Schloßberg: Ansicht von Westen | 12

13 | Bernburg. Marienkirche: Chor von Osten | B

B | Bernburg. Schloß | 14

15 | BERNBURG. Schloß: Hoffassade des »Langen Hauses« | B

B | Blankenburg. Bartholomäikirche: Chorraum nach Osten | 16

17 | Blankenburg. Schloß: Festsaal | B

B | Burg. Oberkirche Unser Lieben Frauen von Südosten | 18

19 | BURGSCHEIDUNGEN. Schloß: Mittelrisalit zur Parkseite | B

 Dambeck. Dorfkirche von Südosten

D | Dehlitz/Saale. Dorfkirche: Chorraum |

 | Dessau. Georgenkirche von Westen | D

D | Dessau. Bauhaus: Atelierhaus von Südosten |

D | Dessau-Waldersee. Luisium: Schloß |

29 | Diesdorf. Stiftskirche von Südosten | D

D | DIESDORF. Stiftskirche: Innenraum nach Osten | 30

31 | Dieskau. Dorfkirche: Hoffmannsche Grabkapelle | D

D | Dingelstedt-Huysburg. Klosterkirche: Innenraum nach Osten | 32

33 | Dornburg. Schloß: Mittelrisalit zur Hofseite | D

35 | Drübeck. Klosterkirche: Innenraum nach Osten | D

E | Egeln. Klosterkirche: Chor mit Hauptaltar und Nebenaltären | 36

37 | Eisleben. Andreaskirche von Südwesten | E

E | Eisleben. Andreaskirche: Kanzelbehang, Detail | 38

39 | Eisleben. Andreaskirche: Grabtumba des Hoyer von Mansfeld | E

E | Eisleben. Annenkirche und Klostergebäude von Südosten | 40

41 | Eisleben. Annenkirche: Innenraum nach Südosten | E

E | EISLEBEN. Annenkirche: Brüstung des Chorgestühls, Ausschnitt | 42

43 | Eisleben. Petri-und Pauli-Kirche: Innenraum nach Osten | E

 EISLEBEN. Sterbehaus Martin Luthers

45 | Ermlitz. Landhaus: Wandtapete, Detail | E

47 | Ermsleben-Konradsburg. Klosterkirche: Kapitell | E

 FALKENSTEIN. Burg von Osten

49 | Falkenstein. Burg: Innenhof der Kernburg | F

F | Frankleben. Dorfkirche: Innenraum nach Osten | 50

51 | Freyburg/Unstrut. Marienkirche: Außenansicht von Südwesten | F

F | FREYBURG/UNSTRUT. Marienkirche: Hauptaltar | 52

53 | Freyburg/Unstrut. Neuenburg von Südwesten | F

F | Freyburg/Unstrut. Neuenburg: Doppelkapelle, Außenansicht | 54

55 | FREYBURG/UNSTRUT. Neuenburg: Doppelkapelle, Inneres der Oberkapelle | F

F | FROSE. Stiftskirche: Außenansicht von Süden |

57 | FROSE. Stiftskirche: Innenansicht nach Osten | F

G | Gardelegen. Salzwedeler Tor |

59 | GARDELEGEN. Marienkirche von Südosten | G

G | GARDELEGEN. Marienkirche: Innenraum nach Osten |

61 | Gardelegen. Marienkirche: Hl. Anna Selbdritt, Doppelfigur | G

 | Gernrode. Stiftskirche: Außenansicht von Osten |

63 | Gernrode. Stiftskirche: Innenraum nach Osten | G

G | Gernrode. Stiftskirche: Südlicher Emporenvorraum |

67 | Gernrode. Stiftskirche: Westkrypta | G

G | Gernrode. Stiftskirche: Heiliges Grab, Nordwand der Grabkammer | 68

69 | Gernrode. Stiftskirche: Heiliges Grab, Westwand der Grabkammer, Ausschnitt | G

G | Gernrode. Stiftskirche: Heiliges Grab, Der Auferstandene | 70

71 | Gernrode. Stiftskirche: Heiliges Grab, Gruppe der drei Marien | G

זה-השער ל' צדיקים יבאו בו

73 | Gross Ammensleben. Klosterkirche: Heilige Märtyrerin | G

G | GROSSJENA. Steinauerscher Weinberg: Relief mit Christus in der Kelter | 74

77 | HADMERSLEBEN. Klosterkirche: Halle unter der Nonnenempore | H

 Halberstadt. Dom: Blick von St. Martini

79 | Halberstadt. Dom: Westfassade, Detail | H

81 | Halberstadt. Dom: Chor nach Osten | H

83 | HALBERSTADT. Dom: Triumphkreuzgruppe | H

H | HALBERSTADT. Dom: Chorumgang, Engel und Marienfigur | 84

85 | Halberstadt. Dom: Chorumgang, Glasfenster, Scheibe mit den Heiligen Brigitta und Gertrud | H

H | Halberstadt. Domschatz: Abraham-Engel-Teppich, Erzengel Michael | 86

87 | Halberstadt. Domschatz: Reliquienschrank | H

H | Halberstadt. Domschatz: Liturgischer Diskos | 88

89 | HALBERSTADT. Domschatz: Konsulardiptychon, Detail | H

H | Halberstadt. Domschatz: Thronende Madonna | 90

91 | Halberstadt. Liebfrauenkirche: Ansicht von Osten | H

HALBERSTADT. Liebfrauenkirche: Innenraum nach Osten

93 | Halberstadt. Liebfrauenkirche: | H
Gewölbemalerei in der Barbara-Kapelle, Detail

95 | Halberstadt. Liebfrauenkirche: Maria, Detail der Südschranke | H

H | Halberstadt. Martinikirche von Südwesten | 96

97 | HALBERSTADT. Martinikirche: Hochaltar | H

 Halberstadt. Martinikirche: Taufkessel

 | HALLE. Dom von Süden |

H | Halle. Dom: Innenraum nach Osten |

101 | Halle. Dom: Apostel Jacobus minor | H

H | Halle. Dom: Hl. Mauritius | 102

103 | Halle. Dom: Chorgestühl, hl. Christophorus, Detail | H

H | Halle. Moritzkirche: Innenraum nach Osten |

111 | Halle. Marktkirche: Innenraum nach Osten | H

HALLE. Moritzburg: Brautzimmer, früher im Talamt

H | Halle. Franckesche Stiftungen:
Denkmal August Hermann Franckes

115 | HAMERSLEBEN. Stiftskirche von Nordosten | H

117 | HAMERSLEBEN. Stiftskirche: Nördliche Chorschranke, sitzender Apostel | H

 Havelberg. Dom: Außenansicht von Nordwesten

121 | Havelberg. Dom: Südliche Vorchorschranke | H

H | Havelberg. Domstiftsgebäude: Südflügel, Sommerrefektorium | 124

 Hecklingen. Klosterkirche: Außenansicht von Südosten

 Hecklingen. Klosterkirche: Halle unter der westlichen Nonnenempore

127 | HECKLINGEN. Klosterkirche: Arkadenengel | H

129 | Heidberg-Hohenlangenbeck. Dorfkirche von Süden | H

 HEIDBERG-HOHENLANGENBECK. Dorfkirche: Hölzerne Taufe

131 | Holleben. Dorfkirche: Schnitzaltar | H

H | Hornhausen. Reiterstein | 132
(Halle, Landesmuseum für Vorgeschichte)

 Ilsenburg. Klosterkirche: Innenraum nach Osten

135 | Ilsenburg. Klosterkirche: Schmuckfußboden, Detail | I

 Jerichow. Stiftskirche: Krypta

 JERICHOW. Stiftskirche: Inneres nach Osten

139 | KEMBERG. Stadtkirche: Sakramentshaus | K

I·N·R·I·

 Kleinau-Klein Rossau. Dorfkirche: Innenraum nach Osten

K | Kloster Gröningen. Klosterkirche: Ostpartie von Südosten | 142

143 | Kloster Gröningen. Klosterkirche: Kapitell | K

K | Kloster Gröningen. Klosterkirche: Christus (Staatl. Museen zu Berlin – Preußischer Kulturbesitz) | 144

147 | Kötschlitz-Horburg. Dorfkirche: Madonna mit Kind | K

K | Kötschlitz-Horburg. Dorfkirche: Kruzifixus |

149 | KROPPENSTEDT. Stadtkirche: Ansicht der Südseite | K

L | LANDSBERG. Doppelkapelle: Ansicht von Südosten |

151 | Landsberg. Doppelkapelle: Oberkapelle, Inneres nach Osten | L

153 | Lauchstädt. Goethe-Theater: Zuschauerraum zur Bühne | L

L | LEITZKAU. Schloß Neuhaus |

Leitzkau. Schloß Althaus

157 | Loburg. Laurentiuskirche von Südosten | L

L | Loburg. Laurentiuskirche: Sakramentsschranktür mit Schmerzensmann | 158

159 | MAGDEBURG. Dom: Doppelturmfassade von Südwesten | M

MAGDEBURG. Dom: Südlicher Querhausarm

M | Magdeburg. Dom: Innenraum nach Osten | 162

 Magdeburg. Dom: Chorraum nach Osten

165 | MAGDEBURG. Dom: Chorumgang mit Grabmal der Königin Edith | M

M | Magdeburg. Dom: Grabplatte Friedrichs von Wettin, Detail | 166

167 | Magdeburg. Dom: Chorumgang, Kapitelldekor mit Greisenhaupt | M

169 | Magdeburg. Dom: Drei Kluge Jungfrauen vom Jungfrauenportal | M

171 | MAGDEBURG. Dom: Chor, hl. Mauritius | M

173 | Magdeburg. Dom: Herrscherpaar | M

M | Magdeburg. Dom: Chorgestühl, Ausschnitt mit Abendmahl |

175 | Magdeburg. Dom: Ernst-Kapelle, hl. Mauritius | M

M | MAGDEBURG. Dom: Ehrenmal von Ernst Barlach | 176

177 | MAGDEBURG. Elbufer mit Maria-Magdalenen-Kapelle, Petrikirche und Wallonerkirche | M

 Magdeburg. Liebfrauenkirche: Innenraum nach Osten

M | Magdeburg. Kopf des Reiters | 180
(Original im Kulturhistorischen Museum)

181 | Magdeburg. Alter Markt: Baldachin mit Reiterstandbild | M

183 | MAGDEBURG. Nikolaikirche: Innenraum nach Osten | M

185 | MANSFELD. Schloßkirche: Blick zum Chor | M

M | MANSFELD. Schloßkirche: Sakramentshaus | 186

187 | MANSFELD. Schloßkirche: Südempore, Sakramentsnische | M

 Melkow. Dorfkirche: Ansicht von Südosten

189 | Memleben. Jüngere Klosterkirche: Mittelschiffarkaden | M

Memleben. Jüngere Klosterkirche: Krypta

191 | MERSEBURG. Dom und Schloß mit Saalebrücke | M

M | Merseburg. Dom: Ansicht von Westen | 192

193 | Merseburg. Dom: Langhaus und Kreuzgang von Südwesten | M

195 | Merseburg. Dom: Inneres nach Osten | M

 Merseburg. Dom: Krypta

M | Merseburg. Dom: Grabplatte Rudolfs von Schwaben | 198

199 | Merseburg. Dom: Taufstein | M

 Merseburg. Dom: Grabmal des Ritters von Hagen

201 | MERSEBURG. Dom: Epitaph des Thilo von Trotha | M

Ich bin
das Brot
des Lebens

203 | MERSEBURG. Dom: Gemälde der Türkenschlacht bei Mohacz | M

M | Merseburg. Domstiftsbibliothek: Initiale einer Bibelhandschrift | 204

205 | Merseburg. Neumarktkirche: Altarfiguren | M

207 | Naumburg. Dom und Dreikönigskapelle von Südosten | N

N | Naumburg. Dom: Hauptportal |

209 | NAUMBURG. Dom: Südliches Seitenschiff | N

211 | Naumburg. Dom: Inneres nach Osten | N

N | Naumburg. Dom: sog. Westlettner, Christus vor Pilatus |

213 | Naumburg. Dom: sog. Westlettner, Portal zum Westchor | N

215 | NAUMBURG. Dom: Westchor | N

N | Naumburg. Dom: Westchor, Ekkehard und Uta |

217 | NAUMBURG. Dom: Westchor, Nordwand | N

219 | Naumburg. Dom: Westchor, Hermann und Reglindis | N

N | NAUMBURG. Dom: Bronzeplatten vom Grabstein des Rudolf von Bünau

221 | Naumburg. Marien-Magdalenen-Kirche: Innenraum nach Osten | N

223 | Naumburg. Wenzelskirche: Hochaltar | N

N | NAUMBURG. Wenzelskirche: Gemälde mit Anbetung der Hl. Drei Könige | 224

225 | Naumburg. Moritzkirche: Triumphkreuz | N
(Staatl. Museen zu Berlin - Preußischer Kulturbesitz)

227 | Neindorf. Schloßkapelle: Wandgrab für August von der Asseburg | N

N | NIENBURG. Klosterkirche: Innenraum nach Nordosten |

229 | Nienburg. Klosterkirche: Sandsteinsäule mit allegorischen Darstellungen | N

N | NIENBURG. Klosterkirche: Gedenkgrabplatte für Markgraf Thietmar und seinen Sohn Gero | 230

231 | Oranienbaum. Orangenbaum auf dem Marktplatz | O

LUNA
VENUS

O | Oranienbaum. Schloßpark: Pagode im chinesischen Garten | 234

235 | Osterwieck. Stephanikirche: Ansicht von Westen | O

 OSTERWIECK. Stephanikirche: Langhausarkaden mit Reliefdekor

237 | Osterwieck. Mittelstraße 11–13 | O

Osterwohle. Dorfkirche: Innenraum nach Osten

239 | PETERSBERG. Stiftskirche von Nordwesten | P

 Petersberg. Stiftskirche: Inneres nach Osten

241 | Plötzkau. Schloß: Gesamtansicht | P

243 | Prettin. Schloß Lichtenburg: Schloßkirche, Maria und Johannes Ev. vom Altar | P

P | Pretzien. Dorfkirche: Thronender Christus der Apsisausmalung | 244

245 | Profen. Dorfkirche: Innenraum nach Osten | P

247 | QUEDLINBURG. Stiftskirche: Krypta mit „Confessio“ und Königsgräbern | Q

 QUEDLINBURG. Stiftskirche: Krypta nach Südwesten

249 | QUEDLINBURG. Stiftskirche: Westjoche der Krypta | Q

Q | QUEDLINBURG. Stiftskirche: Mittelschiff nach Westen |

251 | Quedlinburg. Stiftskirche: Ornamentfriese an Vierungspfeiler und Nordapsis | Q

253 | QUEDLINBURG. Stiftskirche:
Zugang zur Kapelle St. Nicolai in vinculis | Q

 Quedlinburg. Stiftskirche: Nordportal

255 | Quedlinburg. Stiftskirche: Krypta, Detail der Gewölbemalereien |

Q | QUEDLINBURG. Stiftskirche: Krypta,
Grabstein der Äbtissin Adelheid I. | 256

257 | Quedlinburg. Stiftsschatz: sog. Quedlinburger Knüpfteppich, Ausschnitt | Q

Q | Quedlinburg. Wipertikirche: Innenraum nach Osten

 | Quedlinburg. Ägidienkirche: Altarflügel mit Kreuzigung |

261 | Quedlinburg. Blasiuskirche: Chor mit Kanzelaltar | Q

Quedlinburg. Stieg 28 mit Ostflügel (links), Blick von der Hölle

265 | Quedlinburg. Steinweg 11 | Q

Querfurt. Burghof mit Kirche, »Marterturm« und »Dickem Heinrich«

267 | QUERFURT. Burgkirche:
Grabkapelle mit Tumba Gebhards XIV. von Querfurt | Q

 Reinharz. Schloß

S | Saaleck und Rudelsburg. Burgruinen: Ansicht von Westen |

 | Salzwedel. Marienkirche von Südosten |

 Salzwedel. Marienkirche: Innenraum nach Osten

273 | SALZWEDEL. Marienkirche: Triumphkreuzgruppe | S

275 | SALZWEDEL. Marienkirche: Großer Schnitzaltar im Chor | S

277 | Salzwedel. Marienkirche: Stifterfigur im südlichen Querhausarm | S

279 | Salzwedel. Marienkirche: Kelch | S

S | SALZWEDEL. Katharinenkirche von Südwesten | 280

281 | Salzwedel. Katharinenkirche: Mittelrelief des sog. Einhorn-Altars | S

SALZWEDEL. Lorenzkirche von Osten

283 | Salzwedel. Sog. Mönchskirche: Westgiebel | S

 | Salzwedel. Radestr. 9 (Ritterhaus): Portal |

285 | SANDAU. Nikolaikirche: Innenraum nach Osten | S

 Sangerhausen. Ulrichskirche: Innenraum nach Osten

287 | Sangerhausen. Jakobikirche: Innenraum nach Osten | S

S | SANGERHAUSEN. Jakobikirche: Mittelrelief vom Grabmal Caspar Tryllers | 288

289 | Schönebeck-Salzelmen. Johanniskirche: Vorhalle, Nordseite | S

SCHÖNEBECK-SALZELMEN. Johanniskirche: Altarraum nach Osten

291 | Schönhausen. Dorfkirche: Außenansicht von Südosten | S

S | SCHÖNHAUSEN. Dorfkirche: Triumphkreuz |

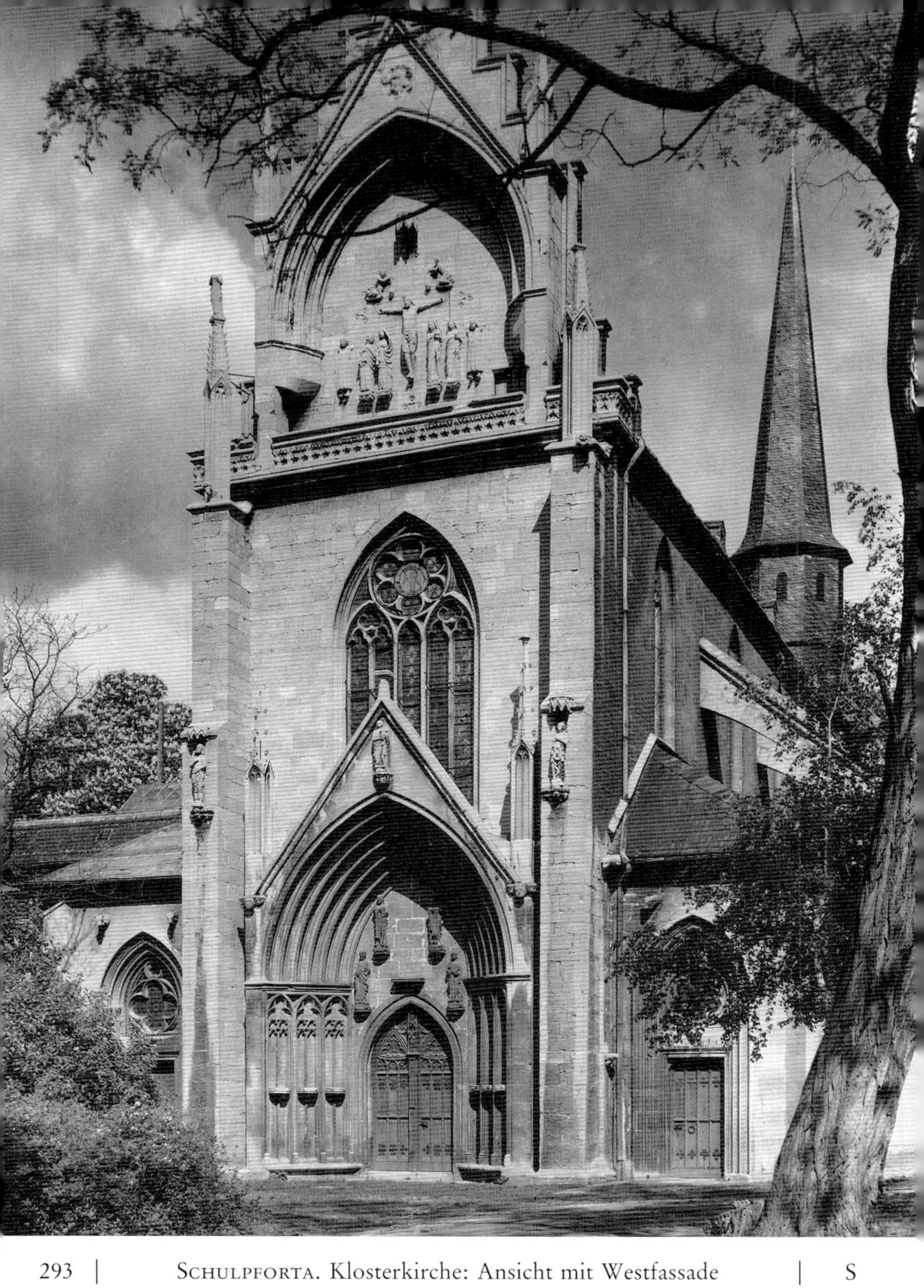

293 | SCHULPFORTA. Klosterkirche: Ansicht mit Westfassade von Südwesten | S

S | SCHULPFORTA. Klosterkirche: Innenraum nach Osten |

295 | SCHULPFORTA. Inneres der Abtskapelle | S

ST. GABRIEL

297 | SEEHAUSEN. Petrikirche: Ansicht von Südwesten | S

S | SEEHAUSEN. Petrikirche: Westportal |

299 | Sommersdorf-Sommerschenburg. Mausoleum und Standbild Neidhardts von Gneisenau | S

301 | Stendal. Dom: Ansicht von Südwesten | S

S | STENDAL. Dom: Innenraum nach Osten |

303 | Stendal. Dom: Innenraum nach Westen | S

305 | Stendal. Dom: Relief mit Kreuzigungsgruppe | S

S | STENDAL. Dom: Chor, Hirte mit Dudelsack, | 306
Detail aus dem Barbara-Fenster

 Stendal. Rathaus und Marienkirche

S | STENDAL. Marienkirche: Blick zum Chor mit Chorschranke |

309 | Stendal. Marienkirche: Mittelstück des Hochaltars, Marientod und Marienkrönung | S

STENDAL. Uenglinger Torturm

 Stolberg. Blick auf die Stadt mit Schloß und Martinikirche

313 | STOLBERG. Martinikirche:
Bronzeepitaph des Pfarrers Ulrich Rißbach | S

S | STOLBERG. Martinikirche: Taufstein | 314

 STOLBERG. Schloß: „Roter Saal“

 Stolberg. Alte Münze

 Tangermünde. Stephanskirche: Ansicht von Süden

 Tangermünde. Stephanskirche: Kanzel

TANGERMÜNDE. Rathaus

T | TANGERMÜNDE. Neustädter Tor und Nikolaikirche |

 Tangermünde. Burg: Gesamtansicht

T | TANGERMÜNDE. Kirchstraße 59: Portal | 322

 THALHEIM. Dorfkirche: Ansicht von Südosten

325 | WEISSENFELS. Schloß Neu-Augustusburg: Schloßkapelle, Blick zum Chor | W

W | Weissenfels. Schloß Neu-Augustusburg: Schloßkapelle, Altar | 326

 WEISSENFELS. Rathaus und Marienkirche

 WEISSENFELS. Marienstraße 2 und 4

329 | Werben. Johanneskirche: Innenraum nach Osten | W

W | WERBEN. Johanneskirche: Taufe und Standleuchter | 330

331 | Wernigerode. Theobaldikapelle in Nöschenrode: Triumphkreuzgruppe | W

WERNIGERODE. Rathaus

333 | Wernigerode. Schloß: Gesamtansicht von Westen | W

 WERNIGERODE. Breite Straße 72: Haus Krummel

335 | Wittenberg. Schloßkirche von Südosten | W

Wittenberg. Schloßkirche: Epitaph Friedrichs des Weisen

 Wittenberg. Stadtkirche von Südosten

339 | WITTENBERG. Marktplatz mit Rathaus und Stadtkirche | W

 WITTENBERG. Melanchthonhaus: Gartenseite

 WITTENBERG. Lutherstube im Lutherhaus

343 | Wörlitz. Blick durch den Wolfskanal zum Venustempel | W

FRANCISCVS.PR.AEDIF.INSTRVXIT.LVDOVICAE.CONIVGI.DIGNISS.D.

 WÖRLITZ. Gotisches Haus: Gartenseite

 WOLMIRSTEDT. Schloßkapelle von Südwesten

347 | Zeitz. Dom: Chor mit Hochaltar | W

349 | ZEITZ. Moritzburg: Torgebäude, Portal zur Stadtseite | Z

351 | Zerbst. Trinitatiskirche: Ansicht von Nordosten | Z

ERLÄUTERUNGEN ZU DEN BILDERN

ABKÜRZUNGEN

A.	Anfang	Msch.	Mittelschiff
bar., Bar.	barock, Barock	N	Nord(en)
beg.	begonnen	nördl.	nördlich
bes.	besonders	O	Ost(en)
bez.	bezeichnet	östl.	östlich
E.	Ende	Qhs.	Querhaus (Querschiff)
ehem.	ehemals, ehemalig	Rest.	Restaurierung
erb.	erbaut	rest.	restauriert
ev.	evangelisch	rom.	romanisch
gegr.	gegründet	S	Süd(en)
gew.	geweiht	Ssch.	Seitenschiff(e)
got.	gotisch	südl.	südlich
H.	Hälfte	sog.	sogenannt
hl.	heilige(r)	urspr.	ursprünglich
Jh.	Jahrhundert	V.	Viertel
kath.	katholisch	voll.	vollendet
Lhs.	Langhaus	W	West(en)
M.	Mitte	westl.	westlich

ABBENDORF. – DORFKIRCHE [1]. In der durchgehend gewölbten großen Dorfkirche, die einen weitgehenden Neubau in got. Formen mit W-Turm von 1864 wohl nach Plänen von Friedrich August Stüler darstellt, sind einige beachtliche spätgot. Ausstattungsstücke erhalten: ein Schnitzaltar mit Madonna auf der Mondsichel aus dem späten 15. Jh. sowie die fast lebensgroße, vorzügliche Schnitzfigur eines hl. Christophorus und ein etwas kleineres, ausdrucksstarkes ∗ *Vesperbild*, beide A. 16. Jh. [A 1]

AKEN. – NIKOLAIKIRCHE [2]. Von den beiden Pfarrkirchen in der unter askanischer Herrschaft im 12. oder 13. Jh. mit regelmäßigem Grundriß neu angelegten Stadt ist die Nikolaikirche die ältere Gründung; von 1270 bis 1558 zugleich Kirche eines Kollegiatstifts. Der im Vergleich mit der Marienkirche kleinere Bau, eine mehrfach veränderte, flach gedeckte Pfeilerbasilika ohne Qhs., enthält noch wesentliche Teile aus rom. Zeit. Eine aufwendige spätrom. Gestaltung zeigen die beiden Säulenportale am nördl. und südl. Ssch. Die über einem mächtigen Untergeschoß hochgeschlossene westl. ∗ *Doppelturmfront* wurde in got. Zeit zum größten Teil erneuert und bald nach 1317 mit einem W-Portal in hochgot. Formen versehen. [C 3]

ALLSTEDT. – SCHLOSS [3]. Die in landschaftsbeherrschender Lage auf einem Bergsporn über der Stadt gelegene Schloßanlage besteht aus der Vorburg mit dem S-Schloß sowie Wirtschafts- und Stallgebäuden und aus der Kernburg. Hervorgegangen aus einer königlichen Pfalz des 10. bis 13. Jh., gehören die bestehenden Gebäude zumeist dem 15.–18. Jh. an. Die Kernburg mit ihren starken Wehrmauern entstand im wesentlichen im 15. Jh., als sich Allstedt im Besitz der Herren von Querfurt befand. Der in der ∗ *Außenansicht* weithin erkennbare hohe W-Flügel mit den spätgot. Stufengiebeln wurde 1507–1511 als Nebenresidenz für Kurfürst Friedrich den Weisen und seinen Bruder, Herzog Johann, errichtet. Im Jahre 1524 hielt Thomas Müntzer im Allstedter

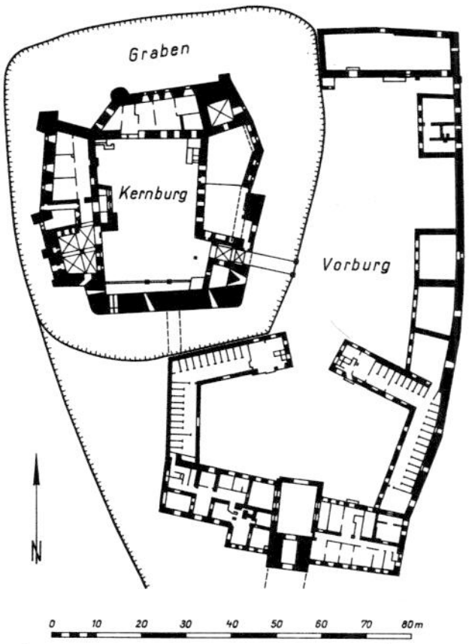

Schloß seine Fürstenpredigt. Zwischen 1691 und 1723 erfolgte eine Barockisierung, durch die das Innere der Kernburg erheblich umgestaltet wurde, die aber auch das Bild des Hofes bis heute prägt. Das in der Vorburg gelegene S-Schloß mit dem spätgot. Torturm, den Rundgiebelaufsätze von etwa 1540 bekrönen, wurde 1746/47 neu gestaltet. Es war der Anfang einer hochbar. Umformung der Gesamtanlage nach den Plänen des thüringischen Oberlandbaumeisters Gottfried Heinrich Krohne, die weiter nicht zur Ausführung kamen. [B 4]

ALTENHAUSEN. – DORFKIRCHE [4]. Der kleine 1schiffige Bau mit etwas eingezogenem W-Querturm stammt im Kern aus rom. Zeit und ist 1594 erweitert und mit rundem O-Schluß versehen worden. Dieser Umbauzeit gehört auch das ungewöhnliche hölzerne ∗*Tonnengewölbe* an, dessen untergelegte profilierte Rippen in ihrer vielteiligen Figuration und mit herabhängenden mittleren »Schlußsteinen« an spätgot. Traditionen anknüpfen. Die monumentale hölzerne Architektur-Fenster-Gliederung, die der Herrschaftsloge schiffsseitig vorgeblendet ist, wurde 1712 eingefügt. Von der Ausstattung vor allem der Kronleuchter in Form einer auf einem Hirschgeweih stehenden Doppelmadonna von etwa 1480 bemerkenswert; die übrigen Stücke im 17. Jh. entstanden. [B 2]

ANNABURG. – SCHLOSS [5, 6]. Der großartige Bau entstand 1572–1578 an der Stelle des askanischen, später kursächsischen Jagdschlosses Lochau. Bauherr war Kurfürst August von Sachsen, der den Neubau für seine Gemahlin Anna, eine dänische Prinzessin, errichtete, nach der Schloß und Ort fortan den Namen trugen. Zum Baumeister wurde Christoph Tendler bestellt, das »Steinwerk« lieferte der Torgauer Steinmetzmeister Caspar Reinwald; an der (weitgehend verlorenen) Ausstattung waren auch die Maler Hans Schröer und Lucas Cranach d. J. beteiligt. Die Gesamtanlage besteht aus dem 3flügeligen, 2geschossigen Vorschloß und dem eindrucksvollen, urspr. von Wassergräben umgebenen ∗*Hinterschloß*. Dieser Hauptbau, eine unregelmäßige 3geschossige Vierflügelanlage, bildet in seiner architektonischen Gestaltung und geschlossenen Erhaltung ein bedeutendes Werk der deutschen Spätrenaissance. An den Ecken diagonal gestellte. um ein weiteres Geschoß erhöhte Ausbauten; gleichartige Risalite auch an der Torseite. Sämtliche Ausbauten wie auch die Zwerchhäuser von charakteristischen Volutengiebeln bekrönt. Der ∗*Innenhof* von der mächtigen Bergtreppe am »Großen Haus« beherrscht, erst 1585 erbaut, gleich dem Ecktreppentürmchen polygonal mit hohem Rundaufsatz und welscher Haube; das Innere als Reiterstiege gebildet. Gegenüber im Hof eine 2geschossige Loggia in toskanisch-ionischer Ordnung; als sog. Trompeterstand bezeichnend für die Funktion des Hofs als Festraum. Rest. 1984–1988. [D 4]

ARENDSEE. – EHEM. BENEDIKTINERINNEN-KLOSTERKIRCHE [7, 8]. Das Kloster wurde 1183 von Markgraf Otto I. von Brandenburg, Sohn Albrechts des Bären, gegr. Nach der Säkularisation 1540 bis 1812 ev. Damenstift; seither Pfarrkirche. Die um 1208 voll. Klosterkirche ist eine kreuzförmige Basilika ohne westl. Turmfront und gilt als ältester vollständig gewölbter Backsteinbau der Altmark. Der ∗*Innenraum* in seinen ausgewogenen Proportionen von klarer Schönheit. Entwicklungsgeschichtlich zwischen der noch flachgedeckten Stiftskirche in Jerichow und dem Bau in Diesdorf stehend, der einschließlich der Wölbung bereits dem gebundenen System folgt, besitzen Chor, Qhs. und Msch. in Arendsee kuppelige Kreuzgratgewölbe über Gurtbogen, die Seitenschiffe Tonnenwölbung mit Stichkappen. Am O-Ende des südl. Ssch. im 15. Jh. ein 2geschossiger Kapellenbau angefügt. Das als Empore ausgebildete Obergeschoß über das Ssch.Gewölbe hinweggeführt und zum Msch. mit einer im 19. Jh. veränderten 3teiligen Bogenstellung geöffnet; die urspr. Nutzung als Nonnenchor unsicher. Der Gesamteindruck wesentlich durch die Rest. 1850/51 geprägt; aus dieser Zeit auch die Kanzel. Neben dem Hochaltarretabel von 1370/1380, wohl von einem norddeutschen Meister, ist das bedeutendste mittelalterliche Ausstattungsstück ein ∗*Kruzifixus* von etwa 1250/1260 aus Eichenholz, ungefaßt, Höhe des Corpus 57 cm. Das als Baum des Lebens charakterisierte Kreuz zeigt an seinen vier Enden Medaillons mit Reliefs der Evangelistensymbole. Urspr. wohl kein Triumphkreuz, gehört das vorzüglich geschnitzte Bildwerk in die lange Reihe der sächsisch-mitteldeutschen Kreuzigungsdarstellungen des 13. Jh. [B 1]

ASCHERSLEBEN. – Stephanikirche [9, 10]. Mit der Gründung vielleicht ins 9. Jh. zurückreichend und später als Sitz eines Archidiakons von Bedeutung, ist der heutige stattliche Bau der Pfarrkirche erst im Spätmittelalter in mehreren Abschnitten errichtet worden. Zunächst der weiträumige Chor einschließlich seiner Gewölbe und teilweise auch der Anräume im N und S, wohl noch E. 14. Jh. In der nächsten Bauphase – und vielleicht wie der Chor außerhalb des Vorgängerbaus angelegt – die doppeltürmig geplante W-Front 1406 beg. Bis gegen 1469 nur der S-Turm mit zwei Freigeschossen fertiggestellt, N-Turm und Mittelteil des in sorgfältiger Werksteintechnik aufgeführten Baublocks unvoll. geblieben. Die breitgelagerte, 3schiffige ∗Halle des Lhs. im wesentlichen zwischen 1480 und der Weihe 1507. Die ungleich breiten Schiffe sind durch spitzbogige Arkaden über Achteckpfeilern voneinander geschieden, in den Scheiteln der Kreuzrippengewölbe prachtvoll skulptierte Schlußsteine. Gleichzeitig auch die gewölbte Sakristeierweiterung mit Vorhangbogenfenstern im SO. Die steinerne Empore in späten Renaissanceformen an der W-Seite der Halle 1596 eingefügt. Erhöhung des N-Annexes am Chor und Anfügung des Treppentürmchens, datiert 1605, im Zusammenhang mit der Neugestaltung der Choremporen. Letzte Gesamtinstandsetzung 1989 abgeschlossen. – Eine beträchtliche Zahl von Stücken der spätmittelalterlichen Ausstattung erhalten, vornehmlich Altarretabel und Tafelbilder: hervorzuheben die beiden fast gleichgroßen Triptychen mit der Madonna auf der Mondsichel zwischen den Aposteln Johannes Ev. und Andreas bzw. mit der Hl. Sippe im Mittelbild, ausgezeichnete Arbeiten der Cranach-Werkstatt aus dem 3. Jahrzehnt 16. Jh., und eine große Einzeltafel der Hl. Sippe, 1. V. 16. Jh.; ferner ein ∗*Altarflügel* (vom ehem. Hochaltar?) von vorzüglicher Qualität mit den beiden Heiligen Stephan und Katharina, 3. V. 15. Jh., unter flämisch-nordfranzösischem Einfluß. Aus nachreformatorischer Zeit bes. zu nennen: eine der späteren Fassungen des protestantischen Themas »Gesetz und Gnade«, um M. 16. Jh., und eine Darstellung der Himmelfahrt Christi, E. 16. Jh. Die Kanzel mit hohem Schalldeckel 1656 von Alexander Trewhertz und dem Maler Wulff Ernst Lindemeier, der auch die Bildnisreihe der Ratsmitglieder von 1663 schuf. [B 4]

AXIEN. – Dorfkirche [11]. Der kleine, durch wenige spätrom. Details ausgezeichnete Backsteinbau folgt ei-

nem für die ländliche Sakralarchitektur des Hochmittelalters typischen Grund- und Aufrißschema und besteht aus westl. Querturm, Saal und eingezogenem Chorquadrat mit Apsis, die wenige spätere Veränderungen aufweisen. Höchst bedeutsam trotz des schlechten Erhaltungszustands sind die 1913 freigelegten Gewölbe- und Wandmalereien aus dem 2. V. 13. Jh., mit einem auf Chorquadrat und Apsis verteilten Programm des Weltgerichts. In Mitteldeutschland bilden sie neben den fast gleichzeitigen Fresken in Pretzien die qualitätsvollste Ausmalung einer Dorfkirche dieser Epoche. In der Apsis Christus in der Mandorla als Weltenrichter, umgeben von den Evangelistensymbolen und den Fürbittern Maria und Johannes Bapt., dazu in der Fensterzone 8 Apostel als Gerichtsbeisitzer. Das ∗*Gewölbe des Chorquadrats* zeigt im Scheitel ein Medaillon mit dem Lamm Gottes. Um dieses herum in kreisförmiger Anordnung 8 Propheten, die typologisch auf das Jüngste Gericht vorausweisen.
[D 4]

BALLENSTEDT. – SCHLOSS [12]. Vorgänger des Schlosses war ein Kollegiatstift, das Graf Esico von Ballenstedt um 1040 auf dieser Anhöhe gründete. 1123 in ein Bendiktiner-Kloster hirsauischer Observanz umgewandelt, bestand es bis zur Säkularisierung nach dem Bauernkrieg 1525. Von der Klosterkirche, einem Neubau des 3. V. 12. Jh., lediglich Teile der Krypta im Schloß-N-Flügel und der stattliche, außen schlichte ∗*Westbau* erhalten; die Turmaufbauten 1609 abgetragen und durch einfache Zwerchhäuser ersetzt. Die 3flügelige Schloßanlage nach 1690 in mehreren Abschnitten entstanden: zunächst der W- und S-Trakt, dann 1748 der N-Flügel anstelle der rom. Klosterkirche. Bis A. 19. Jh. immer wieder Veränderungen durch Modernisierung der Fassaden und Umgestaltung der Innenräume; im S-Flügel Reste der Ausstattung mit Stuckdecken sowie bemalten Leinwandbespannungen, die römische Architekturmotive in Anlehnung an Giovanni Battista Piranesi zeigen. Der bar. Schloßpark seit 1859 nach einem Entwurf von Peter Joseph Lenné umgeformt; die Partie westl. des Schlosses als großzügiger Landschaftsgarten mit mehreren Teichen angelegt.
[B 4]

BERNBURG. – MARIENKIRCHE [13]. Pfarrkirche der Altstadt im Tal. Der älteste erhaltene Teil der Kirche, die 1228 erstmals genannt wird, ist das Untergeschoß des mächtigen westl. Querturms; seine Obergeschosse gehören bereits dem 14. Jh. an. Im späteren 14. Jh. begann im Anschluß an den Turm ein Neubau des Lhs. als breitgelagerte got. Halle, von der nur die Außenmauern der westl. Joche fertig wurden. Erst gegen 1420 – 1435 führte ein unbekannter Meister die anschließenden O-Joche zusammen mit dem Chor auf. Dieser ∗*Chor* mit seinem 5seitigen Polygonalabschluß zählt neben der O-Partie der Moritzkirche in Halle und der Chorfassade der Nikolaikirche in Zerbst (heute Ruine) zu den wichtigsten Leistungen der Parler-Nachfolge in Mitteldeutschland. Charakteristisch und von hervorragender Schönheit ist der reiche Architekturdekor in den Formen des sog. Reichen Stils an den Strebepfeilern sowie an und über den Fenstern; ein aus der Prager Parler-Baukunst übernommenes Leitmotiv stellen die frei abhängenden Dreipaßbogenfriese vor den Polygonfenstern dar. Das Innere der Kirche blieb unvoll. Seine heutige Gestalt mit flachgedeckten Ssch. und hölzerner Msch.-Tonne sowie den Emporen von einer Barockisierung, jedoch im frühen 19. Jh. vollständig überformt. Das Chorgewölbe eine Zutat von 1868.

[B 3]

BERNBURG. – SCHLOSS [14, 15]. Eine zumindest in frühmittelalterliche Zeit zurückreichende Befestigungsanlage wird erstmals 961 als »civitas Brandanburg« erwähnt. Seit dem 11. Jh. befand sich die auf dem Sandsteinfelsen über der Saale gelegene Burg im Besitz der Grafen von Askanien bzw. von Anhalt und war dann, durch zahlreiche Erweiterungs- und Umbauten von einer wehrhaften Feste allmählich zu einem eindrucksvollen * *Wohnschloß* gewandelt, vom 13. Jh. bis 1863 Residenz der Fürsten, später Herzöge von Anhalt (-Bernburg). Die heutige Erscheinung der Anlage, in die Reste der rom. Burg (Bergfried, Kapelle) einbezogen sind, wird wesentlich von dem Ausbau während des 16. Jh. sowie einigen jüngeren Veränderungen bestimmt. Architektonisch bedeutendster Bauteil ist der N-Flügel, dessen zur Saale gelegener westl. Abschnitt, die sog. Leuchte, mit den beiden Eckerkern von dem Baumeister Andreas Günther 1538/39 stammt und ein Hauptwerk der mitteldeutschen Frührenaissance darstellt. Den östl. Abschnitt, das »Lange Haus«, schuf der hallesche Ratswerkmeister Nickel Hoffmann 1567 – 1570. Er gab dem langgestreckten * *Trakt* an der N-Seite des Hofs seine einprägsam geschlossene Gestalt, indem er auch die Dachzone des älteren Teils veränderte und in die neue, wie ein Kranz herumgeführte Giebelausbildung einbezog. An der Hoffront die Große und Kleine Auslade, zwei reichgeschmückte Erker mit Reliefs von dem Bildhauer Peter von Echternach.

[B 3]

BLANKENBURG – BARTHOLOMÄIKIRCHE [16]. Die Pfarrkirche am Hang des Schloßbergs wurde erstmals 1203 genannt und war 1305 – 1542 zugleich Kirche eines Zisterzienserinnen-Klosters. Vom rom. Gründungsbau, einer 3schiffigen Basilika vom A. 13. Jh., noch Teile des W-Turms, die schweren Lhs.-Pfeiler und die seitlichen Chormauern erhalten. Die frühgot. Chorverlängerung mit dem 5/10 Schluß – architektonisch von hoher Qualität – entstand unter dem Einfluß des Chors der Klosterkirche in Schulpforta noch im 13. Jh.; gleichzeitig der südl. Choranbau mit Empore und die Einwölbung des gesamten Chorraums. Im 14. Jh. Umbau des Lhs. zur Halle, die gotisierenden Holzgewölbe aber erst während der durchgreifenden Erneuerung 1581 – 1586 eingezogen. Von der reichen Ausstattung hervorzuheben die vier lebensgroßen Stifterfiguren aus Stuck an den Chorwänden, je 2 auf der N- und S-Seite, 1 Bischof und 3 Ritter (von Blankenburg-Regenstein?) in handwerklich derber Ausführung um 1270, aber sichtlich an die Bildwerke des Naumburger Doms anknüpfend. Der heutige Eindruck des frühgot. * *Chorraums* wird maßgeblich von der großen bar. Altarschauwand mit ihrem Schnitzwerk und der Weiß-Gold-Bemalung mitbestimmt, inschriftlich geschaffen von Bastian Heidekamp 1712. [A 3]

BLANKENBURG. – SCHLOSS [17]. Das hoch über der Stadt auf einem Bergkegel gelegene Schloß ist Nachfolger einer mittelalterlichen Burg, die sich seit dem 2. V. 12. Jh. im Besitz der Grafen von Blankenburg befand. 1599 kam sie an das Herzogtum Braunschweig-Wolfenbüttel und wurde 1690 bis 1731 Residenz des Herzogs Ludwig Rudolf. Unter Einbeziehung verschiedener Gebäude vornehmlich des 16. Jh. erfolgte in mehreren Etappen 1705 – 1718 sowie 1723 und 1727 – 1731 ein tiefgreifender Um- und Erweiterungsbau nach den Plänen des braunschweigischen Landbaumeisters Hermann Korb. Er gab dem Hauptschloß unter virtuoser Überwindung der Geländeschwierigkeiten die Gestalt einer bar. Vierflügelanlage auf verschobenem Grundriß. Das Äußere in seinen Formen zurückhaltend, doch von stattlicher Wirkung, das Innere, soweit erhalten, in festlichem Hochbarock. Der hochaufragende Flügel im S mit dem im 3. Geschoß von großen allegorischen Figuren des Bildhauers Johann Heinrich Eversmann umstellten Turm, im N der Trakt mit der 8eckigen Schloßkapelle. Im W-Flügel eine aufwendige Treppenanlage, die zum »Grauen Saal« und dem in einem westl. Anbau untergebrachten »Theatersaal« führt, im O-Flügel der durch 2 Geschosse reichende ∗*Festsaal*, dessen Wandgliederung von strengen korinthischen Doppelpilastern beherrscht wird; zwischen ihnen befinden sich Bildnisse von Mitgliedern des braunschweigischen Herzoghauses. Die üppig-schweren Stukkaturen von Giacomo Perinetti. [A 3]

BURG. – Oberkirche Unser Lieben Frauen [18]. Von der urspr. rom. Kirche, einer in den Ausmaßen beträchtlichen, kreuzförmigen Basilika des 12. Jh., außer der nördl. Nebenapsis nur die Untergeschosse des hohen W-Riegels aus Feldstein erhalten; die beiden Turmaufbauten etwas jünger, der Spitzhelm des S-Turms spätgot., das Türmergeschoß mit welscher Haube im N von 1586. Der Neubau des Chors 1359 gew.; trotz fehlender Strebepfeiler ursp. gewölbt. 1415 – 1455 Umgestaltung des Lhs. zur 3schiffigen, kreuzrippengewölbten Halle; dabei die S-Seite als Schauseite architektonisch reicher ausgebildet. Die beiden Fenster der SO-Ecke mit hängendem Maßwerkfries, einem charakteristischen Motiv der mitteldeutschen Parler-Nachfolge wie an der Moritzkirche in Halle und an der Marienkirche in Bernburg. Der O-Giebel der Halle von 1567, durch Backsteingesimse und -lisenen untergliedert und im Umriß geschoßweise mit konkaven Bogen und Okuli geschlossen, als Renaissancelösung eine eigenwillige Umformung des got. Staffelgiebels. Das Chorgewölbe 1592 entfernt, statt dessen eine kassettierte und bemalte Balkendecke eingebracht. Die 1607 – 1611 entstandenen Hauptstücke der Ausstattung – Altaraufsatz, Kanzel und Taufe – von beachtlicher Qualität. Rest. des Innern 1956 – 1962. [B 2]

BURGSCHEIDUNGEN. – Schloss [19]. Das in eindrucksvoller Lage über dem Unstruttal errichtete Schloß nimmt den Platz einer erstmals für das 8./9. Jh. nachweisbaren Burganlage ein. Später in öfter wechselndem Besitz, erwarb 1722 Levin Friedrich von der Schulenburg, Generalzeugmeister in königlich-savoyischen Diensten, Burgscheidungen als Mittelpunkt einer Majoratsherrschaft. Der großangelegte Umbau des 4flügeligen spätmittelalterlichen Schlosses zum Wohn- und Alterssitz des Bauherrn wurde wegen dessen Tod 1729 nur zur Hälfte verwirklicht. W- und S-Flügel, in denen umfangreiche Bauteile des 15. und 16. Jh. aufgegangen waren, verbleiben in dem – einschließlich des Hoferkers und Treppenturms – vom frühen 17. Jh. geschaffenen Zustand. Der neue O-Flügel mit dem Hauptportal und der zum Park gelegene nördl. Haupttrakt nach Entwürfen des sächsischen Landbaumeisters David Schatz, ausgeführt 1724 – 1732. Die hochbar. Formensprache, die teilweise an die Dresdner Baukunst unter Matthäus Daniel Pöppelmann anknüpft, besonders wirkungsvoll an der * *Gartenfront* des N-Flügels zur Geltung gebracht: Der kräftig vorspringende Mittelrisalit mit Balkon vor dem Festsaal im Obergeschoß und dem von Wappen und martialischen Attributen gefüllten Giebel sowie die vorgelagerte Freitreppe nehmen axial auf den ins Tal hinabführenden Terrassengarten und den nördl. anschließenden, später mehrfach veränderten Park Bezug. Beide gehen ebenfalls auf Pläne von Schatz zurück und bilden mit dem Schloß eine der herausragenden Leistungen des Bar. in Mitteldeutschland. [B 5]

COSWIG. – Schloss [20]. Das alte Schloß Coswig, am Ufer der Elbe gelegen, wurde im Schmalkaldischen Krieg 1547 von den Spaniern eingeäschert. Ab 1555 entstand an gleicher Stelle ein Neubau, von dem Teile in das Schloß von 1667 – 1677 einbezogen wurden, das Fürst Karl Wilhelm von Anhalt-Zerbst für seine Mutter Sophia Augusta als Witwensitz errichten ließ. Es steht am Anfang der frühbar. Schloßarchitektur in Anhalt und folgt in seiner Anlage dem älteren französischen Schema der Dreiflügelanlage mit Eckpavillons. Hauptgebäude ist der N-Flügel mit hofseitigem, hohem Treppenturm, die Eckaufsätze zieren Giebel mit Ohrmuschel- und Knorpelwerkornamenten. Die niedrigeren Seitenflügel führen zu den massigen Eckpavillons, die urspr. nur ein 1geschossiger Trakt mit Dachterrasse entlang der Elbe verband. Er wurde 1874 für die im Schloß eingerichtete Strafanstalt aufgestockt; seit 1945 dient das Schloß Archivzwecken. [C 3]

DAMBECK. – Dorfkirche [21]. Der große 4teilige Feldsteinbau vom E. 12. Jh. mit querrechteckigem W-Turm, flachgedecktem Saal, eingezogenem Chorquadrat und Halkreisapsis steht als gutes Beispiel für einen in der Altmark weitverbreiteten Typus rom. Dorfkirchen. Fast völlig im urspr. Zustand erhalten, nur die Apsis durch Fenster und Flachdecke zugunsten des spätgot. Altaraufsatzes verändert. Im Schrein des Schnitzaltars Madonna auf der Mondsichel im Strahlenkranz zwischen weiblichen Heiligen. [B 1]

DEHLITZ/SAALE. – Dorfkirche [22]. Von der spätgot. Saalkirche nur der Chor und die A. 17. Jh. an der S-Seite angefügte Gruftkapelle und die gleichzeitige Herrschaftsloge an der N-Seite erhalten; das Schiff mit dem 1596 hinzugefügten W-Bau 1973 abgetragen. Im * *Innern des Chors* mehrere vorzügliche Werke in üppiger Spätrenaissancegestaltung: die Sandsteinkanzel mit Reliefs des Schmerzensmanns, der Evangelisten und der Engel mit den Leidenswerkzeugen an Korb und Aufgang sowie ehemals 12 Apostelstatuetten, dann der ebenfalls steinerne Prospekt der großen Herrschaftsloge und das Epitaph für Johann von der Schulenburg († 1610) und Frau. Das Altargemälde, eine Darstellung des Letzten Abendmahls von Giovanni Antonio Guardi, Kopie eines verschollenen Bildes von Sebastiano Ricci, hat der Reichsmarschall Johann Matthias von der Schulenburg, Erbherr auf Dehlitz, 1738 gestiftet. [C 5]

DESSAU. – GEORGENKIRCHE [23]. Urspr. Kirche des Hospitals zu St. Georg vor dem Steinischen Tor außerhalb der Stadt, seit dem 16. Jh. in der Vorstadt »auf dem Sande«. Als Ersatz für die baufällige got. Kirche ließ Fürst Leopold von Anhalt-Dessau 1712–1717 einen größeren Neubau über elliptischem Grundriß und mit einem W-Turm errichten. Die Pfarrkirche wurde 1945 bis auf die Umfassungen und den Turm zerstört. Wiederaufbau im Sinne der bar. Erscheinung des Zentralbaus unter fast gänzlichem Verzicht auf die klassizistischen Anbauten Carlo Ignazio Pozzis von 1818–1821; nur die Fassade der großen N-Vorhalle als Giebelrisalit wieder hergestellt. Das Innere der Kirche 1961–1966 in modernen Formen. [C 3]

DESSAU. – MARIENKIRCHE [24]. Die ehem. Stadt- und Schloßkirche St. Marien, ein spätgot. Backsteinbau, war eine 3schiffige Hallenkirche mit Chorumgang, beg. 1506 durch den halleschen Ratsbaumeister Ulrich von Schmiedeberg, gew. 1523. Die Sternrippengewölbe des Msch. sowie der seitlichen Anbauten und die Netzrippengewölbe der Ssch. hatte Melchior Wilde 1540/41 unter Mitwirkung von Ludwig Binder eingezogen. Binder errichtete 1551–1554 nach dem Einsturz des zunächst beibehaltenen rom. Turms – einen neuen W-Turm. Das Innere erfuhr durch Georg Christoph Hesekiel 1779–1784 einen neugot.-klassizistischen Ausbau und war eine von den Zeitgenossen begeistert aufgenommene »aufgeklärte Raumschöpfung«. 1945 ausgebrannt und bis auf die Umfassungsmauern, sämtliche Pfeiler und das Turmmauerwerk zerstört. Eine Teilwiederherstellung der Ruine mit der Rekonstruktion des Turmhelms 1991 beg. Von der Ausstattung der Marienkirche konnten die drei wichtigen Tafelbilder aus der Wittenberger Cranach-Werkstatt gerettet werden (z. Z. in der Johanniskirche): das monumentale ∗ *Altargemälde* Lucas Cranachs d. J., dat. 1565, auf dem das Abendmahl Christi mit den Wittenberger Reformatoren als seinen Jüngern dargestellt ist – durch den vorn knienden Fürsten Johann von Anhalt zugleich ein ev. Bekenntnisbild; dann das als Epitaph für Fürst Georg († 1553) kurz zuvor entstandene Gemälde Christus am Ölberg und die Kreuzigung Christi, die bereits um 1523 als Altarbild geschaffen wurde und später als Gedächtnisbild für Fürst Joachim († 1561) Verwendung fand. Rest. der Tafelbilder 1989 bis 1992. [C 3]

DESSAU. – MAUSOLEUM [25]. Östl. vor dem Sphingentor, dem Haupteingang zum Georgium, schuf der Köthener Gartendirektor August Hoof E. 19. Jh. den sog. Mausoleumsgarten, dessen Zentrum das monumentale Mausoleum für die Herzöge von Anhalt mit der Auferstehungskapelle bildet, erb. 1894–1898 durch Franz Schwechten. Der wuchtig-schwere, historisierende Zentralbau in Formen der italienischen Hochrenaissance wird von einer hohen Tambourkuppel bekrönt, während allen 4 Fassaden mächtige Säulenstellungen mit Giebel vorgeblendet sind. [C 3]

DESSAU. – BAUHAUS [26]. 1925 übernahm die Stadt Dessau die aus Weimar vertriebene Institution des »Staatlichen Bauhauses«, die 1926 als Hochschule für Gestaltung offizielle Anerkennung fand. Ihr Gründer und erster Leiter, der Architekt Walter Gropius, errichtete 1925/26 das neue Hochschulgebäude, einen aus fünf Baukörpern zusammengefügten funktionalistischen Mehrzweckbau, der Lehr-, Werkstatt- und Internatsräume enthielt. Die Schlichtheit, Zweckmäßigkeit und Eleganz der Bauformen und die hier mit Stahl, Beton und Glas praktizierte Bauweise hatten weltweite Wirkung. Im Kontrast zu den geschlossenen riesigen Glasfassaden des zur Straße gelegenen Werkstattrakts sind am rückwärtigen fünfgeschossigen ** Atelierhaus* die Fronten des glatten Baukubus durch gittergeschützte Austritte und Balkons vor den Wohn- und Arbeitsräumen aufgebrochen und plastisch rhythmisiert. Nach schwerer Beschädigung im Zweiten Weltkrieg 1976 wiederhergestellt. [C 3]

DESSAU-MOSIGKAU. – SCHLOSS [27]. Prinzessin Anna Wilhelmine von Anhalt-Dessau ließ in den Jahren 1752 – 1757 auf dem Boden des von ihrem Vater, Fürst Leopold, zurückerworbenen und als Geschenk erhaltenen Vorwerks ein Schloß errichten, das nach ihrem Tode 1780 in ein Adliges Fräuleinstift umgewandelt wurde. Als ausführender Architekt ist neuerdings der Dessauer Land- und Hofbaumeister Christian Friedrich Damm ermittelt worden, dessen Pläne unter dem Einfluß Georg Wenzeslaus von Knobelsdorffs, vielleicht auch Johann Christoph Knöffels entstanden. Das 2geschossige Lustschloß, mit den zum Cour d'honneur nur leicht vorspringenden Seitenflügeln in U-Form angelegt, wird an der Hof- und Gartenfront jeweils durch einen flachen Mittelrisalit mit Halbsäulen und hohem, skulpturgeschmücktem Gebälk ausgezeichnet; die Bildhauerarbeiten von Nathanael Eppen und Johann Wolfgang Träger. Die originale Ausstattung der Innenräume in beträchtlichem Umfang noch vorhanden, die übrigen 1882 – 1884 angemessen erneuert. Festlich-heiterer Höhepunkt der Raumfolge im Erdgeschoß ist der ** Gartensaal*, der mit seiner wandfüllenden Bilderhängung eine der wenigen erhaltenen deutschen Schloßgalerien des 18. Jh. darstellt. Die Gemälde gehören, zusammen mit weiteren in den anderen Räumen des Schlosses, das heute als Museum dient, zur sog. Oranischen Erbschaft, einer Sammlung von Gemälden niederländischer und deutscher Meister des 17. Jh. [C 3]

DESSAU-WALDERSEE. – SCHLOSS UND PARK LUISIUM [28]. Den östl. von Dessau an einem Muldearm gelegenen „Vogelherd" schenkte Fürst Leopold III. Friedrich Franz von Anhalt-Dessau seiner Gemahlin Luise als Refugium, das daraufhin bald nach ihr benannt wurde. Auf einer leichten Anhöhe steht das kleine, turmartige ** Schloß* mit einem Belvedere auf dem Pyramidendach und einer reichen klassizistischen Innengestaltung, erb. 1774 – 1778 von Friedrich Wilhelm von Erdmannsdorff. Die Ausführung des neuen Gartens seit 1780 übernahm Johann Friedrich Eyserbeck. Verschiedene neugotische und klassizistische Bauten und romantisierend-antikische Ruinen geben dem Landschaftsgarten zusammen mit seinen Baumgruppen, Wiesenflächen und dem Gewässerstück – trotz der weitreichenden Sichtachsen – den im Vergleich mit Wörlitz intimeren und stärker malerisch-nachdenklichen Charakter. Rest. des bedeutenden Denkmals der Gartenkunst seit 1982. [C 3]

DIESDORF. – STIFTSKIRCHE [29, 30]. Wahrscheinlich in einer von Wassergräben umzogenen Burganlage gründete Graf Hermann von Warpke-Lüchow 1160 ein Augustiner-Chorfrauenstift, das nach der Reformation 1551 in ein weltliches Damenstift umgewandelt und 1810 aufgehoben wurde. Die Kirche, seither ausschließlich für Pfarrzwecke genutzt, stammt im wesentlichen aus dem 4. V. 12. Jh. und ist ein aufwendig gestalteter Backsteinbau: Das Lhs. der 3schiffigen kreuzförmigen Pfeilerbasilika streng nach dem gebundenen System mit drei Jochen im ∗*Mittelschiff* angelegt; Chor und südl. Querhausarm schließen mit halbrunden Apsiden. Eine anfänglich vorhandene nördl. Nebenapsis schon bald nach Vollendung des Baus abgebrochen und durch eine Sakristei ersetzt; der urspr. Zustand 1935 rekonstruiert. Die Kirche besitzt in allen Hochräumen gratige Kreuzgewölbe und ist damit der erste nach dem voll ausgebildeten gebundenen System gewölbte Sakralbau der Altmark. Im nördl. Querhausarm befindet sich über einer niedrigen 9jochigen Halle mit zierlichen, unregelmäßigen Stützen eine Nonnenempore, an die nach W ein gleichgroßer Obergeschoßraum anschließt; dieser Raum, der sich über die als Heilig-Grab-Kapelle genutzten östl. Joche des nördl. Ssch. hinwegzieht, wurde um 1400 eingewölbt. Der zunächst nicht geplante ∗ *W-Bau* ist im frühen 13. Jh. vorgesetzt worden; der quadratische Turmaufbau und im Innern die historisierende W-Empore erst in der Rest. 1872 hinzugefügt. Von der mittelalterlichen Ausstattung besonders bemerkenswert der hölzerne Grabkasten Christi mit der Schnitzfigur des liegenden Christus 2. V. 14. Jh. Die Triumphkreuzgruppe ist eine ländlich-derbe Arbeit E. 15. Jh. [A 1]

DIESKAU. – DORFKIRCHE [31]. Dem 1729 in gediegenen Barockformen errichtete Saalbau mit W-Turm wurde in der 2. H. 18. Jh. an der S-Seite ein Anbau mit Patronatsloge und der sog. ∗ *Hoffmannschen Grabkapelle* angefügt. Die Kapelle, ein zur Kirche in großer Bogenstellung geöffneter, illusionistisch bemalter Ovalraum mit Tambourkuppel, ist ein Kleinod frühklassizistischer Architektur in Mitteldeutschland. Im Innern das Marmorgrabmal für Joh. Theresia Augusta von Hoffmann († 1770), Gemahlin des halleschen Universitätskanzlers Christoph von Hoffmann, Begründer des nach dem Vorbild von Wörlitz angelegten Dieskauer Parks. Den Gesamtentwurf lieferte wahrscheinlich Adam Friedrich Oeser, das Grabmal führte vermutlich Friedrich Samuel Schlegel aus. [C 4]

DINGELSTEDT-HUYSBURG. KLOSTERKIRCHE [32]. Das Benediktiner-Doppelkloster auf dem Huy nördl. von Halberstadt wurde 1084 durch Bischof Burchard II. von Halberstadt gegr. und erst 1804 aufgehoben. Der unmittelbar nach der Gründung beg. und 1121 gew. Bau der Kirche ist ein entwicklungsgeschichtlich bedeutsames Werk am Übergang zur Hochromanik. Die 3schiffige, kreuzförmige und noch durchgehend flachgedeckte Basilika war zunächst mit einem kurzen Chor geplant, erhielt aber bereits während des Baus das langgestreckte Presbyterium. An der N-Seite gleichlanger, etwas jüngerer Kapellen- bzw. Sakristeiraum. Das * *Innere* des kurzen Lhs. mit Arkaden nach dem Schema des einfachen Stützenwechsels ausgebildet: die Pfeiler durch übergreifende Blendbogen verbunden, die Säulen dazwischen besitzen korinthisierende oder mit Ranken gezierte Kapitelle. Die Deckenmalereien von 1729 und die Ausstattung gehören zu einer Barockisierung, die bei der Rest. 1932 zugunsten des rom. Raumeindrucks teilweise entfernt wurde. Der Hochaltar aus dem 2. V. 18. Jh., aber später verändert, die Kanzel von etwa 1765, die Seitenaltäre 1793 dazugekommen. Der 2türmige W-Bau entstand inschriftlich 1487. Von den rom. Klostergebäuden südl. der Kirche nur der 2geschossige 2schiffige S-Flügel (ehem. Refektorium) von 1160–1170 erhalten, der Kreuzgang bis auf einen spätgot. Rest an der Kirche verschwunden. Die übrigen Bauten im Klosterbereich zumeist aus dem 18. Jh.; im Neuen Bau beachtlich der sog. Kaisersaal. [A 3]

DORNBURG. – SCHLOSS [33]. Anstelle einer älteren, 1730 niedergebrannten Anlage wurde 1751–1755 von dem aus Zerbst stammenden nassau-saarbrückischen Baudirektor Friedrich Joachim Stengel das neue »Wittums-Residenz-Schloß« errichtet, wobei man sich bis in Details an der architektonischen Gestaltung des ebenfalls von Stengel erb., 1748 voll. Schlosses in Saarbrücken orientierte. Bauherrin war die Fürstin Johanna Elisabeth von Anhalt-Zerbst, Mutter der Prinzessin Sophie Auguste Friederike, der späteren Zarin Katharina II. Von dem großangelegten Plan allein das Hauptgebäude ausgeführt, die einen weiten Hof umgebenden Nebengebäude blieben Entwurf. Dem überlieferten Schauriß nach wäre hier in der Elbaue das großartigste Barockschloß Anhalts und eine der schönsten deutschen Schloßanlagen des 18. Jh. überhaupt entstanden. Das Corps de Logis ist ein 3geschossiger Bau mit Eckpavillons und Stutzflügeln, in seiner Erscheinung von vornehmer Zurückhaltung; den aufwendiger dekorierten * *Mittelrisalit* beherrschen die über dem Balkon aufsteigenden Kolossalpilaster mit dem Gebälk. Nach Bauunterbrechung im 7jährigen Krieg die Arbeiten nicht weitergeführt und auch der Innenausbau unvoll. Die bis 1758/59 entstandenen Räume sind mit teilweise erhaltenen Stukkaturen von Johann Christoph Bossmann geschmückt. Umfangreiche Instandsetzung 1954–1968. [B/C 3]

DROYSSIG. – SCHLOSSKAPELLE [34]. Das auf eine Gründung als hochmittelalterliche Wasserburg zurückgehende Schloß seit 1578 im Besitz der Grafen von Hoym. Unter Christian Julius von Hoym Ausbau der Anlage, zu dem die an der O-Seite über dem zugeschütteten Graben errichtete * *Schloßkapelle* gehört. Der ungewöhnliche 3geschossige Bau aus sorgfältig behauenem Quadermauerwerk in manieriert antikisierenden oder gotisierenden Formen der deutschen Spätrenaissance wurde 1622 beg., blieb aber wegen des 30jährigen Krieges schon 1623 stekken. Die als Saal mit umlaufender Empore angelegte, innen unvoll. Kirche wurde nie in Gebrauch genommen und diente verschiedenen profanen Zwecken der Gutsbewirtschaftung. [C 5]

DRÜBECK. – Klosterkirche [35]. Die dem hl. Vitus geweihte ehem. Benediktinerinnen-Klosterkirche gehört zu einem der ältesten Klöster des Harzgebiets, das um 960 gegründet wurde. 1004 eine »neuerdings erbaute Kirche« erwähnt, von der bisher keine nähere Kenntnis besteht. Die erhaltenen Teile von Lhs., Qhs. und Chor gehören zu einem Neubau um 1100, bei dem es sich um eine flachgedeckte, 3schiffige Basilika mit Stützenwechsel und Entlastungsbogen in den 3 Jochen des * *Mittelschiff* handelte. An das Qhs. mit ausgeschiedener Vierung und Nebenapsiden schloß ein 3schiffiger Chor mit 3 Apsiden über einer gleichgroßen, jedoch in 5 Schiffe untergliederten und kreuzgratgewölbten Krypta an. Die Seitenchöre urspr. zum Hochchor in Arkaden geöffnet. Der W-Bau um 1170 als niedersächsischer Zweiturmriegel mit W-Apsis neu errichtet, gleichzeitig die Einwölbung des Lhs., im Msch. über nachträglich eingebundenen Wandvorlagen auf Konsolen. Wohl kurz danach die älteren Lhs.-Kapitelle mit prächtigem Stuckdekor überzogen. Nach den Beschädigungen im Bauernkrieg 1525 und der Säkularisierung im Zuge der Reformation, durch die das Kloster 1545 in ein ev. Damenstift umgewandelt wurde, ging die Kirche nach und nach des Gewölbes, der Ssch. und des nördl. Qhs.-Flügels verlustig; Teile des Chors und der Krypta waren schon früher beim Bau des Rechteckchors beseitigt worden. Die Rest. 1953–1956 entfernte die bar. Einbauten, trug die Bodenaufschüttungen bis zum urspr. Fußbodenniveau ab, wobei die vorhandenen Basen und Sockel zum Vorschein kamen, und ergänzte das südl. Ssch.; Msch. und O-Teile erhielten Flachdecken. In dieser teilweise wiederhergestellten Gestalt vermittelt die Kirche einen nachhaltigen Eindruck von einer der herausragenden Leistungen der rom. Baukunst Mitteldeutschlands. [A 3]

EGELN. – Klosterkirche [36]. Das 1809 aufgehobene Zisterzienserinnen-Kloster Marienstuhl wurde 1259 durch Otto von Hadmersleben am rechten Bodeufer außerhalb der Stadt gegr. und 1262 mit Nonnen aus Blankenburg besetzt. Die bestehende ausgedehnte Anlage mit Kirche, Klausur, Propstei und Wirtschaftsbauten stammt aus dem späten 17. und frühen 18. Jh. Die heute als kath. Pfarrkirche dienende Klosterkirche wurde 1732 bis 1734 erb. Der außen schlichte bar. Werksteinbau ist innen ein über flachen Pilastern kreuzrippengewölbter Saalraum mit großer Nonnenempore und 3seitigem O-Schluß. Das Innere überrascht durch die prunkvolle einheitliche Ausstattung aus der Erbauungszeit. Dazu gehören im * *Chor* der mächtige, das Polygon füllende Hauptaltar mit den Figuren der Ordensgründer Benedikt und Bernhard und die beiden seitlich davorstehenden, ähnlich gegliederten Nebenaltäre, außerdem die Kanzel und die reich ausgestaltete Nonnenempore mit der Orgel. Außerdem mehrere bedeutende Stücke aus dem mittelalterlichen Vorgängerbau erhalten: ein vorzüglicher Kruzifixus, 1. H. 14. Jh., und die Schnitzfigur einer sitzenden Maria mit Kind, 3. V. 15. Jh. [B 3]

EISLEBEN. – Andreaskirche [37 bis 39]. Die Pfarrkirche der Altstadt von Eisleben ist am steilen Hang oberhalb des Marktes errichtet. Vom Gründungsbau wohl des 10. Jh. fehlt jegliche Kunde; er dürfte im 2. V. 13. Jh.

einer frühgot. Basilika Platz gemacht haben, von der Teile in die spätere O-Partie der Kirche einbezogen sind und die Untergeschosse des ∗ *W-Baus* stammen. Der umfassende Neubau als spätgot. Hallenkirche, dem auch die beiden 8eckigen W-Türme angehören, begann im 2. V. 15. Jh.; die Einwölbung erst nach dem Stadtbrand von 1498. In der Zwischenzeit, 1462–1486, entstand der mächtige Unterbau des Turms, der sich an der N-Seite der Kirche erhebt und dessen Erdgeschoß (Sakristei) durch ein Kielbogenportal im nördl. Nebenchor erreichbar ist. Das Achteckgeschoß und die bekrönende Doppelhaube dieses auch städtischen Aufgaben dienenden Turms erst 1714 bis 1723 aufgeführt; damals erhielten auch die W-Türme ihre bar. Hauben. Im Innern beachtenswert: der große vierflügelige Schreinaltar, E. 15. Jh., der Beziehungen zum ehem. Altar der Ulrichskirche in Halle (jetzt Magdeburg, Wallonerkirche) aufweist und aus einer mitteldeutschen, unter fränkisch-nürnbergischem Einfluß stehenden Werkstatt kommt; der aus Stücken mehrerer Pluviale zusammengesetzte ∗ *Kanzelbehang*, A. 16. Jh., mit vorzüglichen Reliefstickereien; die ∗ *Grabtumba* des Grafen Hoyer VI. von Mansfeld-Vorderort im nördl. Nebenchor, datiert 1541, Hauptwerk des Bildhauers Hans Schlegel und zugleich ein Höhepunkt der mitteldeutschen Renaissance-Skulptur.

[B 4]

EISLEBEN. – ANNENKIRCHE [40–42]. Ermutigt vom Aufschwung des mansfeldischen Kupferschieferbergbaus, gründete Graf Albrecht IV. von Mansfeld-Hinterort 1511 die Neustadt Eisleben und 1513 an ihrer höchsten Stelle die der Schutzheiligen der Bergleute gewidmete St. Annenkirche. Der spätgot. Bau der Kirche 1514 mit dem ∗ *Chor* beg.; er wurde 1516 gew., als Lhs. und Turm noch fehlten. 1515 verband Albrecht mit der Neugründung ein von ihm gestiftetes Augustinereremiten-Kloster, dessen Gebäude mit 5 Fachwerkgiebeln, das heutige Pfarrhaus südl. der Kirche, eilends hergestellt wurde. Schon 1522/23 führte die Reformation zur Auflösung des Klosters. Die Kirche blieb lange unfertig und wurde erst 1585–1608 voll., allerdings nicht in der urspr. geplanten Gestalt: Statt eines Hallen-Lhs. kam ein schlichter Saalraum mit bemalter Kassettendecke zur Ausführung, den an der N-Seite ein hoher Glockenturm flankiert. Im W wurde 1588 eine kleine, in spätgot. Formen gestaltete Grabkapelle der Mansfelder Grafen angefügt, die vom Schiff durch ein schönes, schmiedeeisernes Gitter getrennt ist. Der Chor erhielt 1586 ein an spätgot. Bildungen anknüpfendes Netzrippengewölbe aus Gips; in einem Gewölbefeld ein Abhängling in Form einer Krone mit tanzenden Putten angebracht. Auch die ∗ *Kanzel* von 1608 und der gräfliche Wappenstammbaum sind beachtliche Werke aus Stuck. Vor dem Chorgestühl als Brüstung die ∗ *sog. Eislebener Steinbilderbibel* aufgestellt, eine Folge von 29 Sandsteinreliefs von Hans Thon Uttendrup, Umsetzungen von Motiven des Alten und Neuen Testaments und der 4 Evangelistenbilder ins Volkstümliche, datiert 1585. Instandsetzung der Kirche seit 1973. [B 4]

EISLEBEN. – PETRI- UND PAULI-KIRCHE [43]. Die spätgot. Erneuerung der Pfarrkirche in der südl. Vorstadt begann 1447 mit der Errichtung des W-Turms, der 1474 voll. war. 1486 legte man den Grundstein von Lhs. und Chor, die gegen 1513 fertig waren und sich durch ein bemerkenswert einheitliches Erscheinungsbild auszeichnen. Das ∗ *Innere* der 3schiffigen Halle beeindruckt durch Weiträumigkeit und ausgewogene Proportionen. Tief gekehlte Pfeiler nehmen die Gewölbe auf, die im Msch. und Chor eine Sternnetzfiguration bilden, in den Ssch. ein Parallelrippennetz. Im Winkel von Chor und südl. Ssch. die Sakristei mit der Sängerempore darüber. Auf dem Choraltar der früher in der »Taufkapelle« Luthers im Turm befindliche reiche Annenaltar des frühen 16. Jh.; von vorzüglicher Qualität die neuerdings freigelegte Polychromie der Schnitzfiguren, die Flügelmalereien von einem Meister aus dem Umkreis Georg Lembergers. Gesamtinstandsetzung 1976–1981. [B 4]

EISLEBEN. – Sterbehaus Martin Luthers [44]. Zu einer Gruppe von spätgot. Bürgerhäusern, die nach dem Stadtbrand von 1498 südl. gegenüber der Andreaskirche entstanden, gehört auch das Wohnhaus des Stadtschreibers Johann Albrecht, in dem Luther am 18. Februar 1546 verstarb. Die ∗ *Fassade* des stattlichen Traufenhauses, an das im Hof ein langer Seitenflügel anschließt, ist in der heutigen Gestalt mit dem Sitznischenportal das Ergebnis einer Rekonstruktion von 1865 bis 1868. Das Sterbezimmer des Reformators erhielt seine historisierende Ausstattung 1894. Letzte Rest. 1982/83. [B 4]

ERMLITZ. – Landhaus [45]. In dem ehem. Landhaus der Leipziger Kaufmannsfamilie Apel, am N-Hang der Elsteraue gelegen und im 2. V. 18. Jh. erbaut, haben sich in 5 Räumen des Obergeschosses gemalte ∗ *Leinwandtapeten* aus der Entstehungszeit des Hauses erhalten. Die Tapeten, in dem kleinen Festsaal mit imitierten Gemälden holländischer Genreszenen, in den übrigen Räumen mit Blumendekor oder großformatigen szenischen Darstellungen, von hoher künstlerischer Qualität; z. Z. durch Verkleidungen geschützt oder abgenommen und magaziniert. [C 4]

ERMSLEBEN-KONRADSBURG. – Klosterkirche [46, 47]. Auf einem Bergsporn am nordöstl. Harzrand, dem Platz ihrer Stammburg, gründeten die Edlen von Konradsburg vor 1120 ein Kollegiatstift, das wenig später in ein Benediktiner-Kloster umgewandelt wurde. Von dem Neubau der Klosterkirche um 1200 sind nur der 3schiffige Chor und die darunter liegende ∗ *Krypta* sowie ein Rest des Qhs. erhalten. Wie bauarchäologische Untersuchungen erwiesen haben, handelte es sich beim Lhs. um eine 3schiffige, kreuzförmige Basilika, die im W möglicherweise ein Zweiturmriegel abschloß. Die heute fehlenden Teile nach der schweren Beschädigung des zuletzt von Kartäusern besetzten Klosters im Bauernkrieg 1525 vermutlich im 2. Drittel des 16. Jh. abgebrochen. Dieses Schicksal teilten auch die Klostergebäude, von denen allein das Kellergeschoß des N-Flügels in dem jüngeren Bau des Gutshauses aufgegangen ist. Die 5schiffige, kreuzgratgewölbte Hallenkrypta zählt in ihrer technisch wie künstlerisch vorzüglichen Ausführung zu den bedeutendsten Bauwerken der Spätromanik im Harzraum. Einen überraschenden Reichtum weist die ∗ *Kapitellornamentik* auf, deren Form und Gestaltung einen starken französisch-rheinischen Einfluß verraten. [B 4]

FALKENSTEIN. – Burg [48, 49]. Der Alte Falkenstein auf einem Bergsporn im Selketal, eine unter Kaiser Heinrich IV. am nordöstl. Harzrand angelegte Reichsburg, wurde in den Auseinandersetzungen mit der sächsischen Fürstenopposition bereits 1115 nach der Schlacht am Welfesholz bei Mansfeld wieder zerstört. Kurz danach gründeten die Edlen von Konradsburg die in geringer Entfernung talabwärts gelegene neue Burg Falkenstein, nach der sie sich dann Grafen von Falkenstein nannten. Die außerordentlich stark gesicherte rom. Anlage, die bis 1170–1180 erb. wurde, setzt sich aus der 3seitigen Kernburg und einer westl. Vorburg zusammen. Die Wehrhaftigkeit der ∗*Kernburg* beim Anblick der hohen östl. Stirnmauer und des Bergfrieds bis heute eindrucksvoll erlebbar. Auf der Burg schrieb Eike von Repgow als Gast Graf Hoyers II. von Falkenstein zwischen 1220 und 1235 die deutsche Fassung des Sachsenspiegels nieder. Nach dem Aussterben der gräflichen Familie gelangte die Burg mit der gesamten Stammherrschaft an das Bistum Halberstadt. 1437–1945 war der Falkenstein im Besitz der Herren von der Asseburg, die durch zahlreiche Um- und Neubauten vom E. 15. Jh. bis zum späten 17. Jh. die heutige architektonische Gestalt des Wohnschlosses schaffen ließen. Im eng umbauten ∗*Hof* steht gegenüber dem rom., 1592 erhöhten Bergfried der als Kemenate bezeichnete W-Flügel mit dem oberen Burgtor und einem Fachwerkobergeschoß aus dem 3. V. 16. Jh., in der Ecke zur Dirnitz der Treppenturm von 1601. In den als Museum eingerichteten Räumen der Burg sind verschiedene Sammlungen zum Jagdwesen sowie zur Bau- und Kunstgeschichte untergebracht. [B 4]

FRANKLEBEN. – Dorfkirche [50]. Der stattliche bar. Neubau, unter Einbeziehung eines älteren W-Turm, wohl nach dem Entwurf des Merseburger Bildhauers und Architekten Christian Trothe 1733–1735 von seinem Sohn Johann Christian Trothe ausgeführt. Das ∗*Innere*, ein geräumiger Rechtecksaal mit hohem Spiegelgewölbe, beeindruckt durch seine einheitliche Ausstattung aus der Erbauungszeit. Es sind vor allem: der große Kanzelaltar, die reich gezierten Prospekte der beiden 2geschossigen Annexe im S und N für Sakristei, Grabstätte der Familie von Bose und Patronatslogen, und die W-Empore, dazu eine Serie von Denkmälern derer von Bose und die aufwendige Marmortumba des Christian Dietrich von Bose († 1741) und seiner Frau. [C 5]

FREYBURG/UNSTRUT. – Marienkirche [51, 52]. Die Stadtkirche St. Marien in dem kleinen, E. 12. Jh. planmäßig gegr. Winzerstädtchen entstand im 2. V. 13. Jh. Der spätrom. Erstbau, eine kreuzförmige, 3schiffige Basilika, ist mit Qhs., Vierungsturm, Chorquadrat und den Umfassungen des Lhs. sowie dem 2türmigen W-Bau in wesentlichen Teilen erhalten. Er zeigt Beziehungen zur gleichzeitigen rheinischen Baukunst, vor allem aber zum Naumburger Dom, dessen Vorbild auch das westl. Turmpaar folgt. Dabei fällt auf, daß der Freyburger S-Turm im unteren der beiden Achteckgeschosse bereits spitzbogige, frühgot. Maßwerkfenster besitzt, aber im 2. Geschoß zur spätrom. Rundbogenform zurückkehrt. Um 1400 ersetzte man die rom. Hauptapsis durch ein schmales Chorjoch mit 5/8Schluß in den charakteristischen reichen Bau- und Schmuckformen des Weichen

Stils. E. 15. Jh. wurde das Lhs. unter Wiederverwendung rom. Strukturteile in eine 3schiffige, spätgot. Halle umgebaut und erhielt dabei im Msch. das jochweise variierte Sternrippengewölbe, in den Ssch. eine Folge von Kreuzgewölben. Dem im Untergeschoß spätrom., nach 3 Seiten offenen Paradies vor dem W-Portal wurde zu dieser Zeit ein Obergeschoß aufgesetzt; das heutige Portal mit dem originalen Tympanon ist eine Rekonstruktion von 1940. Das * *Retabel* des 1499 erneut gew. Hauptaltars mit der Darstellung der Marienkrönung im Mittelschrein entstand gegen 1510 und ist eines der besonders zu beachtenden Werke dieser Zeit in Thüringen.

[B 5]

FREYBURG/UNSTRUT. – Neuenburg [53–55]. Die Anfänge der Burg reichen in die Zeit Graf Ludwigs des »Springers« († 1123) zurück. Sie war neben der Wartburg, die ihm gleichfalls ihre Entstehung verdankt, die bedeutendste Burg der Landgrafen von Thüringen und einer ihrer bevorzugten Wohnsitze. Um- und Ausbauten, die z. T. durch Zerstörungen infolge von Belagerungen notwendig waren, ließen vom 12. bis 18. Jh. eine weiträumige, vielteilige Anlage entstehen. Der Hauptbauzeit im 12. Jh. gehörten 3 Bergfriede (davon der »Dicke Wilhelm« vollständig erhalten), der im »Fürstenhaus« aufgegangene Palas und einige weitere Gebäude an. Zu größeren Baumaßnahmen kam es danach vor allem im 15. Jh. und unter Kurfürst August von Sachsen, der die Burg zwischen 1552 und 1557 zum Wohnschloß umgestalten ließ, sowie nach dem 30jährigen Krieg bis gegen 1719 und um 1750/55. Kleinod der Burg ist die * *Doppelkapelle*, die in mehreren Etappen entstand. Die erste, eingeschossige Burgkapelle, zunächst mit Halbkreis-, dann Rechteckapsis versehen, wurde im 2. und 3. Jahrzehnt des 13. Jh. unter Landgraf Ludwig IV. und seiner Gemahlin, der hl. Elisabeth, mit einem Obergeschoß prachtvoll ausgebaut. Die beiden ungleich großen, übereinander liegenden Kapellenräume sind durch eine kleine Deckenöffnung miteinander verbunden. In ihrer urspr. Bestimmung diente der untere Raum dem Gottesdienst wohl der »Burgfamilie« und den übrigen Burgbewohnern, der obere als herrschaftliche Privatkapelle. Während die Unterkapelle durch Veränderungen des 16. Jh. und die Einbauten des 19. Jh. stark verändert und nur im Chor gewölbt ist, bietet sich die reich gestaltete * *Oberkapelle* als lichter, über 4 Jochen kreuzrippengewölbter Raum mit einem Bündelpfeiler als Mittelstütze dar. Die zum Besten der Stauferzeit zählende Bauzier hat, soweit nicht in sächsischer Tradition stehend, ihre unmittelbaren Vorbilder am Niederrhein: neben den Blatt- und Rankenkapitellen gehören dazu auch die sog. Zackenbogen. Rest. 1985–1992.

[B 5]

FROSE. – Stiftskirche [56, 57]. Wohl 950 gründete Markgraf Gero in Frose ein dem hl. Cyriacus gew. Benediktiner-Kloster, das 959/961 in ein Kanonissenstift umgewandelt und dem inzwischen eingerichteten Stift in Gernrode unterstellt wurde. Der heutige Bau, eine 3schiffige, kreuzförmige, flachgedeckte Basilika, stammt im wesentlichen von etwa 1170. Größere Schäden führten im 18. Jh. zu einer Wiederherstellung, bei der die Qhs.-Arme zu Seitenschiffsteilen verkürzt und die Nebenapsiden abgebrochen wurden. Die Rest. zwischen 1858 und 1892 erneuerte die gesamte S-Wand und das N-Portal und rekonstruierte beide Nebenapsiden. Der eingangslose, strenge W-Bau besitzt zwischen den beiden Turmräumen im Erdgeschoß eine 2jochige, gegen das Msch. geöffnete, kreuzgewölbte Halle und darüber eine tonnengewölbte Empore. Im ∗*Langhaus* zeigen die Arkaden einen Stützenwechsel, bei dem 2 Säulen mit 1 Pfeiler alternieren. Einige Kapitelle der gedrungenen Säulen stehen noch unter dem Einfluß von Königslutter, die übrigen haben eine eigentümlich retrospektive Würfelform. [B 3]

GARDELEGEN. – Salzwedeler Tor [58]. Nach der Schleifung 1659 ist von der Stadtbefestigung mit ihren 3 Toren, außer wenigen Mauerresten und dem Fragment des Stendaler Tors (1539 erb.), nur noch das Salzwedeler Tor im NW der Altstadt weitgehend erhalten; für seinen Verbleib hatte sich auch der preußische König Friedrich Wilhelm IV. in den 40er Jahren des 19. Jh. eingesetzt. Die gewölbte Torfahrt wird von 2 nach außen vortretenden Rundbastionen aus Backstein geschützt, die im unteren Bereich mit Kanonenscharten, oben z. T. mit Schlüsselscharten versehen sind. Die ganze Anlage wohl erst um M.16. Jh. entstanden. Das Renaissance-Motiv des zinnenartigen Giebel-Pfeiler-Kranzes auf der größeren S-Bastion im wesentlichen alt, auf der N-Bastion, wie auch der feldseitige Stufengiebel anstelle des urspr. Turmaufsatzes, von einer Rest. 1907. Instandgesetzt 1957 und 1986. [B 2]

GARDELEGEN. – Marienkirche [59–61]. Der stattliche Backsteinbau ist das Ergebnis einer durch verschiedene Erweiterungen und Planwechsel gekennzeichneten, langen Baugeschichte. Ausgangspunkt war eine spätrom. Basilika, von der nur Reste im Vierungsbereich erhalten blieben. Eine erste Vergrößerung mit weit ausladendem Qhs. und W-Turm bereits im frühen 13. Jh. beg., die Fertigstellung des Qhs. jedoch etwas später – nach Ausweis der Bauzier noch vor M. 13. Jh. – zugunsten einer 5schiffigen,

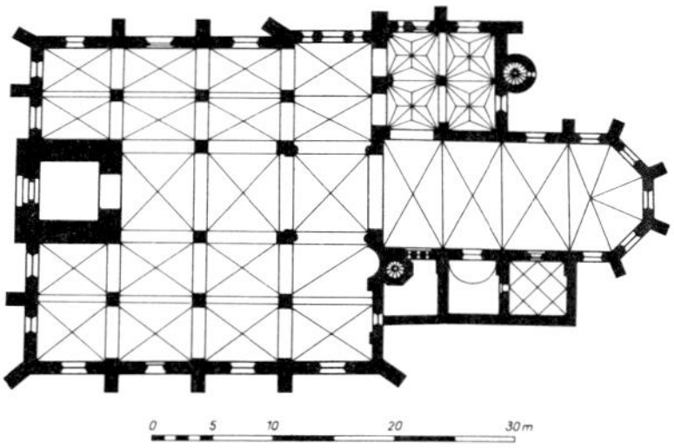

kurzen Halle aufgegeben. In dieses durch seine geringe Höhe altertümlich erscheinende Hallen-Lhs. die N- und O-Wand des unvoll. Qhs. einbezogen. In einer weiteren Etappe, vielleicht nach dem verheerenden Stadtbrand von 1306, der geräumige, das Lhs. in seiner Höhe weit überragende hochgot. Langchor mit 5/8Schluß angefügt. Erst im ausgehenden 15. und frühen 16. Jh. die Umfassungsmauern des (unfertig gebliebenen?) Lhs. beträchtlich erhöht und die unter einem mächtigen Satteldach mit blendengeschmücktem O-Giebel zusammengefaßte Halle durchgehend gewölbt. Aus dieser Zeit die netzgewölbte Sakristei an der S-Seite des Chors, an der N-Seite die 2geschossige Marienkapelle.

Die oberen Teile des W-Turms ebenfalls spätmittelalterlich, das oberste Geschoß und die Haube mit doppelter Laterne erst 1691 aufgesetzt. Der dafür ursächliche Einsturz des Turms 1658 hatte bereits bis 1662 eine Erneuerung der Lhs.-Gewölbe bewirkt. – Die Kirche birgt eine Fülle von Kunstwerken aus dem späten Mittelalter: einen großen Schnitzaltar mit übereinander angeordneter Kreuzigungsgruppe und einer Marienkrönung im Zentrum, A. 15. Jh., und 2 kleinere Altaraufsätze des späten 15. Jh., sowie eine große Anzahl von Einzelfiguren, darunter ein vorzüglicher Christus in der Rast und die am Aufgang zur Orgel aufgestellte ∗*Doppelfigur* einer Anna Selbdritt, um 1520. Die Kanzel von 1605 und die gleichzeitige Taufe, mit Deckel von 1593, in reichen Spätrenaissanceformen. Nach Auflassung der Nikolaikirche von dort weitere Stücke aufgenommen, u.a. eine beachtliche, später in eine hl. Ottilie umgewandelte, Sitzmadonna von etwa 1230, die spätgot. Triumphkreuzgruppe und das figurenreiche Epitaph von Alvensleben, dat. 1597. [B 2]

GERNRODE. – Stiftskirche [62 bis 71]. Markgraf Gero gründete 959 nach dem Tode seines Sohnes Siegfried das gemeinsam geplante Kanonissenstift in der erst kurz zuvor als Familiensitz angelegten Burg Geronisroth. Hathui, die junge Witwe Siegfrieds, wurde erste Äbtissin des Stifts, das Gero in Sorge um sein und seiner Familie Seelenheil und den dauernden Bestand reich mit Besitz ausstattete und unter königlichen und päpstlichen Schutz stellen ließ. Als Hauptreliquie verehrte er der Kirche einen aus Rom mitgebrachten Arm des hl. Cyriacus, dazu den Leib des hl. Metronus von Verona. Als Gero († 965) vor dem Kreuzaltar bestattet wurde, waren die ∗*O-Teile* der Kirche wohl fertiggestellt. Trotz umfassender Rest. unter Ferdinand von Quast 1858 – 1872 gilt die Stiftskirche St. Cyriacus als der am besten und vollständigsten erhaltene Sakralbau der ottonischen Architektur in Deutschland vor der etwas jüngeren Michaeliskirche in Hildesheim. Der Gründungsbau war eine kreuzförmige Basilika mit Hauptapsis und Nebenapsiden an den Qhs.-Armen, einer in ihrer Raumgestalt neuartigen ∗*Krypta* unter Chor und Hauptapsis und einem W-Bau mit flankierenden Rundtürmen. Besonderheiten im Innern des Lhs. sind der hier erstmals auftretende einfache Stützenwechsel ohne übergreifenden Bogen und die hinsichtlich ihrer Funktion ungeklärten Längsemporen; ihre zum Msch. sich öffnenden Arkaden beidseits in je 2 Gruppen geteilt, die durch den trennenden Pfeiler auf die Stützenfolge der großen Msch.-Arkaden Bezug nehmen. Im

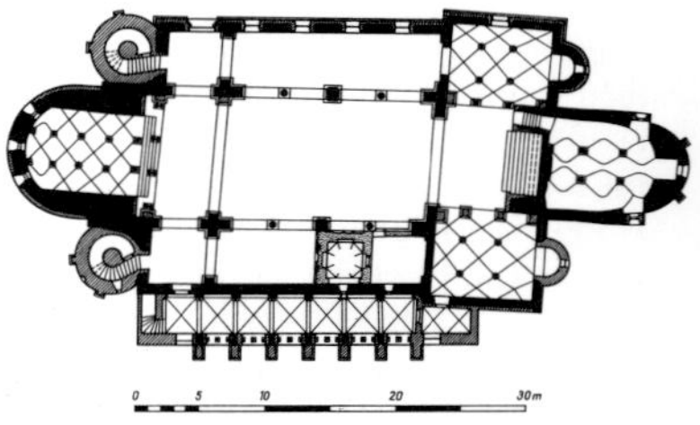

Gegensatz zu diesen aber sind, weitgehend rhythmisiert, jeweils 2 Säulchen der Emporenarkaden durch übergreifende Bogen zusammengefaßt. Die gestalterische Anregung zu diesem Motiv durch Bauten aus dem frühchristlich-byzantinischen Osten ist nicht auszuschließen. Die größeren Doppelarkaden am W-Ende des Lhs. gehörten zu einem im S wie im N zwischen Längs- und urspr. W-Empore eingeschobenen * *Vorraum*. Der ottonische W-Bau um 1130 – durch Beseitigung der Empore und Anfügung der großen W-Apsis – zu einem 2. Chor (für den hl. Metronus?) umgestaltet. Unter diesem heute mit einer Orgel besetzten W-Chor entstand eine weitere * *Krypta*, die als 3schiffige Halle mit Kreuzgratgewölben über Säulen ausgebildet ist. Ebenfalls aus dem 2. V. 12. Jh. stammen die unterwölbten Emporeneinbauten in beiden Qhs.-Armen. Das Äußere der Kirche urspr. weniger gegliedert, als es der heutige Zustand zeigt. Bei der Rest. unter Ferdinand von Quast wurden die Außenmauern des W-Chors, des nördl. Ssch. und des nördl. Qhs.-Arms weitgehend, letztere mit vergrößerten Fenstern, erneuert; zur ästhetischen Aufwertung verschiedene Detailformen, wie die Blendgalerie an der W-Apsis und die Blendarkaden an den Ssch., hinzugefügt. Eine neue Werksteinfassade erhielt auch der an der S-Seite der Kirche anliegende, 2geschossige Kreuzgangflügel aus dem 3. V. 12. Jh. Behutsamer waren Eingriffe und Zutaten innen, etwa die neuen Vorlagen der Vierung und der westl. Msch.-Bogen. Unangetastet blieb das * *Heilige Grab* aus dem 3. V. 11. Jh. im südl. Ssch.: die älteste erhaltene Nachbildung des Grabes Christi in Jerusalem, dazu bedeutend wegen seiner hervorragenden bildnerischen Ausstattung. Wie sein Urbild besteht es aus 2 Kammern, dem nach oben offenen Vorraum und dem eigentlichen Grabraum, dessen Klostergewölbe bis auf die Trompen zerstört ist. Die als Hochreliefs aus Stuck geformten Bildwerke und die übrigen Ornamente ikonographisch auf das österliche Wunder der Auferstehung Christi bezogen: An der * *N-Wand* der Grabkammer außen die Noli-me-tangere-Szene, in der Christus als Auferstandener der erstaunten Maria Magdalena erscheint; in der Wandmitte, über einer urspr. vorhandenen, jetzt geschlossenen Einblicksöffnung, der segenspendende Salvator. An der * *W-Wand*, jeweils in Nischen, 2 korinthische Säulchen und – in der Mitte – eine wie erschrocken wirkende weibliche Figur, wohl Maria Magdalena »am Grabe Christi«; um das Mittelfeld 2 in Flachrelief ausgeführte Friese, deren figürliche Darstellungen, u. a. Lamm Gottes, Johannes d. T. und Moses, symbolisch auf das Werk der Erlösung verweisen. Im Innern des Grabraums Reste des Sarkophags mit den wachenden Engeln, die * *Gruppe der drei Marien* auf dem Wege zum Grab und die in hoheitsvoll-großartiger Frontalansicht vor Augen geführte, überlebensgroße Gestalt des * *auferstandenen Christus*, hier ungewöhnlicherweise in Pontifikalkleidung wiedergegeben. In die von Quast entworfene Dekoration und Ausstattung des Kirchenraums auch einige alte, herbeigeschaffte Stücke einbezogen, darunter der vor der W-Krypta aufgestellte * *Taufstein* aus der M. 12. Jh., der 1865 aus Alsleben kam. Ihn schuf ein handwerklich tüchtiger Meister, der an der Beckenwandung in naiver Weise Hauptereignisse aus dem Leben Christi wiedergab. 1907–1910 sind die Türme abgetragen und neu errichtet worden. Seit 1954 kontinuierliche Instandsetzungsarbeiten an der Kirche und den vorhandenen Gebäuden der ehem. Klausur. [B 4]

GRÖBZIG. – SYNAGOGE [72]. Für die Judengemeinde, die sich in dem Landstädtchen Gröbzig seit 1728 aufgrund der Toleranzmaßnahmen Fürst Leopolds von Anhalt-Dessau bildete, wurde im späten 18. Jh. eine eigene Synagoge errichtet. Schlichter spätbar. Rechteckbau, dem das Gemeinde- und Kantorhaus (1832) und das Schulgebäude westl. vorgelagert sind. Über dem * *W-Portal* der Synagoge der hebräische Psalmvers »Dies ist die Pforte des Ewigen, Gerechte treten da ein«. Das Innere, mit Muldengewölbe und Frauengalerie, besitzt noch den im 19. Jh. geschaffenen Betraum, in dem sich der Thora-Schrein und die übrigen für den jüdischen Kult benötigten Ausstattungsstücke erhalten haben. Der Zerstörung in der »Reichskristallnacht« 1938 entging die Synagoge, da sie bereits 1934 als Städtisches Heimatmuseum eingerichtet wurde. Rest. 1986 – 1988. [C 4]

GROSS AMMENSLEBEN. – KLOSTERKIRCHE [73]. Das 1120 von Graf Dietrich von Ammensleben gegr. Augustiner-Chorherrenstift wurde mit Zustimmung Erzbischof Norberts bereits 1129 an Benediktiner aus Kloster Berge bei Magdeburg übergeben, die hier die Hirsauer Observanz einführten; 1804 aufgehoben. Die Klosterkirche St. Peter und Paul schon seit 1614 simultan genutzt. Der 1140 gew. Gründungsbau ist eine flachgedeckte, querschifflose Pfeilerbasilika gewesen, von der große Teile im Lhs. erhalten blieben. Der Ausbau der W-Front mit den beiden Türmen und ein östl. Turmpaar am Choransatz etwas später beg., aber bald steckengeblieben; die Chorpartie mit der Hauptapsis seit A. 14. Jh. erneuert. Durchgreifender Umbau mit Einwölbung und Hochführung des spätgot. NW-Turms seit etwa 1470, bis ins 16. Jh. hinein fortgesetzt (Weihe 1525?). In der an den nördl. Nebenchor angefügten Marienkapelle seitlich des Altars auf spätgot. Konsolen 2 sehr beachtliche * *Sandsteinfiguren* von attributlosen weiblichen Heiligen 4. V. 14. Jh., vielleicht aus einer Magdeburger Bildhauerwerkstatt. [B 2/3]

GROSSJENA. – STEINAUERSCHER WEINBERG [74]. Im Jahre 1722 wurde dem Sächsisch-Weißenfelsischen Kammerrat, Hofjuwelier und Kaufmann Johann Christian Steinauer von seinen Freunden eine Reihe von Großreliefs als Geschenk verehrt, die in seinem Weinberg an der Unstrut aus der dort über einer Terrasse anstehenden, etwa 200 m langen Sandsteinbank ein unbekannter Bildhauer, vielleicht aus Freyburg/Unstrut, ausgehauen hatte. Es sind zumeist Szenen aus dem Alten und Neuen Testament, die auf den Weinbau Bezug nehmen. Die nur teilweise noch lesbaren Inschriften bezeugten die freundschaftliche Widmung der Darstellungen, deren naive Erzählweise in Verbindung mit dem monumentalen Format den eigentümlichen künstlerischen Reiz des steinernen »Stammbuchs« ausmachen. [B 5]

GROSSKORBETHA. – DORFKIRCHE [75]. Der rippengewölbte Chor wurde inschriftlich 1480 von Hans Roder erbaut, Schiff und W-Turm entstanden zwischen 1509 und 1522. Im Jahre 1700 fügte Antonio Perri das stuckierte Holzgewölbe ein. Den * *Altar* errichtete 1696 der Weißenfelser Hofbildhauer Andreas Griebenstein. [C 5]

GROSSWULKOW. – Dorfkirche [76]. Der zu einer großen Gruppe rom. Backsteinkirchen im Elbe-Havel-Gebiet gehörige, mittelgroße und im engen Anschluß an Jerichow entstandene Bau vertritt den sog. vollständigen Typ mit Turm, Saal, Chor und Apsis; allerdings wurde der Quer-W-Turm nachträglich, noch in spätrom. Zeit angefügt. Die Einzelgestaltung, u. a. mit Winkel- und durchgesteckten Bogenfriesen, bezeichnend für das späte 12. Jh. Zum frühen Inventar zählte der sehr beachtliche ** Kruzifixus* aus dem 13. Jh., der wahrscheinlich vom ehem. Triumphkreuz stammt und im 15. Jh. überarbeitet wurde; erst 1955 wieder entdeckt, an Arm und Dornenkrone ergänzt. [C 2]

HADMERSLEBEN. – Klosterkirche St. Peter und Paul [77]. Das 961 durch Bischof Bernhard von Halberstadt gegr. Kloster der Benediktinerinnen bestand bis zur Aufhebung 1809; die Kirche seither kath. Pfarrkirche. Der heutige Bau der Klosterkirche, ein langgestreckter Rechtecksaal mit westl. Querturm und großer Nonnenempore, das Ergebnis mehrerer, in der Abfolge und Entstehungszeit nur ungenügend geklärter Um- und Teilneubauten. Die Turmanlage 12. Jh., die W-Hälfte des Saals weitgehend M. 13. Jh., der Chor mit S-Kapelle 1. H. 14. Jh., die N-Kapelle spätgot. Ältester Bauteil ist die 3schiffige, kreuzgratgewölbte ** Halle* unter der Nonnenempore, die über ein Drittel im W des Schiffs einnimmt. Das südl. Schiff dieser Unterkirche gehört nach der Gestaltung der Säulen mit eckblattlosen Basen und schweren, z. T. primitiv ornamentierten frührom. Kapitellen sowie Wandkonsolen noch der 2. H. 11. Jh. an, die beiden anderen Schiffe bereits dem 3. Drittel des 12. Jh.; wohl aus dieser Zeit der bronzene Türzieher am S-Portal. E. 17. Jh. erhielt der Kirchenraum außer der durchlaufenden Holztonne mit untergelegten gotisierenden Rippen seine qualitätvolle Frühbarock-Ausstattung: den mächtigen Hochaltar und die beiden Seitenaltäre von Thiele Zimmermann mit den großen Schnitzfiguren von Gertrud Gröninger aus Paderborn, dazu einige weitere Figuren der zwischen 1695 und 1699 in Hadmersleben tätigen Künstlerin, die üppige geschnitzte Kanzel und das Gestühl der Nonnenempore. [B 3]

HALBERSTADT. – Dom St. Stephanus und Sixtus [78 – 90]. Das A. 9. Jh. eingerichtete Halberstädter Bistum war Nachfolger eines zunächst in Seligenstadt, dem heutigen Osterwieck, gegr. und unmittelbar darauf nach Halberstadt verlegten karolingischen Missionszentrums. Über die damals und in der Folgezeit entstandenen Vorgängerbauten des bestehenden Doms sind wir vor allem durch die Grabungen von 1952 – 1954 genauer unterrichtet. Die erste Kirche war ein bescheidener 3schiffiger Rechteckbau, der nach seiner Erhebung zur Kathedralkirche in 2 Etappen einen stattlichen Ausbau mit großer Kryptenanlage und einem Westwerk erfuhr und 859 gew. wurde. Westl. der Bischofskirche stand ein kleiner kreuzförmiger Grabbau. Als die karolingische Kathedrale 965 einstürzte, wurde über weitgehend gleichem Grundriß ein nach W verlängerter vollständiger Neubau mit einem größeren Westwerk (Sixtus-Chor) errichtet, gew. 992. Dieser ottonische Dom entstand zudem in architektonischer Konkurrenz zu Magdeburg, das als neugeschaffenes Erzbistum die bis dahin dominierende kirchliche Stellung Halberstadts im nordöstl. Teil des Reichs erheblich beschnitt. Die Rivalität beider Kirchen hat auch die späteren Baumaßnahmen in Halberstadt mitbestimmt. Der Bau der got. Kathedrale wurde 1236/1239 unter Bischof Ludolf von Schladen beg. Zum ersten Bauabschnitt, außerhalb des im Ganzen weiterbestehenden ottonischen Doms, gehörte der breite W-Riegel mit großer, 3schiffiger Vorhalle, die bereits M. 13. Jh. fertig war. Der Anschluß der Vorhalle an der ∗ *W-Fassade* bis heute deutlich ablesbar; die Architekturformen und der Baudekor bezeichnend für den aus Burgund über Maulbronn kommenden und von Walkenried vermittelten zisterziensischen Einfluß. Nach einer Planänderung folgten im nächsten Bauabschnitt die 3 westl. Lhs.-Joche, wegen der stilgeschichtlichen Zusammenhänge auch als »Reimser« Joche bezeichnet, die zwischen 1263 und 1317 anstelle des abgebrochenen ottonischen Westwerks

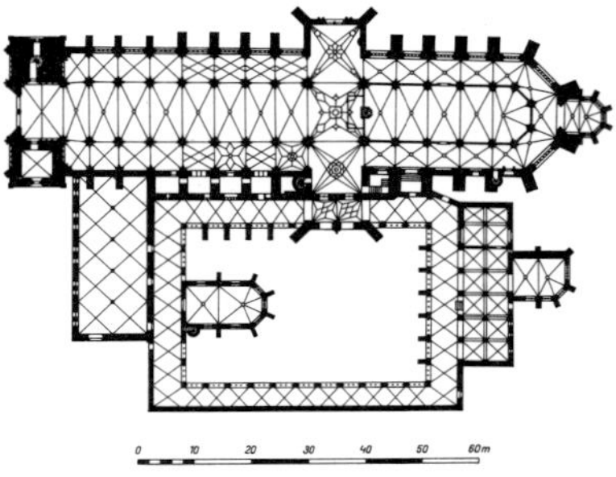

in frühgot. Formen aufgeführt wurden. Die Beibehaltung der Breitenausdehnung des Erstplans, der sich an die ottonische Disposition anschloß, führte im basilikalen Aufriß zu der ungewöhnlichen Steilheit des Raums und erlaubte zugleich die Verbindung mit dem noch vorhandenen ottonischen Lhs. Im weiteren langsamen, doch nie völlig unterbrochenen Bauprozeß wuchsen nach 1340 die neuen Ostteile empor, beginnend mit der Marienkapelle, die als Bauaufgabe an den karolingisch-ottonischen Vorgänger der Chorscheitelkapelle anknüpfte. Weihe des ∗ *Chors* 1401. Danach wurde das gottesdienstlich bis zuletzt genutzte ottonische Lhs. abgebrochen, um nach dem vom 3. V. 13. Jh. an verbindlichen Gesamtplan auch das Qhs. und die östl. Lhs.-Joche vollenden zu können. Spätgot. weiterentwickelt sind nur die Detailformen und die Gewölbebildungen, besonders im Qhs. und den Seitenschiffen. Im zuletzt fertigen Msch. zwischenzeitlich eine provisorische Flachdecke eingezogen, die auf den noch vorhandenen klobigen Konsolen lag. Schlußweihe des Doms 1491. Der ∗ *Lettner*, eine 3jochige Halle an der W-Seite des Chors, voll. 1510, erhielt einen kleinteilig-reichen spätgot. Architektur- und Figurendekor. Letzte mittelalterliche Baumaßnahme am Halberstädter Dom war die Errichtung des neuen, 1514 voll. Kapitelsaals über dem in rom. Zeit 2schiffigen, später veränderten Kreuzgangflügel an der S-Seite des Lhs., seine Schwingrippengewölbe 1945 zerstört; in diesem Raum heute ein Teil des Dommuseums. Die W-Türme E. 19. Jh. abgetragen und z. T. verändert wieder aufgebaut. – In der W-Hälfte des Msch. steht die spätrom. Taufe aus Rübeländer Marmor in Form eines monumentalen Kelchs, gestiftet von Bischof Gardolf (1193–1201). Eines der bedeutendsten Kunstwerke des Doms ist die 5figurige ∗ *Triumphkreuzgruppe*, entstanden wahrscheinlich im Zusammenhang der Weihe 1220. Die majestätische Darstellung des der Welt entrückten Gekreuzigten mit den getrennt ans Kreuz gehefteten Füßen folgt noch dem älteren rom. Viernageltypus. Die ihr Leid zurückhaltend, doch in deutlichen Gesten veranschaulichenden Maria und Johannes kontrastieren mit den entrückt weihevollen Figuren der beiden Seraphim. Unter dem Kreuz der erwachende Adam, am Tragbalken vorn die Halbfiguren von Aposteln, rückseitig Propheten. In einer Nische des nördl. Chorumgangs die ∗ *Standbilder der Maria und eines Engels* sowie der Maria Magdalena, die wohl zu einem Heiligen Grab kurz nach 1350 gehörten, hervorragende Skulpturen von einem Meister, der auf die mitteldeutsche Plastik des 14. Jh. eine starke Wirkung ausübte. Etwas jünger eine Anbetungsgruppe in der Marienkapelle; die Pfeilerfiguren des Chors 2. V. 15. Jh., die Standbilder an den Vierungspfeilern spätes 15. Jh. bzw. A. 16. Jh. Einen kostbaren Bestand bilden die in beträchtlichem Umfang original erhaltenen ∗ *Glasmalereien* in den Fenstern der Marienkapelle (gegen 1340–1380), des Chorumgangs (um 1400–1440) und des Hochchors (frühes 15. Jh.), deren Entstehungszeit auch den Bauverlauf der O-Teile spiegelt. – Der Halberstädter Domschatz zählt zu den hervorragendsten deutschen Kirchenschätzen, einzigartig in seiner Vielfalt und überaus reich besonders an Paramenten und textilen Ornaten. Aus der Fülle der über 600 Stücke hier nur beispielhaft zu nennen: der ∗ *Abraham-Engel-Teppich*, M. 12. Jh., und der Christus-Apostel-Teppich, um 1160/1180, der auch für die Baugeschichte aufschlußreiche Karlsteppich, um 1235, und die beiden Teile eines Teppichs mit Szenen aus dem Marienleben von etwa 1510. Dazu u. a. ein ∗ *Konsular-Diptychon* von 417, das als Deckelschmuck eines rom. Antiphonars Wiederverwendung fand, und der berühmte ∗ *Liturgische Diskos*, eine eucharistische Brotschüssel der griechisch-orthodoxen Kirche aus dem 2. Drittel des 11. Jh., bedeutendste bekannte byzantinische Treibarbeit, die Bischof Konrad von Krosigk 1205 von einem Kreuzzug aus Konstantinopel mitbrachte. 2 herausragende, erst spät in die Ausstellung des Domschatzes gekommene Stücke stammen aus der Liebfrauenkirche in Halberstadt: der ∗ *Reliquienschrank*, außen und innen prachtvoll bemalt und um 1245 entstanden, und die ∗ *Thronende Madonna*, eine Schnitzfigur in weitgehend erhaltener originaler Farbigkeit und eines der schönsten Bildwerke der Zeit um 1235. [A 3]

HALBERSTADT. – LIEBFRAUENKIRCHE [91–95]. Kurz nach 1000 gründete Bischof Arnulf von Halberstadt das Kollegiatstift St. Marien, das später als Regularstift der Augustinusregel unterworfen wurde. Das erst nach dem 30jährigen Krieg vollständig ev. gewordene Stift 1810 aufgehoben. Seit der gründlichen Renovierung 1839–1848 ev.-reformierte Pfarrkirche. Von der ersten Kirche aus dem 1. V. 11. Jh. nur die unteren Geschosse des W-Baus erhalten, eine Krypta durch Grabungen nachgewiesen. Die bestehende kreuzförmige ∗ *Basilika* an der W-Seite des Domplatzes, ein Neubau der 1. H. 12. Jh., gew. 1146, zählt zu den großartigsten Schöpfungen der rom. Architektur in Deutschland. Das Lhs. 3schiffig mit wechselnd quadratischen und rechteckigen Pfeilern, über dem O-Ende beider Seitenschiffe jeweils ein Turm, der nördl. 1845 vollständig erneuert. Die O-Partie folgt in der

3teiligen Anordnung von Hauptchor und flankierenden Nebenkapellen den Gewohnheiten der benediktinischen Reformbaukunst. In den Seitenkapellen Tonnengewölbe, die südliche Kapelle funktionsbedingt 2geschossig. Das westl. Turmpaar mit seinen rheinische Formen aufnehmenden Abschlüssen im späten 12. Jh. fertig, die Gratgewölbe des Hochchors und Qhs. im 13. Jh. nachgeholt. Die Rippengewölbe des Lhs., die erst im 15. Jh. eingezogen worden waren, aus statischen Gründen im 19. Jh. wieder entfernt.

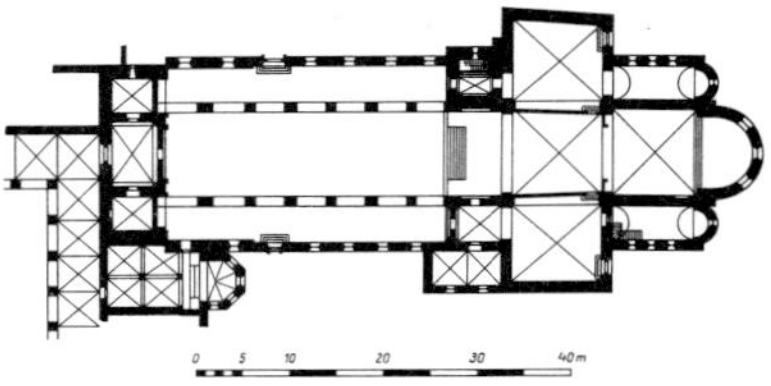

Damals auch beachtliche Reste einer spätrom. Ausmalung freigelegt, die man als Kopie wiederholte. Nach schwerer Beschädigung Ende des Zweiten Weltkrieges, besonders von Chor und NW-Turm, 1946–1954 wiederhergestellt. Von dieser Rest. das ∗ *Innere der Kirche* in seiner einprägsamen Monumentalität bestimmt. Die Klausur mit Kreuzgang südwestl. an die Kirche anschießend; urspr. wohl dazugehörig die sog. Taufkapelle, um 1170, mit polygonaler Apsis A. 15. Jh. In der nachträglich angefügten Barbara-Kapelle haben sich ∗ *Fresken* aus der Bauzeit um 1420 erhalten. Der gleichzeitige Flügelaltar, im Mittelschrein mit Kreuzigungsdarstellung, zeigt in der Sockelzone die geistlichen Stifter aus der Familie von Plötzke. – An der N- und S-Seite der Vierung die beiden ∗ *Chorschranken*, im Kern 1. H. 12. Jh., die Stuckverkleidungen der Außenseiten und die bekrönenden Holzarkaden eine Zutat der Zeit um oder kurz nach 1200. Zwischen prachtvollen Friesen oben und unten sind jeweils 7 Arkaden mit Sitzfiguren in Hochrelief anstuckiert: in der Mitte auf der N-Seite der thronende Christus, auf der S-Seite Maria mit dem Kind, beide Zentralfiguren umgeben von je 6 Aposteln. Die Gestalten bilden künstlerisch in Komposition, individualisierender Wiedergabe und feinteiliger Durchbildung den Höhepunkt der niedersächsischen Stuckplastik und sind vielleicht unter der Einwirkung byzantinischer und niederrheinisch-maasländischer Vorbilder entstanden. Das streng frontale Antlitz der ∗ *Maria* verbindet in einzigartiger Weise jungfräulichen Liebreiz mit majestätischer Größe. – Das Triumphkreuz im Vierungsbogen, um 1230 entstanden und von hervorragender Qualität, ist ein maßgebliches Werk in der Gruppe der sächsischen Großkreuze.

[A 3]

HALBERSTADT. – MARTINIKIRCHE [96–98]. Älteste Pfarrkirche der östl. und südöstl. der Domimmunität gelegenen, 1945 fast völlig zerstörten Altstadt, möglicherweise eine fränkische Gründung, urkundlich zuerst 1192. Der heutige Bau der ∗ *Kirche* ist, abgesehen von den rom. Vierungspfeilern, jünger: die hochgot. O-Teile mit dem 3teiligen Sanktuarium und schmalen Qhs. E. 13. Jh. beg., der steile 2türmige W-Bau und das breitgelagerte, innen leicht gedrückt erscheinende Hallen-Lhs. nach Planänderungen während des 14. Jh. in 2 Abschnitten errichtet und in der Folgezeit einheitlich gewölbt. Das Turmpaar mit den ungleich hohen Helmen charakteristisch für die Stadtsilhouette, am Fuße des W-Baus der urspr. am Rathaus befindliche Roland von 1433 aufgestellt. Dächer und Turmhelme verbrannten 1945 und wurden bei der Rest. 1956–1961 neu geschaffen. – Zur Ausstattung gehören der von Personifikationen der 4 Paradiesflüsse getragene und mit Flachreliefs aus dem Leben Christi geschmückte bronzene ∗ *Taufkessel*, A. 14. Jh., die reich geschnitzte, 1595 errichtete und 1690 bar. veränderte Kanzel und der monumentale ∗ *Altar* von 1696, mit seinem auf 3 Geschosse verteilten erstaunlichen Aufgebot an Figuren und Dekor ein wichtiges Werk des norddeutschen Barock. [A 3]

HALLE. – Dom [99–103]. Bald nach Niederlassung der Dominikaner in Halle 1271 wurde der Bau ihrer Klosterkirche beg., aber erst im 1. V. 14. Jh. voll. Diese Kirche, eine im Msch. leicht überhöhte Halle mit schmalen Seitenschiffen und kurzem Polygonalchor, zählt zu den frühesten Hallenkirchen in Mitteldeutschland. Kardinal Albrecht von Brandenburg bestimmte sie zur Kirche des 1519 von ihm gegr. Neuen Stifts und zur eigenen Grabkirche; Weihe 1523. Um der schlichten hochgot. ∗ *Bettelordenskirche* ein dem Anspruch als ranghöchster Sakralbau der Erzdiözese nach dem Magdeburger Dom genügendes äußeres Erscheinungsbild zu geben, ließ Albrecht über der Dachtraufe ringsum einen rundbogigen Giebelkranz aufmauern, der urspr. verputzt und aufwendig dekoriert war. Für die Ausgestaltung des ∗ *Innern* mit Altarretabeln und Bildern, Figuren und anderen Bildwerken wurden viele der bedeutendsten damals in Deutschland tätigen Künstler herangezogen, deren Werke Albrecht großenteils bei seinem Rückzug 1540/41 aus dem bereits stark dem neuen Glauben anhängenden Halle nach Mainz und Aschaffenburg mitnahm. In Halle verblieb der Zyklus der aus rheinischem Tuff gearbeiteten überlebensgroßen Standbilder an den Lhs.-Pfeilern, die Peter Schro, ein Schüler Hans Backoffens, mit seiner Werkstatt in Mainz geschaffen hat. Diese Figuren, großartige, charaktervolle Gestalten mit dem Salvator mundi und dem hl. Paulus an der Spitze sowie den ∗ *12 Aposteln* und den urspr. 4, heute 3 Stiftspatronen, darunter der ∗ *hl. Mauritius*, entstand zwischen 1522 und 1525. Der gleichen Zeit gehören die beiden Weihetafeln und die in enger Anlehnung an oberitalienische Renaissancegestaltungen gebildeten Portale zum Chor und zur Sakristei an. Die Kanzel mit den Hochrelieffiguren von Moses, den Kirchenvätern, Evangelisten und Briefautoren des Neuen Testaments inschriftlich 1526 voll. Auch ein neues Chorgestühl entstand damals; seine Wangenschnitzereien, wie z. B. der halbfigurige ∗ *hl. Christophorus* mit dem Jesusknaben, können von einem fränkischen Meister stammen. – 1637–1680 war der Dom Hofkirche des ev. Administrators Herzog August von Sachsen, der ihr die frühbar. Ausstattung mit dem Hochaltar von 1662 gab. Seit 1692 Pfarrkirche ausschließlich der ev.-reformierten Gemeinde. Eine umfassende Instandsetzung 1988 beg. [C 4]

HALLE. – Moritzkirche [104–108]. Die zwischen 1121 und 1144 gegr., seit 1184 mit einem Augustiner-Chorherrenstift verbundene Pfarrkirche St. Moritz war 1520–1542, als das Neue Stift in Halle bestand, Klosterkirche der Dominikaner. Der spätgot. Neubau wurde seit 1388 in langer Bauzeit abschnittweise errichtet: zunächst die nördl. Hälfte der O-Teile unter der Leitung des Baumeisters und Bildhauers Conrad von Einbeck, anschließend von 1448 bis zur Weihe 1472 die S-Hälfte durch Hans Brochstete, schließlich bis 1510 der übrige Bau. Die Einwölbung mit dem Hängeschlußstein erfolgte erst 1555–1557 durch Nickel Hoffmann. Die 3schiffige * *Hallenkirche* mit 3apsidialem O-Schluß und einem für 2 Türme angelegten, aber nur im Unterbau voll. W-Abschluß entwicklungsgeschichtlich von großer Bedeutung: mit der als sog. Chorfassade besonders reich ausgebildeten O-Seite hielt das Formengut der Prager Parler-Hütte seinen Einzug in Mitteldeutschland. Charakteristische Details waren das Hängemaßwerk der Chorfenster und des N-Portals und das Paneelstabwerk sowohl außen als auch im Chorinnern. Die direkte Übertragung nach Halle infolge einer vermuteten Tätigkeit Conrads in Prag durchaus möglich. Unter seiner Leitung auch eine reiche Ausstattung der O-Partie mit Skulpturen und Konsolen beg. Er selbst hat mehrere, z. T. signierte und datierte Bildwerke geschaffen, in denen er sich als in seiner Zeit ungewöhnlicher Künstler erweist. Zu diesen Werken gehört außer der Statue des Titelheiligen der Kirche, des hl. Mauritius von 1411, ein überlebensgroßer * *Schmerzensmann*, bez. 1416, von grell realistischer Ausdruckskraft und die etwas kleinere * *klagende Maria*, in deren Antlitz sich das Leiden unverhüllt zur Schau stellt. Die sekundär im nördl. Nebenchor angebrachte * *Bildnisbüste*, wahrscheinlich das Porträt eines Wohltäters der Kirche und künstlerisch ein herausragendes Werk, gehört nach neuen Feststellungen zu einem Zyklus von männlichen und weiblichen Büsten, die an den östl. Lhs.-Pfeilern angebracht waren. Ausgangspunkt dieser Bildform sind die Triforiumsbüsten des Prager Veitsdoms. – Im Jahre 1592 schuf Zacharias Bogenkrantz die * *Kanzel*, die in der Wiedergabe des Figürlichen, besonders in den flachen Reliefs mit biblischen Darstellungen, aber auch in der manieristischen Ornamentierung eine beachtliche bildhauerische Leistung darstellt; der Schalldeckel 1602 von Valentin Silbermann aus Leipzig. Rest. 1971–1978. [C 4]

HALLE. – ULRICHSKIRCHE [109]. Ehem. Marienkirche des 1339 in die Stadt verlegten Klosters der Serviten (Marienknechte), im wesentlichen 2. H. 14. Jh. erb. 1531 der Gemeinde von St. Ulrich als Ersatz für die abgebrochene alte Ulrichskirche (am nördl. Ausgang der Gr. Ulrichstraße) übergeben und von da an bis 1971 Pfarrkirche; seit 1976 als Konzerthalle genutzt. Die schlichte, asymmetrisch 2schiffige Halle des 14. Jh. folgte mit dem Verzicht auf Turm und Qhs. den Baugewohnheiten der Bettelorden. Das breitere Hauptschiff im O 3seitig geschlossen, in der Mitte des nördl. Ssch. das 2türige Hauptportal mit Sitzmadonna über dem Mittelpfeiler und großer Reliefdarstellung des Marientodes im Tympanon. Die Einwölbung mit dichter Sternnetzfiguration im Msch. und Parallelrippennetz im Ssch. erst 1509/10, in den westl. Jochen 1674 in Holz ausgeführt. Der große Schnitzaltar von 1488 und die übrige Ausstattung 1975 in die Wallonerkirche nach Magdeburg überführt (s. dort), am Ort verblieb nur das schöne Sakramentshaus im Chor, mit seinen Balustersäulchen und der reichen Astwerkbekrönung ein charakteristisches Werk der halleschen Frührenaissance, entstanden um 1525. Einbau der Chororgel 1979/80. [C 4]

HALLE. – Marktkirche St. Marien und Roter Turm [110, 111]. In mittelalterlicher Zeit standen an der W-Seite des Marktes die mindestens ins 11. Jh. zurückreichende und als Pfarrkirche auch für die Salzsiedlung im Tal zuständige Kirche St. Gertruden und östl. dahinter die etwas jüngere erste Marktkirche St. Marien, Pfarrkirche des großen Mariensprengels im SO der Stadt. Beide Bauten ließ der erzbischöfliche Stadtherr, Kardinal Albrecht von Brandenburg, 1529/30 mit Ausnahme ihrer Turmgruppen abreißen. Zwischen diesen entstand die neue Marienkirche, eine mächtige 3schiffige, 10jochige Hallenkirche, die eine der letzten großen Raumschöpfungen in der stattlichen Reihe der obersächsischen spätgot. Sakralbauten darstellt. Beg. von Caspar Krafft aus Rochsburg († 1540), fortgeführt und 1554 voll. durch Nickel Hoffmann. Das ∗ *Äußere* im Stadtbild weit-

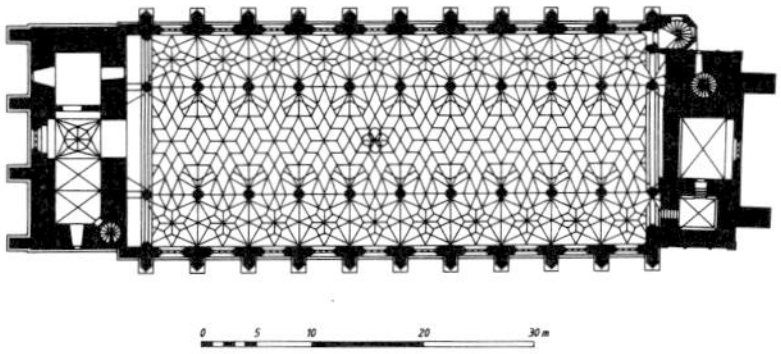

hin herausgehoben durch die »Blauen Türme« der Gertrudenkirche mit ihren Spitzhelmen von 1507 und 1513 und die östl. »Hausmannstürme« mit den Renaissancehauben von 1551/1554. Den über schlanken Kehlpfeilern mit einem durchlaufenden Sternnetzgewölbe im Mittelschiff und einer Sternfiguration in den Ssch.-Jochen abgeschlossenen ∗ *Innenraum* umzieht die 1554 voll. steinerne Emporenanlage, die in den Arkadenzwickeln Flachreliefs mit Grotesken in prachtvollen Renaissanceformen aufweist; das 2. Emporengeschoß im N 1698 hinzugefügt. Der gemalte Flügelaltar von 1529, rest. 1980–1985, entstammt der Cranach-Werkstatt und ist vielleicht das Werk von Simon Franck. Die kleine Orgel auf der O-Empore schuf Georg Reichel 1663/64. Das Monumentalgemälde an der O-Seite des Mittelschiffs mit Szenen aus der Apostelgeschichte von Heinrich Lichtenfelser 1593. Gesamtrestaurierung 1968 bis 1983. – Der auf dem Marktplatz freistehende Rote Turm östl. der Marktkirche in langer Bauführung 1418–1474 als Glockenturm der 1. Marienkirche errichtet. Der Turmhelm erst 1506 von Hans Wulkensteyn aufgesetzt, nach Kriegszerstörung 1975 rekonstruiert. [C 4]

HALLE. – Moritzburg [112, 113]. Die im NW der Altstadt über der Mühlgrabensaale gelegene Moritzburg ließ Erzbischof Ernst von Magdeburg 1484–1503 als Stadtfestung und Wohnschloß zugleich errichten, eine 4seitige Anlage mit Rundtürmen und -bastionen an den 4 Ecken sowie Toren im N- und O-Flügel. Unter Kardinal Albrecht wurde 1514 die zunächst als Heiltumskirche gebrauchte Maria-Magdalenen-Kapelle im N-Trakt erneut geweiht und in der Folgezeit die Verteidigungsfähigkeit noch verstärkt, zuletzt 1536–1538 durch den Bau eines vor der N-Seite gelegenen hohen Walls, des späteren »Jägerbergs«. Im 30jährigen Krieg äscherte ein Brand 1637 die Burggebäude völlig ein. Seither Ruine, ausgenommen die Einfügung des Lazarettbaus 1777 und die Herrichtung des N-Flügels, einschließlich der weitgehend neu gewölbten Schloßkapelle, für Universitätszwecke E. 19. Jh. Über dem ehem. Küchenbau im S errichtete man 1902 bis 1904 nach dem Entwurf von Carl Rehorst einen Museumsneubau, der heute der Staatlichen Galerie Moritzburg dient. Er entstand in Anlehnung

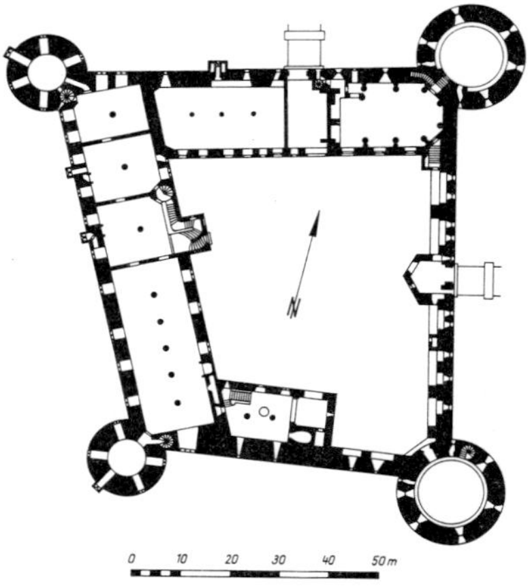

an das 1882 abgebrochene, aus dem 16. Jh. stammende ehem. Talamt, das Sitz des Salzgrafen und seiner Gerichtsbarkeit sowie des Talvogts war und außerdem für Feste der Pfänner genutzt wurde. Im 1. Obergeschoß des neuen Museums wurden 2 prachtvolle holzgetäfelte Räume mit ihren Erkern aus dem alten Talhaus wieder eingebaut, das »Gerichtszimmer« und das ∗*Brautzimmer*, dessen Täfelung und Kassettendecke mit den Gemälden nach Vorlagen von Hendrik Goltzius 1616 angefertigt worden waren. [C 4]

HALLE. – FRANCKESCHE STIFTUNGEN [114]. Der 1692 nach Halle berufene Pastor und pietistische Theologe August Hermann Francke (1683–1727) gründete bereits wenige Jahre später im vorstädtischen Glaucha ein großes Armen- und Waisenhaus, dem auch ein Paedagogium angeschlossen wurde. Die den zahlreichen Aufgaben der Anstalt gewidmeten, im wesentlichen bis 1744 errichteten Gebäude bilden bis heute einen imposanten Baukomplex, bestehend aus dem schlichten, doch wirkungsvollen bar. Hauptgebäude von 1698/99 und 2 sich daran anschließenden, um den langgestreckten Lindenhof gruppierten Häuserreihen, die weitgehend in Fachwerk errichtet wurden. Am Ende des Lindenhofs das ∗*Denkmal* für den Gründer: A. H. Francke als Prediger mit 2 Waisenkindern, eine überlebensgroße Bronzegruppe von Christian Daniel Rauch, auf einem Steinpostament nach dem Entwurf von Karl Friedrich Schinkel 1829; rest. 1992. [C 4]

HAMERSLEBEN. – STIFTSKIRCHE ST. PANCRATIUS [115–118]. Das von Bischof Reinhard von Halberstadt um 1107/08 in Osterwieck gegr. Augustiner-Chorherrenstift wurde schon kurz darauf nach Hamersleben verlegt. Im 12. Jh. Zentrum der reformierten sächsischen Regularstifte. Der spätestens unmittelbar nach der Umsiedlung beg. Bau der Kirche – ein Hauptwerk der hochrom. Architektur im niedersächsischen Raum – vielleicht im 3. Jahrzehnt 12. Jh. bereits im wesentlichen voll. Die Kirche ist eine 3schiffige, kreuzförmige Säulenbasilika ohne westl. Turmfront mit einer der benediktinischen Reformarchitektur verpflichteten O-Partie, erkennbar an der Ausbildung eines Chorus minor und den Anräumen beidseits des Sanktuariums. Diese Chornebenkapellen tonnengewölbt, der Bau sonst flachgedeckt. Ungewöhnlich die »reduzierten«, d. h. niedrigeren Qhs.-Arme, das Turmpaar über den östl. Ssch.-Jochen dagegen bei Bauten der Augustinerchorherren wiederholt zu finden (vgl. Halberstadt, Liebfrauenkirche). Prachtvolle Gestaltung der ∗ *O-Ansicht* mit den 3 halbrunden Apsiden als »Schauseite« in hervorragender Werksteinbearbeitung; die Blendarkatur der Hauptapsis folgt motivisch dem Vorbild der Dome in Speyer und Mainz. Der Außenbau sonst von asketischer Schlichtheit; an 2 Portalen lediglich die Bogenfelder durch ihre Reliefdarstellungen hervorgehoben. Das ∗ *Tympanon* mit dem gegenständigen Drachenpaar und den durch die Weintraube als Symbol Christi verstandenen Ranken über der erst 1856 hergestellten Haupttür am südl. Ssch. Damals von der nördl. Nebenkapelle hierher versetzt. Von überraschendem Reichtum der Baudekor im Innern, vor allem die Zier an den großen ∗ *Kapitellen* der Vierungs- und Lhs.-Säulen. Die mannigfaltigen Darstellungen des von Tieren umgebenen Lebensbaums, der mit Masken verbundenen üppigen Rankengeflechte und der verschiedenen Kampfszenen entwicklungsgeschichtlich bedeutsam durch ihre Entstehungszeit schon im 1. Drittel 12. Jh. Die gleichzeitigen steinernen Chorschranken erhielten erst um 1240 ihre Verkleidung mit Stuckreliefs. Davon nur die im O-Abschnitt der N-Schranke mit den 3 sitzenden ∗ *Aposteln* erhalten, vorzügliche Arbeiten unter Verwendung byzantinischer Vorlagen. Nach dem Niedergang seit dem 13. Jh. erlebte das Stift im späten 15. Jh. eine nochmalige Blüte und bestand bis zur Aufhebung 1804; seither dient die Kirche dem kath. Pfarrgottesdienst. Von der spätgot. Erneuerung – in die Hochräume zog man damals hölzerne Gewölbe ein, die im 19. und 20. Jh. beseitigt wurden – zeugen heute außer einigen Bildwerken und Resten der Ausmalung nur noch beträchtliche Teile des Kreuzgangs und der Klausurgebäude. Die Umgestaltung E. 17. Jh. in derb-üppigen Bar.-Formen mit großer Altarschauwand, Orgel und vielteiligem Figurenschmuck seit dem 19. Jh. bis auf die verbliebenen Prinzipalstücke zurückgenommen. Durchgreifende Rest. 1963–1984. [A 3]

HAVELBERG. – DOM ST. MARIEN [119–124]. Das 948 durch Otto I. im Zuge der Slawenmissionierung eingerichtete Bistum Havelberg ging im Aufstand der ostelbischen Slawen 983 wieder verloren und konnte erst im 12. Jh., nach der Eroberung durch Markgraf Albrecht den Bären wahrscheinlich 1136/37, wiederhergestellt werden. Es bestand bis zur Reformation 1571, das danach ev. Domkapitel bis 1819. Im Aufstand 983 wurde auch die ottonische Bischofskirche zerstört, deren Größe und Gestalt bis heute unbekannt sind. Unter Bischof Anselm von Havelberg, der das neue Domstift mit Prämonstratensern besetzte, unverzüglich ein neuer Dombau beg., der 1170 gew. wurde: eine ungewöhnlich langgestreckte Pfeilerbasilika ohne Qhs. und Gewölbe, aber mit eigentümlichen, mehrgeschossigen Chorannexen an der N- und S-Seite und einem wenig tiefen, mit der Breite von 30 m das Lhs. völlig abriegelnden ∗ *W-Querbau*. Seine absichtsvoll wehrhafte Erscheinung durch die – bis auf die langen Fensterschlitze und wenige kleine Rundbogenöffnungen – ungegliederte Blockform der unteren Geschosse noch unterstrichen. Urspr. nur an der südl. und nördl. Schmalseite über hochgelegene Türen zugänglich; das W-Portal erst 1840–1842 eingebrochen und bei der Rest. 1907/08 erneuert. Damals auch das neue Glokkenhaus als abschließendes Geschoß aufgesetzt. Nach einem Brand 1279

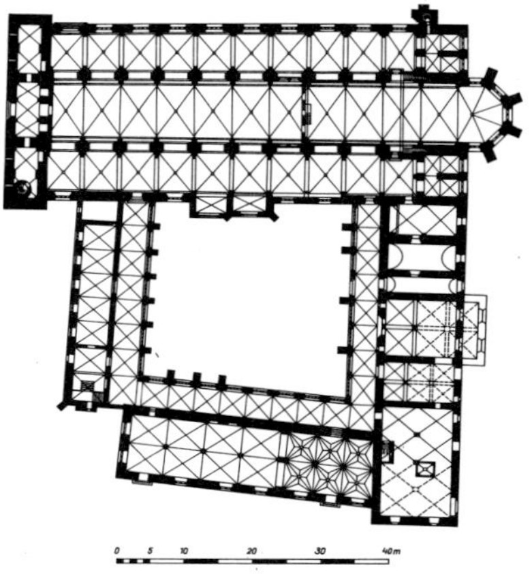

Umwandlung in einen got. Gewölbebau, wobei man ähnlich wie an der Liebfrauenkirche in Magdeburg vorging; statt der Grauwacke-Kleinquader beim rom. Bau kam nunmehr durchgehend Backstein als Baumaterial zur Anwendung. Unter weitgehender Beibehaltung der rom. Mauern das Msch. beträchtlich erhöht und die Pfeiler wie auch die Seitenschiffe mit kräftigen Gewölbevorlagen versehen, im Msch. mit einem Laufgang über den der rom. Wand vorgelegten Blendarkaden. Die rom. Apsis durch ein 5/8Polygon ersetzt, die seitlichen Choranbauten gleichfalls erhöht und im Obergeschoß zu Emporenkapellen ausgebildet. Der Bau mit seinen Kreuzrippengewölben zur Weihe des Hochaltars 1330 sicher voll. Danach nur noch die Marien- und 1508 die Annenkapelle an der S-Seite angefügt. Eine einschneidende Veränderung im ∗*Innern* war der Einbau des Lettners und der Chorschranken zwischen 1395 und 1411, den Bischof Johannes Wöpelitz veranlaßte und größtenteils aus Erträgen der Wilsnacker Heiligblutverehrung finanzierte. Die Ausgestaltung mit 24 Reliefs und 14 vollplastischen Einzelfiguren führte zu einem der umfangreichsten Skulpturenprogramme der Zeit. Die Formgebung der Architektur und der Skulpturen stark von der böhmischen, bes. Prager Kunst abhänging, aber auch mit mitteldeutschen und Lübecker Anregungen in Verbindung zu bringen. Die expressiv-aufgewühlte Bildsprache am stärksten in den ∗*Reliefs der Vorchorschranken* ausgeprägt, in der Szene des ∗*Christus vor Herodes* ins Maskenhaft-Groteske gesteigert. Lettner und Schranken ersetzten eine ältere Chorabschrankung, zu der ∗*3 Sandsteinleuchter* gehörten, um 1300, heute im Altarraum aufgestellt: der etwas höhere mittlere Leuchter architektonisch mit fialenbekrönten Strebepfeilern, die beiden anderen mit paarig sich gegenüberstehenden Klerikerfiguren. – Eine bemerkenswert umfangreiche Ausstattung blieb erhalten, u.a. die Triumphkreuzgruppe E. 13. Jh., das Chorgestühl des 13. und 14. Jh. und eine stattliche Reihe von Steinretabeln und Skulpturen des 15. Jh., dazu bedeutende Reste der farbigen Glasfenster in beiden Seitenschiffen und eine Vielzahl von Grabmälern, darunter die Tumba mit der Alabasterfigur des Bischofs J. Wöpelitz († 1401). Der aufwendige bar. Hochaltar, gestiftet 1700, trat an die Stelle des damals nach Rossow, Landkr. Wittstock, gelangten alten Hochaltars vom A. 14. Jh.; die hölzerne Kanzel entstand 1693. – Südseitig an den Dom die mittelalterliche Stiftsklausur (heute Museum) angeschlossen, 2geschossig und aus Backstein errichtet; der spätrom. O-Flügel mit Kapitelsaal und Küche, der S-Trakt mit dem ∗*Sommerrefektorium*, dessen Gewölbe dem 14. Jh. angehören, und dem Winterrefektorium aus dem 15. Jh. [C1]

HECKLINGEN. – BENEDIKTINERINNEN-KLOSTERKIRCHE ST. GEORG UND PANCRATIUS [125–127]. Ein von den Grafen Plötzkau um 1070 in der Nähe Hecklingens gegr. Kanonissenstift wurde um 1130 mit Benediktinernonnen besetzt und um 1160 an den heutigen Platz verlegt. Der Bau der Klosterkirche sicher sofort beg. und bis gegen 1176 fertiggestellt: eine 3schiffige, kreuzförmige Basilika mit doppeltürmigem, torlosem W-Bau, Hauptapsis und 2 Nebenapsiden nach dem für die sächsische rom. Architektur typischen Grundrißschema. Die anspruchsvolle Einzelgestaltung großenteils in Werkstein ausgeführt. Das ∗*Äußere*, mit Lisenen, Kantensäulchen und Rundbogenfriesen über reich profiliertem Sockel, im Gesamteindruck heute freilich von den Zutaten der Rest. 1880 bis 1883 mitbestimmt (Ergänzung der Westfassade mit dem S-Turm, Rekonstruktion der südl. Nebenapsis). Der Haupteingang am nördl. Ssch. läßt in seiner Ausführung als sog. Sockelumlaufportal den Einfluß der benediktinischen Reformarchitektur erkennen, während die Palmettenfächerkapitelle der in die Gewändestufen eingestellten Säulen ihr Vorbild in der oberitalienischen Bauornamentik von Königslutter besitzen. Das Innere von auffallender Steilheit und mit Ausnahme der Apsiden flach gedeckt; die Lhs.-Arkaden weisen einen einfachen Stützenwechsel auf. Zwischen 1220 und 1240 Einbau einer großen Nonnenempore im W-Teil des Lhs. und im gesamten südl. Ssch.: Die 4jochige ∗*Halle*, über Pfeilern mit vorgelegten Säulen und der zierlichen mittleren Bündelsäule kreuzgrätig gewölbt, entstand dabei unter dem Emporenteil im Msch. Er wurde als Erweiterung der urspr. W-Empore zwischen den Türmen wohl in einem 1. Bauabschnitt errichtet, zu dem auch das westl. Joch im nördl. Ssch. gehört. Die üppige Ornamentierung der Kapitelle und Säulen hier noch ganz spätrom. Die S-Empore dagegen sicher etwas jünger und mit ihren Kelchblockkapitellen bereits frühgot.; konstruktiv folgt sie mit den Kreuzgratgewölben auf kurzen, säulchengeschmückten Pilastern dem System der Msch.-Empore. Bereits um 1220–1225 hatte man in den Zwickeln der Msch.-Arkaden die Reliefs von 14 ∗*Engeln* aus Stuck angebracht, davon 4 in den Ecken mit Posaunen, die übrigen mit Schriftbändern – eine der bedeutenden, späten Leistungen der rom. Stuckplastik in Sachsen. Thematisch auf das jüngste Gericht anspielend, wurden sie vielleicht im Zusammenhang mit einem urspr. vorhandenen Triumphkreuz konzipiert. Dem calvinistischen Bildersturm 1609 sind nur wenige Stücke der älteren Ausstattung entgangen; beachtlich das große Wandgrab für F. von Trotha und Familie im Chor, um 1600, vielleicht von Sebastian Ertle. [B3]

HECKLINGEN-GÄNSEFURTH. SCHLOSS [128]. Die um einen kleinen Hof errichtete 4seitige Burganlage, im wesentlichen aus dem 15. Jh., wurde um 1570 grundlegend umgebaut. Aus got. Zeit stammt der untere Teil des Turms, die 3 oberen Geschosse samt den Renaissancegiebeln im 16. Jh. aufgesetzt. Anschließend an den Turm entstand 1757 der ansehnliche Bar.-Bau mit steilem Mansarddach und übergiebelten Mittelrisaliten an beiden Längsfronten; im Innern Stuckdecken von Johann Michael Hoppenhaupt d. J. [B3]

HEIDBERG-HOHENLANGENBECK. – DORFKIRCHE [129, 130]. Der schlichte kleine Feldsteinbau mit halbkreisförmigem O-Schluß wohl spätgot. und – trotz des Fachwerktürmchens aus dem 17. Jh. – ein charakteristisches Beispiel für die mittelalterlichen Dorfkirchen des Salzwedeler Landes. Das Innere mit bemalter Balkendecke, Emporen und dem 1697 dat. Gestühl von einer bar. Erneuerung, das hölzerne ∗*Taufgestell* von 1598. Über den Raum verteilt, ausgedehnte Reste spätgot. Wandmalerei. [A 1]

HOLLEBEN. – DORFKIRCHE [131]. An der alten Straße von Halle nach Merseburg gelegen, reicht die Anlage der Kirche ins 12. Jh. zurück. Der gewölbte Chor mit Polygonalapsis 2. H. 15. Jh., im barockisierten Schiff verputzte Holztonne und 2geschossige Emporen 1666, die Malereien der Emporenbrüstung 1936 von Karl Völker. Der beachtliche ∗*Schnitzaltar* mit stehender Madonna, flankiert von den beiden Heiligen Kilian und Stephan, im Mittelschrein, um 1530 von einem wohl sächsischen Meister unter fränkischem Einfluß geschaffen; die Malereien auf den Flügeln bereits mit Renaissance-Elementen. [C4]

HORNHAUSEN. – REITERSTEIN [132]. Die Steinplatte mit dem Reiterrelief, heute im Landesmuseum für Vorgeschichte in Halle, ist eines der ältesten christlichen Denkmale in Sachsen-Anhalt. Sie entstand wohl noch im 7. Jh. und gehört zu einem bei Hornhausen, Kr. Oschersleben, gefundenen Komplex von insgesamt 9 Fragmenten, die neuerdings als Reste einer Altarschranke gedeutet werden. Diese Schranke müßte sich dort in einer nach fränkischer Art erb. Kirche auf dem durch Grabungen nachgewiesenen Gräberfeld befunden haben. Die mehrzonigen Darstellungen der Platten verbinden ostmittelmeerisch-christliche Motive, wie Reiterheilige, z. T. mit Kreuzfahne, und Hirsche, mit dem älteren germanisch-skandinavischen Motiv ineinander geflochtener Schlangen. [B3]

ILSENBURG. – KLOSTERKIRCHE [133 bis 135]. Das ehem. Benediktiner-Kloster auf dem Platz einer dafür von Kaiser Otto III. 998 überlassenen Reichsburg war eine Gründung des Halberstädter Bischofs Arnulf (996–1023), der Mönche nach Fuldaer Ordo hier einsetzte. Bereits in den 70er Jahren des 11. Jh. nach dem Vorbild von Kloster Gorze reformiert, wurde auch die Kirche St. Peter und Paul 1078–1087 neu erb.: eine kreuzförmige, 3schiffige Flachdeckbasilika mit doppeltürmigem W-Bau und einem mit Chorseitenschiffen 3teilig angelegten Sanktuarium ohne Krypta – architekturgeschichtlich außerordentlich bedeutsam als eine durch die kirchliche Reformbewegung des 11. Jh. bedingte Bauform noch vor der entsprechenden Lösung in Hirsau. In der Ausführung von asketischer Schlichtheit, im ∗*Innern* noch bes. deutlich an den Msch.-Arkaden mit ihren gemauerten Säulen und stark vereinfachten Profilen. Erneuerung der Kirche mit vollständiger Einwölbung, Schmuckfußboden, bereichernder Stuckierung an Säulen und Pfeilern im späten 12. Jh. Davon die Kreuzgratgewölbe im südl. Ssch., anstuckierte Basen und Kämpfer und vor allem beachtliche Teile des reich ornamentierten ∗ *Estrichs* im Msch. erhalten; diese Reste im Zuge der Rest. 1933–1937 bei Absenkung des Fußbodens freigelegt. Die in das teppichhafte Dekorationssystem des Estrichs eingebundenen figürlichen Darstellungen – in der Technik farbig ausgelegter Ritzzeichnungen – symbolisieren den Kampf der guten gegen die bösen Mächte. Nach der Reformation 1545 und im Besitz der Grafen von Stolberg-Wernigerode, wurde die im Bauernkrieg 1525 schwer beschädigte Kirche nach Abbruch des N-Turms, des nördl. Ssch. und großer Teile der O-Partie in reduzierter Form als Schloßkirche wiederhergestellt und erhielt 1573 ff. im Msch. die niedrigeren Gratgewölbe und im neugeschaffenen Altarraum eine hölzerne Tonnenwölbung. Die Hauptstücke der Ausstattung lieferte Bastian Heidekamp A. 18. Jh.: die von einer Figur Johannes d. T. getragene Kanzel mit Kanzeldeckel und die große, reich geschnitzte Altarwand, dat. 1706, dazu das Epitaph für E. von Stolberg-Wernigerode († 1710). Aus der mittelalterlichen Klosterkirche stammt der ∗ *Kruzifixus* von etwa 1220, ein äußerst qualitätvolles Werk eines sächsischen Meisters (jetzt in der ev. Pfarrkirche). – Von der im 3. V. 12. Jh. neu errichteten Klosteranlage ist der O-Flügel mit dem Kapitelsaal und dem aufgemauerten Grundriß der gartenseitig angeschlossenen Marienkapelle sowie der S-Flügel mit dem 7jochigen, auf einer mittleren Säulenreihe 2schiffig gewölbten Refektorium erhalten, insgesamt bemerkenswert durch die reiche Bauornamentik in der Nachfolge von Königslutter. [A 3]

JERICHOW. – STIFTSKIRCHE [136 bis 138]. Das 1144 an der älteren Pfarrkirche des Fleckens Jerichow vom Magdeburger Liebfrauenstift gegr. und mit Kanonikern von dort besetzte Prämonstatenser-Stift wurde bereits 1148 an den heutigen Standort verlegt. Der Bau der Kirche St. Marien und Nikolaus ist – wie jüngste Bauforschungen bestätigt haben – offenbar sofort beg.

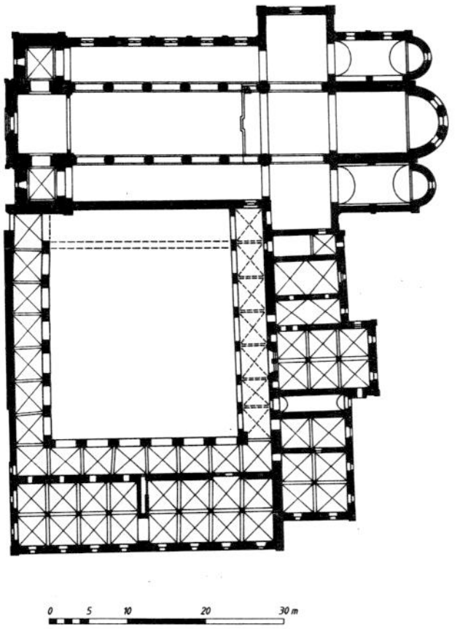

und in einem 1. Abschnitt bis gegen 1170 fertiggestellt worden. Dieser älteste und zugleich künstlerisch eindruckvollste märkische Backsteinbau der Romanik zunächst als kreuzförmige Flachdeckbasilika mit 4jochigem Lhs. und Nebenapsiden an beiden Qhs.-Armen errichtet; annähernd gleichzeitig auch der östl. Flügel der Klausur mit dem Kapitelsaal und anderen gewölbten Erdgeschoßräumen sowie dem Dormitorium im Obergeschoß aufgeführt. In einem anschließenden 2. Abschnitt um 1175 folgte nach einer Planänderung – vermutlich infolge erweiterter liturgischer Anforderungen – der Einbau von Krypta und Hochchor und die Anfügung der beiden Chornebenkapellen anstelle der wieder abgebrochenen Nebenapsiden. Kaum viel später muß die Vergrößerung der Kirche nach W vorgenommen worden sein, die nunmehr statt der turmlos glatten Querschnittfassade eine doppeltürmige W-Front mit breitem Zwischenbau erhielt, im Prinzip ähnlich dem W-Bau der Magdeburger Liebfrauenkirche, allerdings mit quadratischem Turmgrundriß. Die oberen Turm- und Zwischenbaugeschosse entstanden nicht vor M. 13. Jh. Noch ins späte 12. Jh. gehören auch große Teile der übrigen Klausur; lediglich das sog. Sommerrefektorium mit den prachtvollen Säulenkapitellen im S-Trakt und der Kreuzgang wurden erst im 13. Jh. errichtet. Bis auf kleinere spätgot. Veränderungen, vor allem am westl. Trakt, verblieb die Gesamtanlage in ihrem vom 12. und 13. Jh. geschaffenen Zustand und zählt daher zu den wenigen, bis auf die Gegenwart annähernd vollständig überkommenen Beispielen hochmittelalterlicher Klosterbaukunst in Deutschland. Das Prämonstratenser-Stift 1552 aufgehoben und in ein landesherrliches Amt umgewandelt, seit 1680 brandenburgisch-preußische Domäne. Die Gebäude der Klausur dienten bis ins 20. Jh. Wirtschafts-, Verwaltungs- und Wohnzwecken, erfuhren 1964–1989 eine umfassende Rest. und sind jetzt Museum. – Die Kirche nach der Stiftsauflösung »Amtskirche«, später Kirche der reformierten Gemeinde und seit dem 19. Jh. 2. Pfarrkirche der Stadt. Durchgreifend rest. 1853–1856, instandgesetzt 1955 bis 1960. – Das Äußere beeindruckend durch die Klarheit der Form und die Sorgfalt der Ausführung. Die * *O-Ansicht* mit der Staffelung von den Chornebenkapellen zum Altarhaus, mit den 3 Apsiden und den hinter dem Qhs. aufragenden Türmen gleicht einer Schauseite: über dem (bautechnisch bedingten) Grauwackesockel bewirken Lisenen und die Kreuzbogen-, Konsol- und Zahnschnittfriese eine zarte und ausgewogene Gliederung der Backsteinflächen. Die für einen »Erstbau« erstaunlich entwickelte Ziegeltechnik, aber auch einige ungewöhnliche Formen wohl am ehesten durch einen engen Anschluß an oberitalienische Vorbilder zu erklären. Auch die eigenwillige Bauornamentik der * *Krypta* teilweise ohne einheimische Vorläufer. Verschiedene Kapitellmotive – wie die muschelartigen Palmetten – sicher unter französischem Einfluß, vielleicht durch oberrheinisch-lothringische Vermittlung, entstanden. Die nachträglich in Sanktuarium und Vierung eingefügte Krypta seltenerweise 2schiffig. Halbtief im Boden und zu den Qhs.-Armen sowie zum Msch. in weiten Arkaden geöffnet, bestimmt sie samt dem darüberliegenden Hochchor den Raumeindruck des * *Innern* entscheidend mit. Chorbrüstung und Treppenaufgänge sind ebenso wie die W-Empore Zutaten von 1856. Die Rundsäulen mit den nach oberitalienischen Mustern geschaffenen Trapezkapitellen im östl. Teil des Lhs. und das westl. Pfeilerpaar in der Achse der urspr. W-Mauer tragen die über den Arkaden aufsteigenden, durchfensterten Hochschiffmauern – in der überzeugenden Schlichtheit und den ausgewogenen Proportionen gestaltet, die dem Bau überhaupt seine feierliche Würde und Monumentalität geben. Der Osterleuchter mit skulptiertem Fuß, um 1170, wohl noch ein Stück der alten Ausstattung, die große Sandsteintaufe, 2. V. 13. Jh., stammt aus der Stadtkirche. [C 2]

KEMBERG. – STADTKIRCHE ST. MARIEN [139, 140]. Die spätgot. Marienkirche ist ein Neubau des späten 14. bzw. 15. Jh. Der vom Vorgängerbau beibehaltene W-Turm stürzte 1854 ein und wurde 1856–1859 durch den neugot. Turm nach dem – eine Idee Schinkels aufgreifenden – Projekt von Friedrich August Ritter ersetzt. In der Kirche eine Reihe wichtiger Ausstattungsstücke; zu nennen vor allem das ***Sakramentshaus* aus Sandstein, um 1500 entstanden, ein künstlerisch hervorragendes Werk mit großer Marienfigur in dem bis zum Gewölbe reichenden, üppig fialengeschmückten Tabernakel-Aufsatz, und der gemalte ***Flügelaltar* von Lucas Cranach d. J. und seiner Werkstatt, dat. 1565. Das Bildprogramm mit der Kreuzigung im Zentrum und dem Abendmahl der Predella der Taufe, Auferstehung und Himmelfahrt, dazu alttestamentliche Szenen auf den Flügeln, auf Hauptgedanken der lutherischen Theologie bezogen. Im Bild der Taufe Christi eine Gruppe der Wittenberger Reformatoren als Glaubenszeugen, darunter der Kemberger Propst und vermutliche Altarstifter M. Wanckel. Auch die geschnitzten Rahmenteile charakteristisch für die Entstehungszeit. [D 3]

KLEINAU - KLEIN ROSSAU. – DORFKIRCHE [141]. Die Feldsteinkirche der 2. H. 15. Jh., ein kleiner Saalbau mit 3seitigem O-Schluß und W-Turm, durch ihre Wandmalereien ein eindrucksvolles Beispiel spätgot. Innenraumgestaltung. Die aus der Erbauungszeit stammende Ausmalung von beachtlicher Qualität wurde 1961/62 freigelegt und rest. Sie umzieht den Raum an allen Seiten und ist über einer tücherbehängten Sockelzone mit Ausnahme der W-Seite, die von monumentalen Heiligenfiguren eingenommen wird, doppelreihig angeordnet. Die von Ornamentstreifen gerüstgleich gerahmten Darstellungen zeigen Szenen der Schöpfungsgeschichte, der Kindheit Christi und der Passion. [B 1]

KLOSTER GRÖNINGEN. – KLOSTERKIRCHE [142–144]. Das Benediktiner-Kloster wurde 936 von Graf Siegfried, Bruder des Markgrafen Gero, gestiftet und der Abtei Corvey unterstellt, mit der es bis zur Aufhebung um M. 16. Jh. in enger Verbindung blieb. Vom Grundriß des 940 gew. ottonischen Gründungsbaus lediglich Teile durch Grabungen bekannt. Der hochrom. Neubau der Kirche St. Vitus, errichtet im frühen 12. Jh. und nur in verstümmelter Form erhalten, war eine kreuzförmige, flachgedeckte Basilika mit doppeltürmigem W-Bau und einem 3teiligen Sanktuarium entsprechend den benediktinischen Reformgewohnheiten, wie dies auch Halberstadt (Unser Lieben Frauen) und Hamersleben aufweisen. Später auch weitgehend gewölbt. Seit dem 16. Jh. teilweise in Verfall geraten und nach und nach einzelner Teile beraubt; zuletzt 1819 Hauptapsis und Seitenschiffe abgebrochen. Vom Äußern die ***Ostpartie* noch immer besonders einprägsam durch den hohen Vierungsturm, einen der ältesten erhaltenen seiner Art. Die Wände von Qhs. und

Lhs. mit Lisenen und Rundbogenfriesen sparsam gegliedert, der verkürzte, glatte Rechteckchor angeblich von der Instandsetzung 1831, als man die turmtragenden Vierungspfeiler verstärkte. Innen an den zur Hälfte vermauerten Msch.-Arkaden noch der sächsische Stützenwechsel (2 Säulen : 1 Pfeiler) abzulesen. Säulen und Pfeiler in den typischen Formen ihrer Zeit gestaltet: die Ornamentierung der ∗*Kapitelle*, Kämpfer und Friese über den Arkaden mit in Flachrelief ausgeführten figürlichen und geometrischen Mustern von dem unter oberitalienischen Einfluß entstandenen Baudekor der Stiftskirche in Quedlinburg unmittelbar abhängig. Am W-Ende des Msch. und zwischen den Türmen um 1170 ein ungewöhnlicher Kapellenbau eingefügt, mit Tonnenwölbung und kleiner Apsis sowie gleichzeitigen, die Wände überziehenden Malereien. Die gemalte Darstellung des Jüngsten Gerichts an der Msch.-Seite inhaltlich verbunden mit dem Christus-Apostel-Zyklus, der in Stuckreliefform an der Brüstung der darüberliegenden Empore angebracht ist: In der Mitte thront ∗*Christus*, wiedergegeben als Weltenrichter mit den auf seinen Opfertod verweisenden Wundmalen, beidseits umgeben von den sitzenden Aposteln – ein Hauptwerk später hochrom. Plastik in Sachsen; die Originalbrüstung seit 1901 in Berlin (jetzt Staatliche Museen zu Berlin – Preußischer Kulturbesitz), am Ort eine ergänzte Kopie. [B 3]

KÖTHEN. – Marienkirche [145]. 1827, 2 Jahre nach dem Übertritt zum kath. Glauben, betraute Herzog Ferdinand von Anhalt-Köthen den bereits durch seine Arbeiten am Schloß bewährten Baumeister Christian Gottfried Heinrich Bandhauer mit der Aufgabe, in Köthen eine kath. Pfarrkirchen zu schaffen. Der von ihm über kreuzförmigem Grundriß mit – in die Winkel der Kreuzarme eingestellten – niedrigeren Annexen und einem hohen Mittelturm entworfene Zentralbau kam nicht vollständig zur Ausführung. Nach einem Gerüstunglück 1830 verzichtete man auf den Turm und voll. den auch zur Schloß- und Grabkirche bestimmten Bau 1832 mit pyramidalem Zeltdach; rest. 1961 bis 1963. Das Äußere – mit giebelbekrönten Mittelrisaliten an 3 Seiten und einer polygonalen Apsis an der 4. nach O – durch die strenge Forgebung von monumentaler Wucht. Ebenso das ∗*Innere* von großer Wirkung: der west-östl. gerichtete Kreuzarm mit kassettiertem Tonnengewölbe über den bis zum mächtigen Gebälk in Formen der dorischen Ordnung gestalteten Wänden als Hautschiff herausgehoben, die nach N und S anschließenden Querarme durch kolossale, eng gestellte Säulen nicht nur zum Mittelraum abgegrenzt, sondern auch in sich unterteilt – in ihrem antikischen Ernst eine der glänzendsten Raumschöpfungen des deutschen Spätklassizismus. [C 4]

KÖTHEN. – Schloss [146]. Die vielteilige Schloßanlage ist aus einer grabenumgebenen, mittelalterlichen Niederungsburg mit vorgelagertem Wirtschaftshof hervorgegangen, die im nordöstl. Teil der wohl von den Askaniern gegr. Stadt. lag. Schon früh von den anhaltinischen Fürsten als Wohnsitz genutzt, war sie 1603–1847 Residenz der Linie Anhalt-Köthen. Die bestehenden Schloßbaulichkeiten gehören verschiedenen Bauperioden an.: Die ältesten erhaltenen sind der Johann-Georg-Bau im SW und der als S-

Flügel anschließende, langgestreckte Ludwig-Bau, zusammen im Stile später Renaissance durch die Baumeister Franz und Peter Niuron 1597 bis um 1606 errichtet. Das in der Mitte des W-Flügels vorgeschobene Torhaus entstand 1670; das früher nördl. folgende »Amtshaus«, ein Bau von etwa 1530, den gestaffelte Rundbogengiebel in den Formen früher mitteldeutscher Renaissance schmückten, wurde 1944 zerstört. Der aus mehreren Gebäuden zusammengesetzte N-Flügel stammte zunächst gänzlich aus dem frühen 17. Jh., wurde aber im O-Teil 1832 durch einen klassizistischen Neubau mit dem mächtigen N-Tor – den Ferdinand-Bau – von Christian Gottfried Heinrich Bandhauer ersetzt. Banhauer hatte im Schloßbereich bereits 1821 die Reitbahn aufgebaut (heute Ruine), später lieferte er – abgesehen vom Bau der Marienkirche – auch die Pläne für das Remisengebäude. Außerdem mußte er im Obergeschoß des Ludwig-Baus neue Repräsentationsräume mit dem * *Thronsaal* (1822) schaffen, der in seiner Wand- und Deckenbildung mit korinthischen Pilastern, feingliedrigem Gebälk und dem Gewölbe aus einander durchdringenden, kassettierten Flachtonnen monumentale Würde mit vornehmer Farbgebung glanzvoll verbindet; rest. 1975/76. Die Schloßkapelle im Untergeschoß war bereits 1731/32 durch Johann Michael Hoppenhaupt d. Ä. barockisiert worden; 1878 zerstört, wurde sie 1988–1991 unter Wahrung denkmalpflegerischer Gesichtspunkte neu gestaltet. [C 4]

KÖTSCHLITZ-HORBURG. – DORFKIRCHE [147, 148]. Das in der Elsteraue gelegene Dorf, das sich neben einem durch die Bischöfe von Merseburg im späten 12. Jh. erb. Schloß zum stattlichen Marktflecken entwickelte, war bereits im Hochmittelalter am Tage der Geburt Mariens (8. September) auch ein vielbesuchter Wallfahrtsort mit einem verehrten Gnadenbild. In der bestehenden spätgot. Kirche, einem Saalbau mit W-Turm von 1516, befindet sich eine lebensgroße * *Sandsteinmadonna* von etwa 1270–1280, die möglicherweise mit der einst verehrten Marienfigur identisch ist. Das künstlerisch bedeutende Bildwerk war nach Einführung der Reformation im 16. Jh. zerschlagen und in den Altar eingeschlossen worden, wo man die Fragmente 1930 – bis auf den Kopf des Kindes – fand und sie danach wieder zusammenfügte. Die Skulptur, die wohl unter dem unmittelbaren Eindruck der Standbilder im Naumburger Westchor entstand, zählt zu den großen Bildhauerleistungen des 13. Jh. Außerdem besitzt die Kirche einen geschnitzten, überlebensgroßen * *Kruzifixus*, eine vorzügliche Arbeit von etwa 1500. [C 4]

KROPPENSTEDT. – STADTKIRCHE ST. MARTIN [149]. Die 4schiffige Hallenkirche in ihrer eigentümlich zusammengesetzt wirkenden Erscheinung ist das Ergebnis mehrerer Bauphasen und der absichtsvollen Wiederaufnahme älterer Stilformen. Der an der W-Seite einbezogene Turm vom rom. Gründungsbau, der in einem 5/8Polygon endende, gewölbte Chor spätgot. Das Lhs. wurde 1593 nach S durch 2schiffigen, flachgedeckten Anbau beträchtlich erweitert, der retrospektive Züge mit modernen Formen verschmilzt: einerseits gotisierende Maßwerkfenster, Strebepfeiler und ein Kielbogenportal, auf der anderen Seite die großen, im zeitgenössischen Profanbau üblichen Renaissancegiebel mit mehrgeschossiger Pilaster-Sims-Gliederung und Voluten. Auch das N-Schiff wurde 1616 gänzlich erneuert und mit mächtigen Dreieckgiebeln geziert, in denen 3strahliges Blendmaßwerk als Zitat einer spätgot. Lösung des Halbersädter Doms wiederkehrt. Beide »Schaufronten« bezeugen in einer durch die Auseinandersetzung zwischen protestantischen und gegenreformatorischen Kräften mitgenommene Landschaft den »kirchischen« Anspruch eines selbstbewußten Bürgertums. Im weiträumigen Innern eine beachtliche Ausstattung der Umbauzeit und vom E. 17. Jh. [B 3]

LANDSBERG. – DOPPELKAPELLE [150, 151]. Die Burg auf der steilen Porphyrkuppe über dem Ort wurde zwischen 1156 und etwa 1174 als Residenz Dietrichs III. von Wettin, Markgraf der Ostmark erb. Zeitweilig im Besitz der askanischen Markgrafen von Brandenburg, nach 1347 wieder wettinisch, verfiel die Anlage spätestens seit dem 15. Jh. und wurde in der Folge als Steinbruch genutzt. Von den Mauern und Gebäuden der Burg – außer einigen Mauerzügen an der NO-Seite des Berges – nur die Doppelkapelle St. Crucis vollständig erhalten. Urspr. 2geschossig, wurde das 3. Stockwerk zu Wohnzwecken erst in spätgot. Zeit aufgesetzt, das Walmdach bei einer Instandsetzung 1662. Der freistehende Bau mit seinen 3 gleichhohen Apsiden – ein Kleinod spätrom. Baukunst. Außen mit Lisenen und Rundbogenfriesen in Höhe des Dachansatzes gegliedert, am 2. Apsisgeschoß mit Backsteinmauerwerk verbunden. Die Verwendung von Backstein – auch innen für sämtliche Gewölbe – hier neben dem frühen Vorkommen in Altenburg und Borna eines der ältesten Beispiele im mitteldeutschen Hausteingebiet. Das Innere kombiniert einen 3schiffigen Längsbau mit dem zentralisierenden Doppelkapellenschema. Unter- und Obergeschoß jeweils aus gleichhohen Räumen gebildet und durch Pfeiler und Säulen in die einzelnen Joche und einen westl. Quergang untergliedert. Von den unterschiedlichen, kantensäulchenbesetzten Pfeilern und den dazwischen stehenden Säulen auch die große Mittelöffnung umstellt, die den unteren Raum – die einst der Burgfamilie dienende capella publica – mit dem oberen – der für die Herrschaft bestimmten capella privata – verbindet. Die Bauornamentik von großem Reichtum und vorzüglicher Qualität, teilweise in der Nachfolge von Königslutter, besonders die prächtigen Säulenkapitelle im **Obergeschoß*; ein Werkzusammenhang ist auch mit der Klausur des Klosters Ilsenburg möglich. In der Kapelle ein ausgezeichneter Schnitzaltar von etwa 1525/1530, vermutlich von Stephan Hermsdorf. [C 4]

BAD LAUCHSTÄDT. – HISTORISCHE KURANLAGEN UND GOETHE-THEATER [152, 153]. Nach der Entdeckung einer Mineralquelle um 1710 entstand in Lauchstädt auf Betreiben des Sachsen-Merseburgischen Hofs eine kleine Badanlage, zunächst mit Quellfassung und Lusthäuschen, in der Folge auch mit einem bis heute erhaltenen Spielpavillon, dem vielleicht nach Entwurf von Johann Michael Hoppenhaupt d. Ä. 1735 erb. Herzogspavillon. Der durch mehrfache Sommeraufenthalte des sächsischen Kurfürsten und seines Hofstaats ab 1775 bewirkte Aufstieg zum Modebad der sächsischen und thüringischen Gesellschaft führte 1776–1787 auch zu einer großzügigen spätbar. Erweiterung und Erneuerung. Die Pläne für das auf engstem Raum sehr reizvolle Gebäudeensemble und die Gartenanlage schuf der Merseburger Baumeister Johann Wilhelm Chryselius. Das Zentrum der Anlage bildet die Quelle, seitlich umgeben von den gleichartigen kleinen Gebäuden von Quell- und Badepavillon, dahinter der 1780 erb. Kursaalbau. Im Saal eine feingliedrige Ausmalung in pompejanischer Art von Giuseppe Anselmo Pellicia nach dem Entwurf Schinkels von 1823. Die baumreiche Promenade quer zu dem zum Schloß führenden Hauptweg nach S durch einen gedeckten Wandelgang, die Kolonnaden, von 1787 begrenzt. Für die Theateraufführungen wurde auf Anregung Goethes und unter seiner Mitwirkung nach Plänen von Heinrich Gentz als neue Spielstätte 1802 das heutige ∗ *Goethe-Theater* errichtet, ein klassizistischer Fachwerkbau mit halbrundem Zuschauerraum, den eine zeltartig bemalte Leinwanddecke überspannt. Theatergeschichtlich bedeutsam die noch originale Bühnentechnik. Umfassend rest. 1966–1968. [C 4]

LEITZKAU. – SCHLOSS [154, 155]. 1564, 30 Jahre nach der Aufhebung des 1138/39 gegr. und wie Jerichow von Magdeburg aus besetzten Prämonstratenser-Stifts Leitzkau, erwarb der niedersächsische Oberst Hilmar von Münchhausen diese Stätte und begann ihren Ausbau zu einer großen Schloßanlage. Dabei die imposante, 1155 gew. rom. Kirche nach starker Reduzierung – vollständiger Abbruch des Sanktuariums und beider Ssch. – zur Schloßkirche hergerichtet. Das anstelle des W-Flügels der nördl. an die Kirche angefügten Konventgebäude erb. ∗ *Schloß Neuhaus* ist ein stattlicher, 3geschossiger Rechteckbau, der erst unter Hilmars Sohn Statius von Münchhausen nach verschiedenen Hinzufügungen und mit dem Innenausbau im letzten Jahrzehnt des 16. Jh. voll. wurde. Äußere Zier vor allem die steilen Volutengiebel der Zwerchhäuser und die feingliedrige, in reichem Steinmetzdekor prangende Auslucht nahe der NO-Ecke. Im Innern trotz der starken Veränderungen in späterer Zeit noch eine Vielzahl von Details der Erbauungszeit vorhanden, z. B. einige Kamine und mehrere Räume mit stukkierten Balkendecken. Rest. 1962 bis 1964. Der östl. gegenüberstehende, auf dem Platz des ehem. Klausur-O-Flügels errichtete Bau von Schloß Althaus war wohl erst nach Hilmars Tod (1573) in Angriff genommen worden. Infolge der Zerstörung 1945 davon nur das kurze, von einem Giebel bekrönte Anschlußstück an der Kirche und der ∗ *Treppenturm* mit der die N-Seite des einstigen Gebäudes begrenzenden, im Winkel geführten Loggia erhalten. Der 4geschossige Arkadenbau, mit seiner hervorragenden, üppigen Detailgestaltung das Prunkstück des Schlosses und in der Anwendung der antikischen Säulenordnungen eine beispielhafte Umsetzung zeitgenössischer Architekturtheorie, etwa 1581 bis 1585 erb. Für das damalige Traditionsverständnis beachtlich die Wiederverwendung rom. Säulen aus dem ehem. Stift für die Erdgeschoßarkaden. Am 8eckigen Treppenturm mit originell geschweifter Haube ein bereits ausgeprägt manieristisches Ädikulaportal. Nördl. schließt an den kurzen Loggiaflügel Schloß Hobeck an, die frühere Propstei und ebenfalls im 16. Jh. beträchtlich umgestaltet. Es enthält eine Reihe noch original ausgestalteter

Räume, die z. T. in jüngster Zeit rest. wurden. [C 3]

LETZLINGEN. – Jagdschloss [156]. Das Jagdhaus »Hirschburg« in der Letzlinger Heide hatte Kurprinz Johann Georg von Brandenburg 1559 bis 1563 als eine von Wassergräben umgebene, sehr regelmäßige Schloßanlage über quadratischem Grundriß mit runden Ecktürmen und mittlerem Hauptgebäude sowie westl. Wohnbau und östl. Tor errichten lassen. Nach den Plänen von Friedrich August Stüler und Ludwig Ferdinand Hesse wurde dem Renaissance-Ensemble 1843 auf Wunsch Friedrich Wilhelms IV. seine gotisierend-romantische Gestalt gegeben und in der Verlängerung

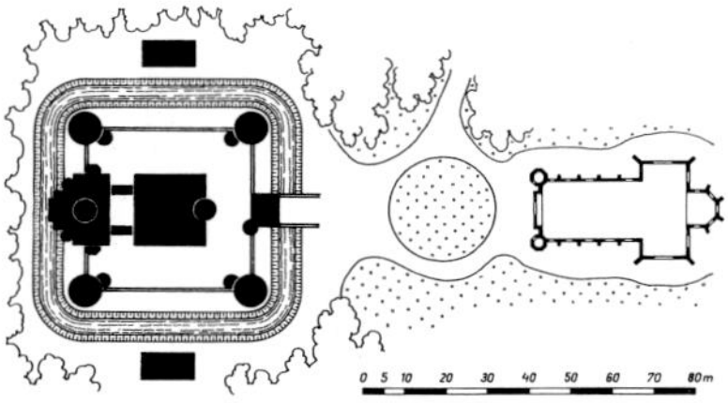

der Hauptachse nach O die neugot. Schloßkirche hinzugefügt, ein großer, T-förmiger Saal mit Apsis und der zum Schloß gewandten, von Ecktürmchen flankierten W-Fassade. Charakteristisch für seine Einzelgestaltung ist der Rückgriff auf Formen der englischen Tudorgotik. [B 2]

LOBURG. – Laurentiuskirche [157, 158]. Die Stadt Loburg entstand neben einer Burg wohl im 13. Jh. durch die Zusammenlegung zweier Dörfer. Während die Liebfrauenkirche der Siedlung Ziemnitz später einging (als Ruine erhalten), wurde die Kirche des Ortsteils Möckernitz zur Stadtkirche St. Laurentius erhoben. Vom bestehenden Bau der W-Turm teilweise noch um 1200 bzw. im 13. Jh. errichtet, das Glockengeschoß mit der reizvollen 3spitzigen Bekrönung 1569. Schiff und Rechteckchor gehören weitgehend zu einem Renaissance-Umbau von 1580–1584. Damals die äußere Erscheinung mit den bizarr gestalteten Volutengiebeln von Chor, Schiff und südl. Sakristeianbau geschaffen. Dem Innern geben hölzerne Tonnengewölbe die beeindruckende Weiträumigkeit; in Anspielung auf spätgot. Gewölbefigurationen wurde den Tonnen ein gleichfalls hölzernes Rippennetz dekorativ untergelegt. – In der Sakristei ein got. Sakramentsschrank, mit originalem, schmiedeeisernem Gitter und reich beschlagener Tür zweifach gesichert; auf der * *Türinnenseite* gemalter Schmerzensmann mit Passionsinstrumenten, durch den das Blut der Seitenwunde auffangenden Kelch auf die einst in der Nische aufbewahrte Eucharistie bezogen, um 1400. [C 3]

MAGDEBURG. – Dom St. Mauritius und Katharina [159–176]. An dem bereits zur Zeit Karls des Großen wichtigen, stark befestigten Handelsplatz stiftete Otto der Große 937 neben seiner Pfalz, deren erstaunlicher Umfang durch Ausgrabungen teilweise bekannt ist, ein Benediktiner-Kloster St. Mauritius. Die Klosterkirche, in der 946 seine erste Gemahlin Editha beigesetzt wurde, erfuhr ab 955 einen großartigen Ausbau und wurde nach der – im Verfolg seiner Missionspolitik – 968 durchgesetzten Errichtung des Erzbistums Magdeburg zur Kathedrale erhoben. Von ihr bisher nur Teile durch Grabungen nachgewiesen. Danach war der ottonische Bau, in dem 973 der Kaiser selbst sein Grab fand, eine monumentale 3schiffige Basilika, die möglicherweise von Anfang an 2 Querhäuser, sicher ein westl. Atrium und im ganzen eine gegenüber dem bestehenden Dom nach SO abweichende Achse besaß. Für ihre Ausstattung ließ Otto eine große Anzahl kostbarer, als Spolien aus Italien herbeigeschaffter Marmorsäulen verwenden. Bereits im 11. Jh. kam es zu verschiedenen Veränderungen: eine davon galt der Erneuerung des Chors, von dem die 1926 freigelegten Reste der O-Partie mit Krypta und Flankentürmen stammen, gew. unter Erzbischof Hunfried 1049. Nach dem Brand von 1207 leitete Erzbischof Albrecht II. den Bau einer

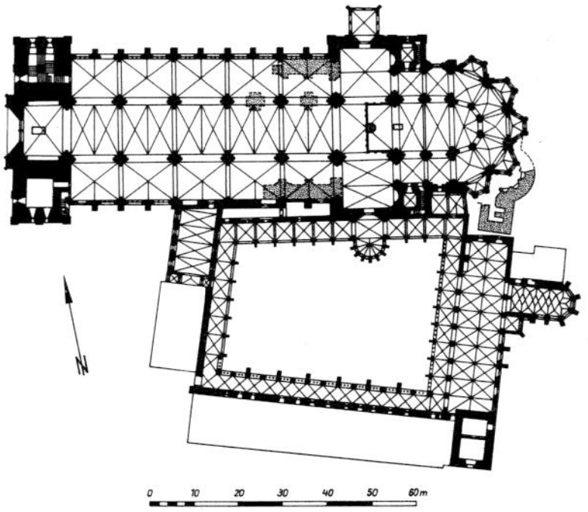

vollständig neuen Kathedrale in die Wege, die ein Meilenstein der deutschen wie europäischen Architekturgeschichte werden sollte. Beg. 1209 im O mit der Errichtung von ∗*Chor, Chorumgang* und *Kapellenkranz* über einem Grundriß, der französisch-got. Vorbildern folgt. Zum ersten, durch kriegerische Auseinandersetzungen zeitweilig unterbrochenen, Bauabschnitt bis gegen 1230, in dem die hochfliegenden Pläne Albrechts von Kefernburg umgesetzt wurden, gehörten – außer Chor und Chorumgang bis zum Ansatz der Umgangsempore – die ersten Geschosse der O-Türme und die Zone des Qhs. und vielleicht schon der östl. Ansatz des Lhs. Nach dem Tode Albrechts 1232, der offensichtlich eine Zäsur brachte, wurde der Bau nach einem neuen, »zisterziensischen« Plan fortgesetzt, dem vor allem der obere Chorumgang, der sog. ∗*Bischofsgang*, zu verdanken ist; er war als Empore über eine Brücke mit der nördl. gelegenen erzbischöflichen Residenz direkt verbunden. Spätestens zu dieser Zeit auch die anfänglich wesentlich schmaler und nach dem gebundenen System begonnenen östl. Ssch.-Joche aufgegeben und ihr Bau in doppelter Breite und mit sehr weiten Msch.-Arkaden wieder aufgenommen. Um M. 13. Jh. der Chor voll. und im 3. V. 13. Jh. auch das Qhs. einschließlich der Gewölbe weit gediehen, wenngleich die Ausgestaltung der Fassaden nach N und S, insbesondere des südl. ∗*Qhs.-Arms* mit dem riesigen Maßwerkfenster und dem türmchenflankierten Stabwerkgiebel bis ins 14. Jh. hinein dauerte. Das Lhs. in verschiedenen Abschnitten mit immer konsequenterer got. Gestaltung einschließlich der Gewölbe bis zur Weihe 1363 fertig. Der ∗*Innenraum* infolge der breiten und hohen Ssch. und trotz des steilen Msch. von eindrucksvoller Weite, zu der auch die mächtigen Spitzbogen der Arkaden beitragen. Die wandauflösende Fensterzone verhältnismäßig tief herabgezogen. Als letzter Bauteil die hoch aufragende westl. ∗*Doppelturmfassade* zum Abschluß gebracht. Das tiefgestufte Mittelportal mit steilem Wimperg zwischen den bereits im 13. Jh. entstandenen Turmerdgeschossen und das 1. Obergeschoß mit den ungewöhnlichen, maßwerkgefüllten Blendfeldern nach straßburgischen und kölnischen Mustern gehört einer Bauphase nach 1310 bzw. im 2. Drittel 14. Jh. an. Die folgenden Geschosse, einschließlich des hohen, figurenbesetzten Mittelteils vielleicht mit Unterbrechungen, verstärkt sicher seit 1477 hochgeführt und mit den beiden aufwendig verzierten, von steinernden Pyramidenhelmen bekrönten, 8eckigen Aufsätzen 1520 abgeschlossen. – Parallel zu den Hauptabschnitten des Kirchenbaus wurde die Hochstiftsklausur mit dem asymmetrischen Kreuzgang auf der S-Seite angelegt. Dabei der auf die ottonische Domachse ausgerichtete S-Flügel des Kreuzgangs aus dem 3. V. 12. Jh. mit seiner Schräglage beibehalten, der O-Flügel und Teile des N-Flügels noch im 13. Jh. entstanden, im übrigen 1. H. 14. Jh. Beachtlich das vielleicht als Brunnenkapelle verwendete, reizvoll achtseitig gestaltete Polygon am Joch vor dem südl. Qhs.-Portal, der langgestreckte 2schiffige Remter, ebenfalls aus dem 14. Jh., mit wiederverwendeten ottonischen Spolien, am O-Flügel, und daran nach O anschließend, die winzige, 1405 gestiftete Redekinkapelle sowie die nach M.15. Jh. in eleganten spätgot. Formen erneuerte Marienkapelle. – Seine überragende Bedeutung gewann der Dom, indem er in Deutschland der erste mit got. Grundriß konzipierte monumentale Sakralbau war und dazu in der Aufrißgestaltung gleichsam Gründungsbau einer eigenen frühgot. Entwicklung wurde. Er verband deutsche spätrom. Traditionen mit von französischen Vorbildern übernommenen got. Strukturelementen. Anfangs, etwa im ∗*Chorumgang*, dominierte in der Einzelgestaltung und bes. im Baudekor das rom. Element: so verschmilzt der prachtvolle Kapitelldekor der wuchtigen Pfeiler mitteldeutsch-sächsische Formen vor allem mit starken rheinisch-westfälischen Anregungen. Bildhauerisch die verlebendigende Wiedergabe des vegetabilen Ornaments wie der Ausdruck des Figürlichen – beispielsweise bei dem ∗*Greisenhaupt* – von hoher Qualität; dieses Bildnis inhaltlich neuerdings als richtende Gottheit aus dem Buch des Propheten Daniel gedeutet, dessen Geschichte überhaupt als Grundlage für die verschiedenen Darstellungen an den Umgangskapitellen angesehen wird. Im Bischofsgang das Gotische konsequenter zur Geltung gebracht, bewirkt durch den starken Einfluß burgundischer Frühgotik, die eine zisterziensische Bauhütte – von Maulbronn ausgehend – über Ebrach und Walkenried vermittelte. Dazu trat ein nach 1232 verstärktes, von neuem Legitimationsbedürfnis unterstütztes Traditionsbewußtsein, das sowohl zur Einbindung von antiken Stücken aus dem ottonischen Dom, als auch von kurz zuvor entstandenen, jedoch für den urspr. Platz verworfenen Portalskulpturen in die Polygonarchitektur des ∗*Chorraums* führte. Mit der weiteren wechselhaften Baugeschichte bis 1520 spiegelt der Dombau – gebend und nehmend – alle Phasen got. Stilentwicklung bis zum Ende der Spätgotik in teilweise minutiöser Deutlichkeit. – Nach der 20jährigen Domschließung infolge der Reformation fand 1567 die erste ev. Predigt im Dom statt. Im 30jährigen Krieg nur geringfügig beschädigt und danach bar. ausgestattet, verlangte der spätere desolate Zustand eine Rest., die 1826–1834 zu einer stark purifizierenden Wiederherstellung des Innern und durchgreifenden Erneuerung des Außenbaus führte. 1944/45 schwer getroffen, konnten die großen Schäden am Bau bis 1957 beseitigt und gleichzeitig auch ein Teil der geretteten Ausstattung rest. werden. Neue umfangreiche Instandsetzungsarbeiten seit 1982. – Von dem einst reichen Dominventar nur ein Teil und dazu überwiegend Bildwerke erhalten, diese jedoch fast durchgehend von hohem Rang. Das älteste Stück ist heute, abgesehen von den eingebauten, wohl ravennatischen Marmorsäulen und -kapitellen und dem Sarkophag Kaiser Ottos im Chor, die bronzene ∗*Grabplatte* des Erzbischofs Friedrich von Wettin († 1152). Entstanden sicher bald nach dessen Tod in der damals weithin bekannten Magdeburger Gußwerkstatt, aus der auch die Bronzetür der Nowgoroder Sophienkathedrale hervorging, gilt die Wiedergabe des Erzbischofs in der Entwicklungsgeschichte der mittelalterlichen deutschen Grabplastik als Hauptbeispiel hochrom. Darstellungsweise. In streng frontaler Haltung auf dem schrägen Grund liegend, war sie dennoch als Standfigur gemeint, in der starren Kompaktheit und mit vollem Ornat, in den zierliche Ornamente, aber auch körperartikulierende Faltenbahnen eingraviert sind, weniger Bildnis des Verstorbenen als Zeichen pontifikaler Würde. Auf einer zweiten, etwas jüngeren Bronzegrabplatte zeigt die Darstellung – wohl die Wichmanns von Seeburg († 1192) – schon starke individuelle Züge und eine organische Körperlichkeit, bei auffallend jugendlicher Erscheinung des in Wirklichkeit hochbetagt Verstorbenen. Beide Grabmäler entstanden, wie auch die Reliefs der Seligpreisungen von etwa 1160, ehem. an einem Ambo, heute in der Marienkapelle, noch für die ottonische Bischofskirche. Mit Beginn des Neubaus im 13. Jh. setzte eine offenbar sehr breite Bildhauertätigkeit ein. Zuerst gefertigte Stücke eines großen Figurenportals, Standbilder von Aposteln und Archivoltenfiguren, fanden infolge von Planänderungen nur sekundäre Verwendung als Teile des später im Hochchor verwirklichten Bildprogramms. Zu einem weiteren Portal gehörte der Zyklus der zehn ∗*Klugen und Törichten Jungfrauen.* Sie sind seit dem frühen 14. Jh. in die Gewände des damals neu geschaffenen nördl. Qhs.-Portals eingestellt, dürften aber bereits dessen Vorgänger aus dem 2. Drittel 13. Jh. geschmückt haben. In Gestalt und höfischer Tracht gleichen sich die unterlebensgroßen Figuren, z. T. schematisch typisiert, bis in Einzelheiten. Differenzierend wirken weniger die leicht variierte Haltung und Mimik im einzelnen als die deutlichen Gruppenmerkmale: der fröhlich-festlichen Bewußtheit auf der einen Seite stehen die töricht-verzweifelten Gebärden auf der anderen in gelegentlich theatralischer Übersteigerung gegenüber. Als Werke von höchster bildhauerischer Qualität entstanden die Jungfrauen samt ihren Konsolen in den 50er und 60er Jahren des 13. Jh. und setzten die Kenntnis französischer Vorbilder, bes. in Reims, aber ebenso der älteren Bamberger Skulpturen voraus; sie stehen auf annähernd der gleichen Stilstufe wie die Bildwerke im Naumburger Dom. In der ∗*Paradiesvorhalle*, die das Jungfrauenportal schützend umfängt und im Zuge der Portalerneuerung A. 14. Jh. errichtet wurde, befinden sich noch die eigenwilligen, teilweise verstümmelten Standbilder von Ecclesia und Synagoge, die Personifizierungen der christlichen Kirche und des Judentums. Annähernd gleichzeitig mit dem Zyklus der Jungfrauen, hat sie sicher ein anderer Meister geschaffen. Ihnen eng verwandt ist die Figur einer hl. Katharina im Chor, als Mitpatronin (seit 1206) gegenüber dem Dom- und Bistumspatron ∗*Mauritius* aufgestellt. Die nur als Torso überkommene Gestalt zeigt den Heiligen vollgerüstet in Kettenhemd und Helmbrünne, die nur das ungemein natürliche Gesicht mit dem ruhig-entschlossenen Blick freiläßt – die älteste überhaupt erhaltene Darstellung des Heiligen als Mohr und ein Höhepunkt der Magdeburger Skulptur des 13. Jh. Die Marienfigur und der Erzengel Gabriel der ∗*Verkündigung* im Chorumgang dürften trotz der Größendifferenz von Anfang an als Gruppe zusammengehören; möglicherweise glichen hölzerne Engelflügel den Unterschied früher aus. Das eigentümlich archaische Lächeln Gabriels erinnert stark an Vergleichbares in Bamberg, was mit einer Datierung um die Jh.-Mitte zusammengeht. Aus gleicher Zeit auch die leicht stilisiert erscheinende Sitzgruppe des gekrönten ∗*Herrscherpaars*. Zunächst als Darstellung des Stifterpaars Otto und Editha verstanden, hat man in ihnen später das himmlische Brautpaar, Sponsus und Sponsa, erblicken wollen. Beide Deutungen allein nicht völlig überzeugend, vielleicht gehen sie in einer ikonologisch übergreifenden Vorstellung zusammen. Das inhaltliche Verständnis hier – wie bei den meisten erhaltenen Einzelfiguren – durch die mangelnde Kenntnis des urspr. Standorts erschwert. Die jetzige Aufstellung in der ∗*16eckigen Kapelle* sicher nicht die originale. Dieses Gehäuse im Lhs., M.13. Jh. entstanden und aus fein gearbeiteten, z. T. durchbrochenen Steinplatten zusammengefügt, war eine nach mittelalterlichem Verständnis ausgeführte Kopie des Heiligen Grabes in Jerusalem und diente im Vollzug der Osterliturgie als Grab Christi. – Dem 14. Jh. gehören neben einer Reihe schöner Reliefs wohl auch die monumentale Porphyrtaufe im Msch. und das kurz vor der Weihe 1363 entstandene ∗*Chorgestühl* an. Die Schnitzereien an den Gestühlwangen, hervorragende Arbeiten eines niedersächsischen Meisters, erzählen in aller Breite die Lebensgeschichte Jesu; jeweils bekrönend darübergesetzt ein Propethenpaar. Bei der Rest. 1844 die Abfolge willkürlich verändert und ergänzt. – Aus spätgot. Zeit stammt der schmuck- und figurenbeladene Lettner, 1445–1447 von Hans Brochstete, und das Alabasterstandbild des ∗*hl. Mauritius*, inschriftlich 1467, mit den zugehörigen Leuchterengeln wohl vom Meister des Michael-Reliefs in der Erfurter Severikirche. Es war ein Geschenk der im gleichen Jahr gegr. Magdeburger Mauritius-Bruderschaft und überstand – als »höchst kunstvolle Figur« bes. geschätzt – auch den Bildersturm 1524, dem viele Kunstwerke im Dom zum Opfer fielen. Die Skulptur befindet sich heute in der sog. Ernst-Kapelle, dem Erdgeschoßraum zwischen den Türmen, den Erzbischof Ernst von Wettin gegen 1500 für seine Grablege herrichten und vorsorglich mit der von Peter Vischer d.Ä. 1495 in Nürnberg gegossenen, mächtigen Bronzetumba ausstatten ließ. Zusammen mit dem Domkapitel veranlaßte Ernst um dieselbe Zeit auch, für die als Stifterin verehrte Königin Editha das neue Grabmal im ∗*Chorumgang* herzustellen. – Nicht gering ist schließlich die Zahl der Kunstwerke aus nachreformatorischer Zeit, zu denen die

Kanzel von Christoph Kapup von 1595/1597 ebenso zählt wie die Reihe der z. T. riesigen bar. Epitaphe von Magdeburger Domherren. Den Schlußpunkt setzt das ∗ *Ehrenmal* für die Toten des Ersten Weltkriegs, ein als aufrüttelnde Mahnung verstandenes großes Schnitzwerk, 1929 von Ernst Barlach geschaffen. 1934 entfernt, gelangte es 1956 auf seinen urspr. Platz zurück. [B 3]

MAGDEBURG. – ELBUFER [177]. Das Erscheinungsbild der nördl. Altstadt Magdeburgs von der Flußseite her wird heute oberhalb der in Teilen nach dem Zweiten Weltkrieg freigelegten Stadtmauer weithin von 3 Sakralbauten beherrscht: der schlanken sog. Maria-Magdalenen-Kapelle, der kath. Pfarrkirche St. Petri und der Wallonerkirche. Der erst in neuerer Zeit als »Maria-Magdalenen-Kapelle« bez. Bau war urspr. eine Fronleichnamskapelle, die 1315 auf dem Gelände des Marien-Magdalenen-Klosters der Augustinerbüßerinnen entstand. Anlaß für ihre Errichtung war die Sühnung eines Hostiendiebstahls. Das Steildach mit spitzem Dachreiter über dem strebepfeilerlosen, polygonal schließenden Bau ist eine Rekonstruktion von 1966 als Ersatz für die 1945 zerstörte bar. Dachlösung. Das Innere geht mit dem Kreuzrippengewölbe und der W-Empore auf eine Rest. von 1846–1848 zurück; heute museal genutzt. – Die Petrikirche war eine der ältesten Pfarrkirchen dieses Stadtviertels. Von einem rom. Bau wurde der torlos-trutzige W-Turm in den Neubau des späten 14. Jh. übernommen. Diese 3schiffige spätgot. Halle mit einer Polygonalapsis, deren äußerer Dekor ein charakteristisches Werk des von der böhmischen Parler-Architektur inspirierten »Reichen Stils« ist, wurde 1945 bis auf die Umfassungsmauern und Lhs.-Arkaden vernichtet. Der heutige äußere Zustand mit bei den Magdeburger Kirchen im Mittelalter üblichen Zwerchdächern über den Seitenschiffen bis 1968 hergestellt, das Innere in der Folgezeit mit Flachdekken und neuer liturgischer Ausstattung modern gestaltet. – Zur nördl. von St. Petri stehenden Wallonerkirche s. unten. [B 3]

MAGDEBURG. – LIEBFRAUENKIRCHE [178, 179]. Anstelle eines um 1017/18 von Erzbischof Gero auf ältester Bebauung gegr. Kanonikerstifts ließ Erzbischof Werner (1063–1078) den vollständigen Neubau einer Kirche beginnen: die im wesentlichen erhaltene rom. Kirche Unser Lieben Frauen. Über kreuzförmigem Grundriß als 3schiffige Flachdeckbasilika mit Hauptapsis am Chorquadrat, Nebenapsiden an den Qhs.-Armen und einer in die Vierung hineinragenden Hallenkrypta angelegt, wies sie einige Besonderheiten auf. So wurden die Säulenreihen beider Msch.-Arkaturen jeweils in der Mitte durch einen Pfeiler unterbrochen, und im W schloß das Lhs. mit einem jochtiefen Raumteil ab, in dem sich nach N und S stattliche Eingänge befanden. Den O-Schluß der Krypta und den Chorraum zeichneten große halbrunde Wandnischen aus, ein in der Architektur des 11. Jh. im Rheinland und in Sachsen mehrfach anzutreffendes Motiv. Die Außengliederung des Baus mit Bogenfriesen, z. T. über schlanken Halbrundsäulchen, und die Bauornamentik mit Flechtwerk-, Palmetten- und Tiergestaltungen gleichen auffallend dem unter lombardischem Einfluß geschaffenen Formenrepertoire der Stiftskirche in Quedlinburg. Ihre genaue Entstehungszeit bzw. die Zeit des Bauabschlusses in Magdeburg ungeklärt, eine Weihe nicht überliefert; möglicherweise war der Neubau aber noch im 11. Jh. fertig. Der * *W-Bau* wurde ebenfalls unter Werner beg., aber zu großen Teilen sicher erst im 12. Jh. ausgeführt. Die hochragende, straff gegliederte Dreiturmfassade mit den eigentümlichen Kreisfenstern über der urspr. offenen Eingangshalle und den zur Mitte gestaffelt angeordneten Öffnungen des Glockenhauses und der Turmobergeschosse gilt als typisches

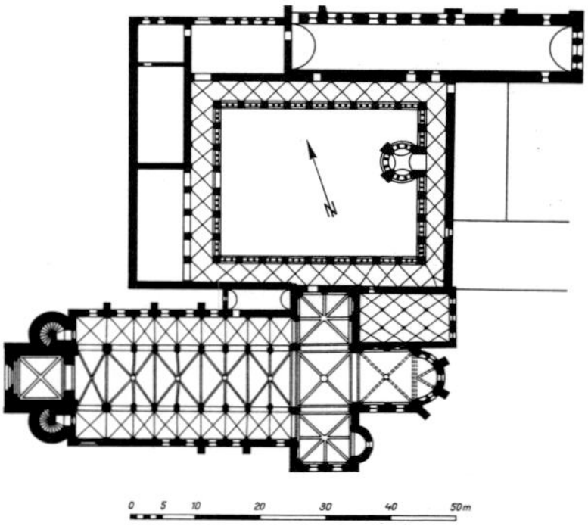

Werk hochrom. Baugestaltung. Die Öffnung der bandrippengewölbten Turmhalle wurde um 1730 durch die eingestellte breite Leibung zum Portal verkleinert. – Bald nach seiner Bestellung zum Erzbischof von Magdeburg 1126 übergab Norbert von Xanten das Stift dem von ihm gegr. Orden der Prämonstratenser. Dem Ziel der auch in Magdeburg angestrebten strengen Kanonikerreform sollte wohl der ins 2. V. 12. Jh. fallende Bau der großen Klausur mit dem um einen Rechteckhof 2geschossig herumgeführten Kreuzgang dienen, eine Anlage von beeindruckender Geschlossenheit. Im 19. Jh. wenig verändert, jedoch 1944 teilweise zerstört, wurde sie nach dem Zweiten Weltkrieg unter Einfügung eines weitgehend modernen W-Flügels wieder hergestellt; heute Museum »Kloster Unser Lieben Frauen«. – In der Kirche mußte bereits nach einer Brandbeschädigung 1188 der größte Teil der Msch.-Säulen gegen neue Stützen in Gestalt der spätrom. Pfeiler ausgetauscht werden; nur das östl. Säulenpaar hat man damals belassen. Zwischen 1220 und 1240 wurde das * *Innere* dann unter dem Eindruck des neuen Dombaus in eine frühgot. Gewölbebasilika umgestaltet. Alle Hochräume – Msch., Qhs. und Chor – erhielten kuppelige Rippen-, die Ssch. Kreuzgratgewölbe. Den Wänden wurde dafür ein vielteiliger Stützenapparat aus Pilastern, Diensten, Blenden und gliedernden Horizontalgesimsen vorgelegt; auch die beiden letzten Säulen des Wernerbaus verschwanden teilweise in einer Ummantelung. Außen brachte man das den Gewölbeschub auffangende, schlichte Strebesystem an. Einen beträchtlichen Eingriff stellte im 16. Jh. die Einfügung der ungewöhnlichen Grabanlage für den 1582 heiliggesprochenen Norbert dar, dessen Gebeine 1626 nach Prag übertragen wurden: sie nahm als große, nach oben völlig offene Eintiefung den Platz westlich der Krypta bis zu dem ummantelten Stützenpaar im Msch. ein, an den Wänden von Renaissancepilastern gegliedert und mit dem in der Mitte aufgestellten, von einem Altar überbauten Sarkophag; entdeckt während der letzten Instandsetzung 1975–1977 (unzugänglich). Die Kirche jetzt Konzerthalle. [B 3]

MAGDEBURG: – REITERSTANDBILD AUF DEM ALTEN MARKT [180, 181]. Das Standbild eines Herrschers zu Pferde steht zusammen mit 2 weiblichen Figuren als Gefolge in einem großen Tabernakel, der auf hohem Sockel vor der bar. Rathausfront auf dem Alten Markt aufgestellt ist. Die großartigen Skulpturen des königlichen Reiters und der beiden Mägde, von denen die zur Linken des Herrschers einen Schild hält, die zur Rechten mit einer Fahnenlanze gerüstet war, wurden wohl um M. 13. Jh. geschaffen: am Ort jetzt Bronzekopien von 1961, die Originale im Kulturhistorischen Museum. Ob die Gruppe bereits urspr. in einem Gehäuse stand, bleibt offen. Auf jeden Fall ersetzte das bar. Tabernakel 1651 ein älteres, vielleicht des 14. Jh., die Haube von 1750. Rest. 1858/59; die Krone des Reiters 1934 neu gestaltet, die Figuren der 4 Kurfürsten im Sockelbereich bei der neuerlichen Wiederherstellung 1966 entfernt. Blick und Gestik des Reiters waren zur Gerichts- und Ratslaube des mittelalterlichen Rathauses gewandt und sind wahrscheinlich im Zusammenhang mit der Sinngebung dieses Monuments zu sehen, das – nach heutigem Stand der Forschung – wohl als steingewordenes Zeichen der vom König verliehenen Gerichtshoheit an die Stadtgemeinde von dieser aufgerichtet wurde. Im »Bildnis« des Königs könnte, freilich in idealisierter Form, Otto der Große gemeint sein, zumal wenn dessen vermutetes, älteres Reiterdenkmal mit gleicher Bedeutung tatsächlich einst die Dingstatt bei der erzbischöflichen Pfalz am Domplatz ausgezeichnet hat. Mit der Erneuerung im 14. Jh. dürfte dann – unter Einfügung der Kurfürsten – ein Bedeutungswandel eingetreten sein, indem das Denkmal nunmehr als Symbol der königlichen, auf Otto I. zurückgehenden Privilegien und Freiheiten galt.

[B 3]

MAGDEBURG. – WALLONERKIRCHE [182]. Der durch seine bes. Größe auffallende, langgestreckte Kirchenbau des 1285 gegr. Klosters der Augustinereremiten in der nördl. Altstadt wurde wohl noch im ausgehenden 13. Jh. beg., doch erst 1366 gew. Der schlichte hochgot. Langchor, 4jochig und mit 5/8Polygon, urspr. gewölbt, für einen Bettelordensbau typisch; südlich angefügt eine kleine kreuzrippengewölbte Kapelle (Sakristei?). Das Lhs. eine 3schiffige, 7jochige Halle ohne Strebepfeiler, vielleicht von vornherein nicht auf Wölbung angelegt. Im 30jährigen Krieg stark mitgenommen, 1690/1694 wiederhergestellt und der wallonisch-reformierten Gemeinde übergeben. Nach erneuter schwerer Beschädigung 1945 in den Jahren 1966–1978 wiederaufgebaut. Im hohen Chorraum seit 1978 ein Teil der Ausstattung aus der Ulrichskirche in Halle aufgestellt, so die 1430 in Magdeburg gegossene Bronzetaufe und vor allem der fast 8 m hohe ** Schnitzaltar,* ein Werk von außerordentlicher Qualität, dat. 1488. Im Mittelschrein die Krönung Mariae zwischen 2 hl. Bischöfen, in den Flügeln die Heiligen Katharina, Ursula, Leonhard (?) und Mauritius. Die gemalten Darstellungen auf den Flügeln – Szenen des Marienlebens sowie die 4 Kirchenväter – und die halbfigurigen Bildnisse der Madonna inmitten hl. Jungfrauen auf der Predella verraten eine fränkische Schulung oder gar Herkunft.

[B 3]

MAGDEBURG. – Nikolaikirche [183]. Die Pläne für die Pfarrkirche der infolge der napoleonischen Zerstörungen nach 1812 planmäßig angelegten Neuen Neustadt im N Magdeburgs schuf Karl Friedrich Schinkel 1821, ihre Ausführung bis 1824 durch Johann Conrad Costenoble. Diesem ersten großen Kirchenbau Schinkels und zugleich ersten Bau in der preußischen Provinz Sachsen folgte in Magdeburg 1825 noch der Entwurf für das Gesellschaftshaus in dem von Peter Joseph Lenné angelegten Kloster-Berge-Garten. Während der Ausführung die Gestalt der Kirche beträchtlich abgewandelt: das Äußere ohne die zunächst vorgesehene westl. Doppelturmfront und schließlich – statt eines hohen O-Turms – mit 2, trotz der Aufstockung noch niedrigeren Chorflankentürmen. Im Wandaufriß durch die vereinheitlichten Apsis- und Lhs.-Fenster und die giebelbekrönte W-Front von monumentaler Geschlossenheit. Das ∗*Innere* in seiner ebenso schlichten wie klaren Formgebung noch großartiger: doppelte Emporen zwischen kolossalen Pfeilern begleiten anstelle von Ssch. den Mittelraum mit seinem kassettierten Tonnengewölbe und der durch ein Chorjoch abgesetzten Halbrundapsis – eine wegweisende klassizistische Bau- und Raumgestaltung, deren Grundgedanken Schinkel 1825 selbst in seiner Konzeption der in den preußischen Ländern später verbreiteten sog. Normalkirche weiterführte. Die Taufe von 1712 aus der Nikolaikirche der Alten Neustadt übernommen. Der Bau 1948 – 1954 wiederhergestellt. [B 3]

MAGDEBURG. – Stadthalle [184]. Am Rande des 1871/72 als Landschaftspark auf der Insel zwischen Alter Elbe und Stromelbe angelegten Rotehorn-Parks entstand für die Deutsche Theaterausstellung 1927 ein großzügig gestaltetes Ausstellungs- und Kulturzentrum. Den Eingang zum Festgelände bildete das originelle Pferdetor, bestehend aus 6 die Durchlässe flankierenden Klinkerpfeilern mit bekrönenden Pferdeskulpturen aus Terrakotta, entworfen von dem Darmstädter Albinmüller, ausgeführt von Max Roßdeutscher und Fritz Maenicke 1927. Der steile Aussichtsturm von Wilhelm Deffke und Johannes Göderitz war mit seinem, aus schwarzen Kuben und Glas gefügtem, Lichtkastenaufsatz als eigenwillige und einprägsame Dominante der Ausstellung gedacht. Er wurde ein ebenso markantes Beispiel für das »Neue Bauen« im Magdeburg der 20er Jahre des 20. Jh. wie der danebenstehende große Saalbau der ∗*Stadthalle*, als »Haus des Volkes« 1926/27 nach dem Entwurf von Johannes Göderitz errichtet. Der Bau besticht durch seine klar geschnittene und dabei symmetrische Komposition aus liegenden und stehenden Kuben, die mit Wänden unverputzter Eisenklinkerziegel über einem Stahlbetonskelett gebildet und durch schwarze Horizontalbänder zart gegliedert sind, bei sonst sparsam verwendetem, jegliche historisierende Form meidendem Dekor. Neuartig wie die äußere Erscheinung war aber auch das Innere als mehrfunktionales Gebäude gestaltet, mit Foyer, großem Saal sowie einer damals hochgerühmten Technik. Im April 1945 schwer beschädigt und ausgebrannt, dabei die spätexpressionistische Ausmalung vernichtet. 1957 – 1966 wiederaufgebaut. [B 3]

MANSFELD. – SCHLOSSKIRCHE [185 bis 187]. Die nordöstl. über der Stadt gelegene mittelalterliche Burg reichte mit ihrer Gründung mindestens ins 11. Jh. zurück und wurde nach einer Erbteilung 1501 als Residenz von 3 Linien der Grafen von Mansfeld zu einer der imposantesten Renaissanceanlagen Deutschlands ausgebaut. Mit den 1517–1549 geschaffenen, großen Befestigungswerken war sie auch im 30jährigen Krieg eine uneinnehmbare Festung, die schließlich 1674/75 geschleift wurde. Von den 3 Schloßbauten aus dem 1. Drittel 16. Jh. – architekturgeschichtlich höchst beachtlichen Werken der mitteldeutschen Frührenaissance – verfielen Mittelort und Hinterort bereits nach 1570, während Schloß Vorderort weiterbestand und 1860–1862 einen neugot. Umbau erfuhr. Erhalten ist auch die unmittelbar daran anschließende spätgot. Schloßkirche, die mit ihrem Rippengewölbe werkeinheitlich im 1. V. 15. Jh. erb. wurde und seit 1478 mit einem Kanonikerstift verbunden war. Der über 2 Rechteckjochen und 5/8Schluß schlanke ∗ *Innenraum* mit einer aus ungleichzeitigen Teilen bestehenden, an den 3 Seiten des Schiffs herumgeführten Empore und einer reichen Ausstattung des 16. Jh. versehen. Im Chor, der durch ein schönes schmiedeeisernes Gitter mit Kanzel von etwa 1520 abgetrennt ist, der annähernd gleichzeitige, große Flügelaltar aus dem Umkreis Lucas Cranachs d. Ä., vermutlich von Hans Döring: auf der Mitteltafel ein figurenreicher Kalvarienberg, an der Predella und auf den Flügeln weitere Szenen aus dem Leben Christi; die sehr qualitätvolle Malerei von eigentümlicher Stilisierung. Der Taufstein im Schiff, dat. 1522, und ein vorzüglicher Kruzifixus an der W-Wand noch völlig spätgot. Die ∗ *Sakramentsnische* neben dem Altar auf der S-Empore, angeblich von 1519, verbindet naturalistisches spätgot. Astwerk mit Renaissancebalustern zu einer Rahmenform, in die das Wappen Graf Hoyers VI. († 1540) sowie Symbole für Tod und Auferstehung Christi eingefügt sind. Eine Stiftung Hoyers auch das stattliche, eine Polygonseite des Chors bis ins Fenster füllende, hölzerne ∗ *Sakramentshaus* von 1537. Die hervorragend gestaltete Tabernakelfront eine mit sehr fein geschnitzten Ornamenten überzogene, mehrgeschossige Architektur, in den Feldern Reliefs, von denen wenige noch die originalen von einem wohl süddeutschen Meister sind, sonst 1893 ergänzt. Bemerkenswert auch das Epitaph für Graf Günther von Mansfeld-Vorderort († 1526) in klar ausgebildeter Frührenaissance, Hans Schlegel zugeschrieben. Wiederherstellung der spätgot. Raumfassung 1974. [B 4]

MELKOW. – DORFKIRCHE [188]. Vermutlich gehörte der Ort zu den von Bischof Anselm von Havelberg 1146 dem Stift Jerichow für einen neu zu bildenden Archidiakonat überwiesenen Dörfern. Damit war eine bestimmte Orientierung auf die Jerichower Stiftsarchitektur vorgegeben. Die Dorfkirche, ein bes. sorgfältig ausgeführter Backsteinbau vom E. 12. Jh., folgt, wie eine ganze Reihe von Dorfkirchen des Jerichower Landes, dem vollständigen Typus, hier bestehend aus einem flachgedeckten Saal mit gleichbreitem, nur innen abgesetztem W-Turm, einem kreuzgratgewölbten, eingezogenen Chorraum und einer halbkreisförmigen Apsis. Das Äußere wird durch Ecklisenen und Friese gegliedert; der Winkelfries an der Apsis in durchsteckter Form gebildet und mit einem Stromband darüber bereichert.

[C 2]

MEMLEBEN. – JÜNGERE KLOSTERKIRCHE [189, 190]. Die Gebäude der Pfalz Memleben an der Unstrut, in der 936 König Heinrich I. und 973 Kaiser Otto I. starben, sind spurlos verschwunden. Bei der Pfalz ließ Otto um M. 10. Jh. eine große Marienkirche errichten, mit der Otto II. um 979 eine reich begüterte und unabhängige Benediktiner-Abtei verband – nach Fulda und der Reichenau das damals mächtigste Reichskloster. Der monumentale Bau dieser Kirche ist nur noch in Resten vorhanden, ihr Grundriß aber durch eine Reihe von Grabungen, vor allem zwischen 1959 und 1985 annähernd bekannt. Es war eine doppelchörige, 3schiffige Basilika mit O- und W-Qhs., ähnlich dem Alten Dom in Köln und vielleicht nach dessen Vorbild, freilich in strengem, quadratischem Schematismus und bereits mit ausgeschiedener Vierung. 1015 durch Heinrich II. aller Schenkungen und Privilegien beraubt und in eine Hersfelder Propstei umgewandelt, verzichteten die Mönche später auf die Benutzung des ottonischen Großbaus und schufen nordöstl. davon im 1. V. 13. Jh. die etwas kleinere, neue Klosterkirche. Dabei handelte es sich um eine 3schiffige, kreuzförmige Flachdeckbasilika mit 2türmigem W-Bau, Vierungsturm und O-Krypta; ungewöhnlich für die Zeit und Landschaft der polygonale Grundriß der Haupt- und Nebenapsiden. Die Kirche blieb nach der Umwandlung des Klosters in ein Klostergut 1551 bis zu dem Brand 1722 intakt. Dann zeitweilig als Scheune und schließlich als Steinbruch genutzt, setzten mit Beginn des 19. Jh. die staatlichen denkmalpflegerischen Bemühungen um den Erhalt des stark zerstörten Bauwerks, vor allem der Krypta, ein. Die heute gesicherte Ruine vermittelt noch einen umfassenden Eindruck von der spätrom. Kirche. Das Msch. öffnet sich in niedrigen ∗*Arkaden* gegen beide Seitenschiffe, wobei die Spitzbogen von schmaleren Unterzügen auf 3/4 Säulen getragen werden. Die den Pfeilern vorgestellten Säulen mit schmucklosen und für die Übergangszeit zur Gotik bezeichnenden Kelchwürfelkapitellen versehen. Die ∗*Krypta,* eine 3schiffige Halle mit westl. Vorraum und polygonaler Apsis, in Mitteldeutschland eines der wenigen vollständig erhaltenen Beispiele dieser Bauform aus rom. Zeit. Die Säulenkapitelle – soweit nicht in der Bosse steckengeblieben – mit prächtigem Dekor von beachtlicher Qualität.

[B 5]

MERSEBURG. – DOM ST. JOHANNES BAPT. UND LAURENTIUS [191–204]. Die Anfänge der eindrucksvollen Baugruppe von ∗*Dom* und ∗*Schloß* auf dem westl. Hochufer der Saale reichen ins 10. Jh. zurück. 968 gründete Otto der Große hier das Bistum Merseburg und ließ die 931 gew. Kirche bei der von König Heinrich I. erb. Pfalz zur Bischofskirche erheben. Zwar wurde das Bistum 981 wieder aufgelöst, doch konnte es König Heinrich II. 1004 wiederherstellen. Standort und Gestalt der ersten Kirche sind unbekannt. 1015 begann der als bedeutender Chronist seiner Zeit bekannte Bischof Thietmar einen vollständigen Dom-Neubau, der 1021 gew. wurde. Von dieser kreuzförmigen Basilika sind Teile im heutigen Bau erhalten, vor allem Partien des Qhs. und die Unterbauten der W-Türme. Das Sanktuarium stürzte kurz nacheinander zweimal wieder ein und wurde unter Bischof Hunold nach 1036 durch einen Neubau ersetzt, der 1042 gew. werden konnte: es ist der östl. Chorraum mit der großen Halbrundapsis und den beiden – angeblich zur Verbesserung der Standfestigkeit angefügten – runden Chorflankentürmen. Unter dem neuen Chor erstreckt sich bis in die Vierung hinein eine ∗*Hallenkrypta*, die eines der ältesten nahezu unverändert überkommenen Beispiele in der deutschen Architektur darstellt. Den dreischiffigen, kreuzgratgewölbten Raum untergliedern 3 Paare eigentümlich gebildeter Pfeiler, deren schlanke

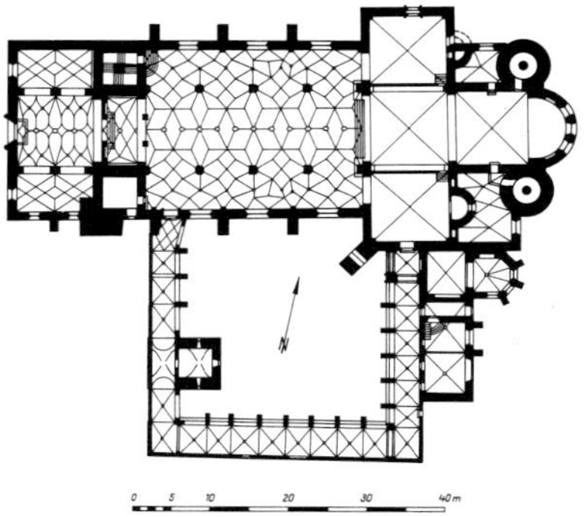

Erscheinung durch 4 entweder übereck oder an den Pfeilerseiten mittig in Nischen gestellte Dreiviertelsäulen und die zarten Profilierungen noch gesteigert erscheint. Nachdem noch im 12. Jh. die Achteckgeschosse der westl. Turmfront aufgesetzt worden waren, erfuhr der frührom. Dom um 1230/1240 eine »modernisierende« Erneuerung: Qhs., Chor und Apsis wurden erhöht und mit neuen Fenstern versehen, die Vierung durch hohe stumpf-spitzbogige Arkaden ausgeschieden und alle Hochräume mit Kreuzgratgewölben eingedeckt. Gleichzeitig entstanden die Chorschranken an der N- und S-Seite der Vierung und sicherlich auch ein Lettner als westl. Abschrankung, die man 1588 beseitigt hat. Der ∗*W-Seite* des Doms wurde eine 3schiffige, basilikale und zunächst flachgedeckte Vorhalle vorgebaut, die in der Einzelgestaltung die gleiche Schlichtheit wie die O-Partie ausweist. – Eine nochmalige große Bautätigkeit setzte unter Bischof Thilo von Trotha um 1500 ein. Der zur bischöflichen Grablege und Kapelle bestimmte nördl. Qhs.-Arm erhielt zum Schloßhof das reich profilierte Stabwerkportal, über dem das 1503 von Claus Heffener aus Wittenberg gelieferte Hochrelief mit dem schlafenden Jakob eingelassen ist. 1510 begann der Bau des spätgot. Lhs., einer lichten, 3schiffigen Halle, deren Umfassungen an der Stelle der Außenmauern der frührom. Ssch. stehen. Das ∗*Äußere des Lhs.* wurde in der Dachzone nach N und S durch je drei mit Blendmaßwerk gefüllte Staffelgiebel ausgezeichnet, wie sie bereits zuvor der nördl. anschließende neue Schloßbau als besondere Zier erhalten hatte. Eine singuläre Lösung stellt die Gestaltung des ∗*Innenraums* mit der im Verhältnis zu den Wänden versetzten Stellung der schlanken Freipfeiler dar: denn gegenüber den in einer Abfolge von gleichsam 4 Jochen angeordneten Pfeilerpaaren besitzen die Umfassungsmauern mit ihren Diensten, Fenstern und Strebepfeilern nur eine Dreiteilung. Möglicherweise Folge einer Planänderung, hat der Meister des Gewölbes daraus für die Rippenkonstruktion eine verschleifende Netzsternfiguration entwickelt, deren Irregularität auf die schmalen ∗*Seitenschiffe* beschränkt ist, während im doppelt so breiten * *Mittelschiff* das Sternnetz geometrisch regelmäßig mit mächtigen skulptierten Schlußsteinen zur Geltung kommen kann; voll. zur Weihe 1517. In diesem Bauabschnitt erhielt die Vorhalle 1515 das reich gestäbte und von einer durchsteckten Kielbogenarchitektur gerahmte spätgot. * *Westportal*, über dessen Scheitel die Büste des Zweitstifters, Kaiser Heinrich II. mit Kirchenmodell und Reichswappen, und in den seitlichen Tabernakeln die Standbilder der Dompatrone Laurentius und Johannes Bapt. erscheinen. Schon zuvor waren beide Ssch. der Vorhalle gewölbt worden. 1535–1537 schließlich zog der Merseburger Baumeister Johann Mostel im Msch. das dichte Schwingrippengewölbe ein, nachdem Bischof Sigismund von Lindenau diesen Raum wie einen W-Chor für seine Grablege ausgestattet hatte. – Auch die Stiftsgebäude an der S-Seite des Doms mußten zu Beginn des 16. Jh. beträchtlich verändert werden, wobei der alte Kreuzgang-N-Flügel zugunsten des spätgot. Lhs. verschwand und das nördl. Joch des westl. Kreuzgangflügels mit dem Kirchenzugang neu entstand. Im wesentlichen noch ins 13. Jh. zurückreichend, erhielt der Kreuzgang seine Gewölbe erst im 14. und 15. Jh. Von den Klausurgebäuden sind vor allem die des O-Trakts mit der Michaelskapelle noch mittelalterlich, die des W-Flügels E. 19. Jh. abgebrochen, wobei man in die * *Kreuzgang-W-Mauer* die gotisierenden Maßwerköffnungen einfügte. Das Kapitelhaus um 1505 erneuert, 1944 beschädigt, nach Abschluß der Rest. zum Dommuseum bestimmt. – Das Domkapitel nach der Reformation 1561 ev., die Kirche 1656–1738 Hofkirche der Herzöge von Sachsen-Merseburg. Die in dieser Zeit hinzugefügten Emporen, »Stühle und Priechen« brachten eine beträchtliche Veränderung des Raumbilds. Die meisten Einbauten bei den Instandsetzungen 1837–1844 und 1883–1885 wieder entfernt; nur einige Hauptstücke wie der Altar von 1668 und der Orgelprospekt von 1697 bis heute erhalten, dazu die monumentale Eingangswand der Fürstengruft (1670). – Die Ausstattung trotz der Verluste in nachreformatorischer Zeit noch immer von beachtlichem Umfang und z. T. hervorragender künstlerischer Bedeutung. Mitten in der Vierung befindet sich das Grab Herzog Rudolfs von Schwaben, der 1080 als Gegenkönig Heinrichs IV. in der Schlacht an der Elster tödlich verwundet und – nach seinem Ableben in Merseburg – im Dom beigesetzt wurde. Die urspr. vergoldete, bronzene * *Grabplatte*, die kurz nach dem Tode Rudolfs entstand, ist das älteste Bildnisgrabmal in Mitteleuropa. Es zeigt den Verstorbenen fast lebensgroß in flachem Relief, nur der Kopf tritt stärker plastisch hervor, und war außerdem durch Edelsteine in den Augenhöhlen und Eintiefungen der Krone noch bes. betont. Mit den königlichen Insignien angetan, ist die hoheitsvolle Erscheinung durch die Inschrift in einen heiliggleichen Rang erhoben. Der überlebensgroße, eichene Kruzifixus vom Triumphkreuz, heute am westl. Vierungsbogen aufgehängt, gehörte zusammen mit dem Lettner zur Chorerneuerung des 13. Jh. und ist – um 1240 geschaffen – eines der herausragenden Beispiele in der Gruppe der mitteldeutschen Großkreuze, die den sterbenden Christus wirklichkeitsnah wiedergeben; Arme und Kreuz 1955 neu angefertigt. Nur wenig später schuf ein Bildhauer, der vielleicht sogar mit dem sog. Naumburger Meister identisch ist, das ⁎ *Grabmal des Ritters Hermann von Hagen* († um 1245). Die außerordentliche Qualität der fast vollplastischen Liegefigur ist noch deutlicher geworden, nachdem das Bildwerk seit 1990 in der Vorhalle aufgestellt ist. Der ebenfalls dort zu findende ⁎ *Taufstein* von 1180 ist erst 1831 aus der Neumarktkirche hierher übertragen worden. Aus einem Monolith gehauen, tragen Löwen und Personifikationen der 4 Paradiesflüsse das hohe Becken, dessen Außenwandung Hochreliefs der 12 Apostel auf den Schultern von Propheten in hohen Rundbogenarkaden schmücken. Aus der Fülle von Denkmälern des 14. bis 18. Jh. hervorzuheben: in der Vorhalle das Marmorepitaph des samländischen Bischofs Günther von Bünau († 1518), mit dem Meisterzeichen des Ulrich Creutz, der Grabstein Sigismunds von Lindenau († 1544) und das zugehörige Frührenaissance-Epitaph, das 1538 von Hans Vischer gegossen wurde; im Lhs. der Grabstein des Bischofs Friedrich von Hoym († 1382), das feine Rokoko-Denkmal für A. Just, 1755 von Johann Heinrich Agner geschaffen, und das große klassizistische Epitaph des Domherrn H. C. von Tümpling († 1733), von dem Oeser-Schüler Friedrich Samuel Schlegel; im nördl. Qhs.-Arm die beiden Monumente Thilos von Trotha († 1544), die er sich zu Lebzeiten für seine Grablege herstellen ließ: die kastenförmige Tumba, deren Deckplatte mit dem Bild des Kirchenfürsten in Flachrelief in der Nürnberger Vischer-Hütte um 1470/1480 entstand, und das gleichfalls dort, von Peter Vischer d. Ä., gegossene prachtvolle ⁎ *Epitaph* mit der Darstellung des knienden Bischofs vor dem Gnadenstuhl, in einem Steinrahmen, den man bei der Anbringung erst um 1514 zufügte. – Das spätmittelalterliche Gestühl im Dom stammt aus unterschiedlicher Zeit: einer der Fünfsitze im Altarraum aus dem 1. Drittel 15. Jh. ist mit einem Schrankpult des 16. Jh. zusammengestellt, das Chorgestühl in der Vierung schuf ein Dominikaner 1446. Das auffallenderweise für die Ssch. angefertigte Gestühl ist 1519 datiert und eine Stiftung Bischof Adolfs von Anhalt, dem auch die virtuos gestaltete ⁎ *Holzkanzel* verdankt wird. An dem zierlich-phantastischen Kanzelfuß halten Putten sein Wappen zusammen mit dem des Hochstifts; am reich geschnitzten Korb die Reliefs der Madonna und des Laurentius sowie die 4 Evangelisten – ein spätgot. Kunstwerk von außerordentlicher Qualität, das vielleicht schon zur Weihe 1517 voll. war. Das urspr. gefaßte Werk 1883 abgelaugt. Der Kanzeldeckel von 1665. – Erhalten ist auch eine große Zahl geschnitzter und vor allem gemalter Retabel- sowie Einzelbilder, darunter eine Darstellung der ⁎ *Schlacht gegen die Türken bei Mohacz* 1526, Georg Lemberger zugeschrieben. Vermutlich diente das stilistisch der Donauschule verpflichtete Historienbild zur Werbung für den damals geplanten Türkenkreuzzug. – Unter den liturgischen Büchern, die heute im Domstiftsarchiv verwahrt werden, befindet sich auch eine 3bändige illuminierte ⁎ *Bibelhandschrift* von A. 13. Jh. mit prächtigen, den Kapitelanfängen vorangestellten Initialen. Die Prunkinitiale IN in Band I, Bl. 9v, gibt die Schöpfungsgeschichte und in der Rahmenleiste die Verfasser der biblischen Schriften wieder. [C 4]

MERSEBURG. – NEUMARKTKIRCHE ST. THOMAS [205]. Die Pfarrkirche der auf dem östl. Saaleufer gelegenen Vorstadt, der Kaiser Friedrich I. 1188 das

Marktrecht verlieh, wurde nach 1173 (Heiligsprechung des Thomas Becket) beg. und war sicher vor 1200 voll. Der kleine, kreuzförmige Bau besaß ein durchlaufendes Qhs., ein basilikales kurzes Lhs. mit einfachem Stützenwechsel und eine große Empore zwischen den W-Türmen. Mit seiner zudem durch beachtliche Steilheit des Raums ausgezeichneten Baugestalt und der Ornamentik gilt er als charakteristischer Vertreter spätrom. Architektur im Gebiet zwischen Saale und Mulde. Die Kapitelle und skulptierten Schäfte der beiden Säulenportale an der N-Seite gehören in die Nachfolge von Königslutter. Wahrscheinlich haben Überschwemmungsschäden seit dem frühen 14. Jh. in mehreren Etappen zum Abbruch der Ssch., Nebenapsiden und Sakristei und dabei 1825/26 auch zur Umsetzung beider Portale geführt. Im 19. Jh. auch der große bar. Altar, gestiftet 1695, entfernt und nur die Hauptfiguren wieder aufgestellt; 1912 durch weitere Stücke ergänzt. Trotz der Fragmentierung und heute willkürlichen Anordnung der *∗Altarfiguren* das ikonographische Programm einer Darstellung der Verklärung Christi in einer eigenwilligen Interpretation erkennbar: die überlebensgroßen Gestalten des auffahrenden Christus zwischen Petrus und Johannes Ev., darüber als Halbfiguren auf Wolken Gottvater, Moses und Elias. Die dramatisch bewegten Figuren, vielleicht von Michael Hoppenhaupt (mit Werkstattbeteiligung?), derzeit in der Stadtkirche St. Maximi. Rest. der Kirche seit 1986 im Gange. [C 4]

MERSEBURG. – Schloss [206]. Anstelle der kleinen hochmittelalterlichen Bischofsresidenz nördl. des Doms ließ Bischof Thilo von Trotha (1466–1514) eine anspruchsvolle spätgot. Dreiflügelanlage errichten, deren Grundriß und teilweise auch Aufriß im bestehenden Schloßbau erhalten ist; beg. bald nach 1471, fertiggestellt um 1500. Davon am N-Flügel das Portal mit der Sitzfigur König Davids im Nischenaufsatz und ein Erdgeschoßraum mit geschnitzem Holzpfeiler. Weiterer Ausbau unter den folgenden Bischöfen, wie Wappen und das Portal von 1537 am W-Flügel anzeigen. Tiefgreifende Erneuerung unter dem Administrator Herzog Johann Georg I. von Sachsen 1605–1608 durch die Dresdner Melchior Brenner und Simon Hoffmann. Bereits zu dieser Zeit Ausgestaltung der Gesamtanlage zum heutigen Erscheinungsbild mit weitgehendem Neubau des N-Flügels und der Türme, an der Hoffront der Prunkerker und das Hauptportal eingefügt und sämtlichen Fassaden die obeliskenbekrönten Volutengiebel aufgesetzt: Merseburg war damit zu einer der prächtigsten Schloßanlagen der deutschen Spätrenaissance geworden. Ungewöhnlich und einprägsam im Zusammenspiel mit den ins Prachtvoll-Üppige gesteigerten, z. T. manieristischen Dekorationsformen die als künstlerisches Ausdrucksmittel eingesetzte Wiederverwendung spätgot. Vorhangbogenfenster. Für die zeitweilige Hofhaltung der Herzöge von Sachsen-Merseburg von 1656–1738 erfolgten fast nur Veränderungen im Innern; eine der bedeutenden Neuerungen war 1660 die Anlage des Schloßgartens, in den Johann Michael Hoppenhaupt d. Ä. das Salongebäude 1727 bis nach 1731 als nördl. Abschluß errichtete. Durchgreifende Rest. des Schlosses 1887–1890. Der O-Flügel 1945 zerstört, 1957–1967 wieder aufgebaut. [C 4]

NAUMBURG. – DOM ST. PETER UND PAUL [207–220]. Die für den späteren Ort namengebende »neue Burg« auf dem rechten Saaleufer gegenüber der Unstrutmündung um die Jahrtausendwende durch Markgraf Ekkehard I. († 1002) angelegt. In der Vorburg gründeten seine Söhne Hermann und Ekkehard II. ein Burgstift, dessen Kirche um 1020 voll. war. Unmittelbar östl. davon entstand nach Verlegung des Bischofsitzes von Zeitz nach Naumburg (1028) der erste Naumburger Dom, eine 3schiffige, kreuzförmige Basilika über typisch sächsischem Grundriß mit Hauptapsis am Chorquadrat und Nebenapsiden an beiden Qhs.-Armen sowie dem westl. Abschluß mit einer von 2 Türmen flankierten W-Apsis.

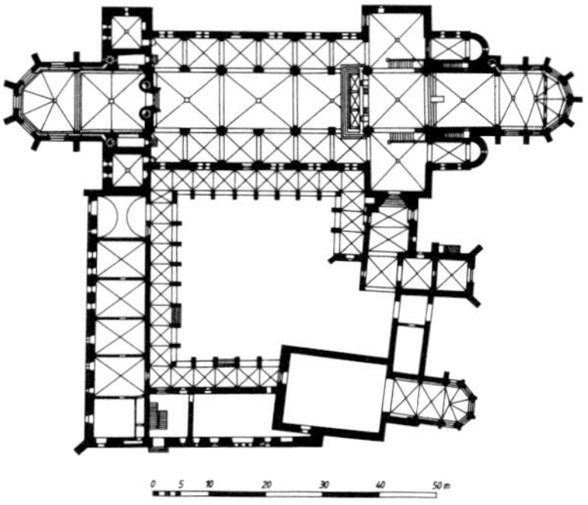

Der vielleicht 1042 gew. frührom. Bau – in seinen Fundamenten ebenso wie Teile der Stiftskirche durch Grabungen 1961–1967 ermittelt – nahm den Platz innerhalb von Lhs., Qhs. und Chorquadrat des größeren spätrom.-frühgot. Doms ein. In den zunächst kryptalosen O-Chor um 1160–1170 die erhaltene 3schiffige Hallenkrypta eingefügt, die mit ihren reich dekorierten Säulen und den vorzüglichen spätrom. Kapitellen den Mittelteil der heutigen ∗*Krypta* bildet. Der Neubau der Kathedrale unter Bischof Engelhard (1207–1242) gegen 1210 beg., voll. wahrscheinlich 1242. Anfänglich wohl nur die Erneuerung des Lhs. vorgesehen, doch bald auch die O-Teile in die neue Planung und Ausführung von O nach W einbezogen; die Planänderung im ∗*Innern des Lhs.* an dem Wechsel vom quadratischen Pfeiler mit Kantensäulchen zum moderneren Bündelpfeiler abzulesen. Das 3schiffige, im Msch. 3jochige Lhs. nach dem gebundenen System ausgebildet, das Qhs. mit ausgeschiedener Vierung. Das Chorquadrat im N und S von Türmen flankiert, deren als Kapellen genutzte Erdgeschoßräume Apsiden mit steinernen Kegeldächern aufweisen. Von der 3teiligen, bis zu den westl. Vierungspfeilern reichenden Krypta der an den älteren Mittelabschnitt anschließende O-Teil mit seinem – mittelrheinischen Einfluß verratenden – Kapitelldekor um 1215–1220 entstanden, der westl. Vorraum unmittelbar danach. An der W-Seite von Krypta und Hochchor der werkeinheitlich mit der O-Partie errichtete O-Lettner, entwicklungsgeschichtlich bedeutend als ältester deutscher Hallenlettner. O-Teile und Lhs. mit Ausnahme der Rippenwölbung des westl. Msch.-Jochs kreuzgratgewölbt; die Blattschlußsteine im Msch. bereits aus der Bauzeit des W-Chors. Das Äußere in der Gliederung der Werksteinfronten mit Lisenen und Rundbogenfriesen noch spätrom. An den 8eckigen Obergeschossen der O-Türme die Formen weiter entwickelt; die spätgot. Turmaufstockung erst nach dem Brand von 1532, die bar. Hauben mit Laterne von 1713/1714 bzw. 1725/1728. Das ∗*Hauptportal* an der S-Seite des Qhs.

ein 5stufiges Säulenportal mit Blattranken- und Adlerkapitellfriesen gestaltet, im Tympanon der segnende Christus in einer von 2 Engeln gehaltenen Mandorla. Zu den als Letztes entstandenen Teilen der 1. H. 13. Jh. gehören die Untergeschosse der – wegen zunächst vorgesehener Beibehaltung der Stiftskirche des 11. Jh. – weit nach außen gestellten W-Türme. – Um 1250/1260 Errichtung des * *Westchors* an der Stelle der Ekkehardingischen Burgstiftskirche und damit deren Nachfolgebau, zusammen mit dem W-Lettner und den Skulpturen des Naumburger Meisters und seiner Werkstatt ein Hauptwerk der deutschen Frühgotik. Die architektonische Gestaltung setzt die Kenntnis französischer Kunst genauso voraus wie die Ausbildung der Skulpturen, verbindet sich aber im ganzen mit einer starken deutschen Tradition zu einer ebenso eigenständigen wie einzigartigen Lösung. Die Außenerscheinung großartig-schlicht: die Strebepfeiler des 5seitigen, in großen Fenstern sich öffnenden Polygons mit Fialenaufsätzen, vor denen figürliche Wasserspeier auf den Pfeilerabdekkungen liegen, große wirklichkeitsgetreue Darstellungen von Mönch, Nonne und verschiedenen Tieren; die Dachbrüstungen Zutat des 19. Jh. Das frühgot. erste Obergeschoß des NW-Turms weist mit dem Motiv der 4 Ecktabernakel über Bamberg zurück auf den Ausgangspunkt in Laon; die weiteren, mit jüngeren got. Formen »angepaßten« Geschosse erst 14. bis A. 15. Jh., der vielteilige Helmaufsatz und der SW-Turm im ganzen aus dem späten 19. Jh. Das Innere im Zusammenspiel der vertikalen und horizontaler Gliederung von beeindruckender Ausgewogenheit: über der Sockelzone – im Polygon glatt, im Chorquadrum mit dem weitgehend erneuerten steinernen Dorsale über dem Chorgestühl – ein Laufgang herumgeführt, davor an den Gewölbediensten die von Architekturbaldachinen überfangenen, lebensgroßen Stifterfiguren. An den beiden wegen des Gurtbogens zwischen Polygon und Quadrum vielgliedriger geformten Diensten die Hauptstifter mit ihren Gemahlinnen, * *Markgraf Hermann mit Reglindis* und * *Markgraf Ekkehard II. mit Uta*, in ihrer bes. Bedeutung auch durch die paarweise Aufstellung herausgehoben. Erscheint der ältere Hermann hier als der jüngere der 2 Brüder, so sind beide außerdem samt ihren Frauen unterschiedlich charakterisiert: die einen dem Betrachter »sich öffnend«, die anderen von hoheitlicher Distanziertheit. In den 4 Ecken des Polygons die Statuen der durch Inschriften benannten Grafen Dietmar, Syzzo, Wilhelm und Thimo, in deren Reihe * *Wilhelm* – ausdrücklich als einer der »fundatores«, wohl der »ersten Stifter« bez. – durch seine empfindsame Erscheinung auffällt. Im Chorquadrum auf der * *Nordseite* Graf Dietrich von Brehna und wohl Gepa, die Gemahlin Wilhelms, auf der S-Seite Dietrichs Gemahlin Gerburg und vielleicht Konrad. Alle Statuen für diesen Raum als neue Grab-Denkmäler der Fundatoren, die im ersten Dom und in der Stiftskirche des 11. Jh. bestattet wurden, im Rahmen des liturgischen Totengedenkens geschaffen – eine einzigartige Lösung wie die porträthaft-individuelle Darstellung der 150–200 Jahre zuvor Verstorbenen: Höhepunkt mittelalterlicher Bildkunst in Deutschland und zugleich Endpunkt einer im 13. Jh. gipfelnden Entwicklung wirklichkeitsnaher Wiedergabe. – Auch die Skulpturen des * *sog. Westlettners* vom gleichen gestalterischen Anliegen bestimmt. Architektonisch entsprechend der Aufgabe, einen Sonderraum in der Kirche abzugrenzen, die Abschrankung in Form einer reich gegliederten Fassade mit Mittelportal zum W-Chor gebildet. Die über den Blendarkaden beidseits des Portalrisalits angeordneten Reliefs schildern die Passion Christi vom Abendmahl bis zur Kreuzigung in 8 realistisch erfaßten, ausdrucksstarken Szenen; die 2 Reliefs am S-Ende 1737 Ersatz für die 1532 zerstörten Originale des 13. Jh. Das in der Reihe letzte mittelalterliche Relief, die ∗ *Verurteilung Christi* durch den römischen Statthalter Pilatus, mit der allen Darstellungen eigenen einprägsamen Charakterisierung der Hauptfiguren in einer nicht minder scharf beobachteten Umgebung. Dramatischer Schlußpunkt der Leidensgeschichte Christi die als Triumphkreuzgruppe aus der sonst für ihre Anbringung üblichen Höhe herabgeholten Figuren im Portal: der Tod Christi am Kreuz, begleitet von Maria und Johannes Ev. in ihrem schonungslos dargestellten Schmerz. Im Giebelfeld über dem Durchgang Fresko des Weltenrichters zwischen Engeln mit den Arma Christi. Einzigartig auch die naturhafte Wiedergabe des vegetabilen Dekors an den ∗ *Kapitellen*, Friesen und Schlußsteinen des W-Lettners: botanische Genauigkeit verbindet sich mit großer künstlerischer Formgebung. Architektur und Skulptur des W-Chors einschließlich des sog. W-Lettners erscheinen in ihrem gestalterischen Zusammenhang und stilistisch so einheitlich, daß man den Gesamtentwurf und zu beträchtlichem Teil auch die Ausführung dem »Naumburger Meister« zugeschrieben hat. Er müßte demnach als Baumeister und Bildhauer zugleich gewirkt und durch seine von der Forschung geistreich rekonstruierten Lehrjahre in Frankreich auch die dortige Bau- und Bildkunst genau gekannt haben. – Anstelle der spätrom. Hauptapsis gegen 1330 das hochgot. ∗ *Polygon* des O-Chors errichtet, offensichtlich im Anschluß an die Gestalt des W-Chors. Der Bedarf getrennter Klausurgebäude für das Domkapitel und das Kapitel des alten Burgstifts führte zur singulären Lösung der 2fachen Klausur an einem Sakralbau. Die Anschlüsse der nicht erhaltenen N-Klausur am nördl. Ssch. und Qhs.-Arm noch ablesbar, die bestehende S-Klausur aus unterschiedlicher Zeit. O- und N-Flügel des Kreuzgangs einschließlich der dem Hauptportal nachträglich vorgesetzten Vorhalle 2. V. 13. Jh., W-Flügel und S-Flügel spätgot., die anliegenden Stiftsgebäude z. T. älter. Am O-Flügel urspr. die durch Grabungen ermittelte, für den bischöflichen Privatgebrauch bestimmte Nikolaikapelle, ein kleiner 3schiffiger, 3apsidialer Bau des 11. Jh. An seiner Statt durch Bischof Gerhard von Goch im 2. Jahrzent des 15. Jh. die neue ∗ *Dreikönigskapelle* aufgeführt, ein ebenfalls 2geschossiger Bau über Rechteckgrundriß mit Steildach. An der SO-Ecke der Klausur die Marienkirche, urspr. Pfarrkirche der Domgemeinde, seit 1343 auch Stiftskirche der Kanoniker des früheren Burgstifts. Wohl in dieser Zeit ein Neubau, von dem der Polygonalchor erhalten ist. Das Lhs. – vermutlich eine 3schiffige Halle – 1532 zerstört, der historistische Saalbau an seiner Stelle 1895. – Ältestes Stück der beachtlichen Dom-Ausstattung ein kleiner geschnitzter Kruzifixus von etwa 1160/70. Zu den Skulpturen aus der Werkstatt des Naumburger Meisters zählt auch die lebensgroße Sandsteinfigur eines Diakons als Pulthalter. Höchst bedeutend das Grabmal Bischof Dietrichs II. von Naumburg († 1272), der als Bauherr des W-Chors und somit Vollender des Dombaus einen stiftergleichen Rang einnahm und daher seine Ruhestätte vor dem Hochaltar fand. Die Liegefigur auf der Deckplatte der Tumba – ein Spätwerk der Naumburger Werkstatt – vertritt mit der Wendung zur Hochgotik wie die Skulpturen des Meißner Doms bereits eine jüngere Stilstufe als die Stifterstandbilder. Wenig älter die großen hölzernen Buchpulte und der qualitätvolle Viersitz im O-Chor, das übrige Gestühl später, z. T. rest. Von der Farbverglasung beider Chöre stammen 3 Fenster im W-Chor aus der Bauzeit; mit den Darstellungen hl. Männer und Frauen – Märtyrer und Bekenner nach der Einteilung der Heiligen im Missale Romanum – sowie den Apostelgestalten gehören sie zu einem der ersten frühgot. Glasmalereizyklen in Deutschland. Im O-Chor die beiden Scheitelfenster – mit Jungfrauenzyklus und Architekturdarstellungen – von etwa 1340, das jeweils nördl. und südl. anschließende Fenster – einmal mit christlichen Szenen, zum andern mit Propheten – um 1420/1430. – Große Pietà um 1320 mit weitgehend originaler Fassung, eines der frühesten Beispiele dieses Andachtsbildtypus. Von den Altaraufsätzen bes. zu nennen das steinerne Retabel mit Kreuzigung im O-Chor, um 1350, und das gemalte im nördl. Qhs.-Arm, dessen Mittelbild mit der Bekehrung Pauli, um 1520/21 von Georg Lemberger, vielleicht urspr. das gesonderte Epitaph eines Domherrn bildete. Die Altarschauwand im O-Chor, inschriftlich 1567, verbindet zeitgemäße Renaissanceformen noch mit spätgot. Motiven. Zahlreiche Grabdenkmäler und Epitaphe im Lhs. aufgestellt, teilweise von künstlerisch hohem Rang. Die ältesten Grabsteine für die Pröpste Burkard v. Bruchterte († 1391) und Johann v. Eckartsberga († 1406) mit den Relieffiguren der Verstorbenen. Unter den Bronzegrabplatten, zumeist aus der Nürnberger Vischer-Werkstatt, auffallend die * *Platte vom Grabstein des Domherrn Rudolf von Bünau* († 1505) mit vorzüglicher Gravierung eines stehenden, in Auflösung begriffenen Leichnams – durch die Inschrift zum Memento mori auffordernd.

[B 5]

NAUMBURG. – Marien-Magdalenen-Kirche [221]. Der schlichte bar. Saalbau mit westl. Turmaufsatz entstand als Friedhofskirche auf dem Platz der Kapelle eines bereits im 12. Jh. gegr. Hospitals zu Ehren der hl. Maria Magdalena. Aus Spendenmitteln 1712 beg., zog sich die Bauausführung mit der Ausstattung bis zur Weihe hin. Außen und innen 1901/02 mit Veränderungen erneuert. Der Innenraum reich ausgestaltet, Spiegeldecke und Altarwand mit Stukkaturen vielleicht von dem Italiener Bernhardo Brentani, die Fresken – das große Mittelbild des Jüngsten Gerichts ist umgeben von Darstellungen der Seligkeiten, Christus, Tod, Himmel und Hölle – auf die urspr. Bestimmung bezogen; die Gerichtsdarstellung laut Inschrift 1727 von dem Nürnberger Wilhelm Rössel gemalt. [B 5]

NAUMBURG. – Stadtkirche St. Wenzel [222–224]. Die große spätgot. Pfarrkirche in fast 100jähriger, durch verheerende Stadtbrände verzögerter Bauführung entstanden. 1426 wurden die O-Teile beg., der mächtige

N-Turm mit prächtigem Portal zur Marktseite und der gestreckte Chor mit einem 5/10Polygon, seitlichen Kapellenausbauten und einer Krypta. Die Außenerscheinung durch aufwendigen Baudekor, bes. an den Strebepfeilern und Portalen, in Weiterführung der an den mitteldeutschen Chorfassaden um 1400 zu beobachtenden Gestaltungsweise des Reichen Stils geprägt. Auch das Lhs. vor dem Stadtbrand 1473 angefangen, aber im wesentlichen als kurze, doch sehr breite

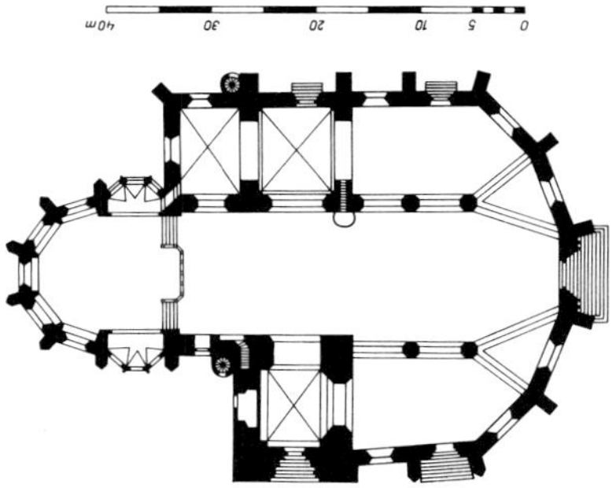

und zugleich steile Halle mit dem flachen, alle 3 Schiffe umgreifenden Polygonschluß nach W erst zwischen etwa 1490 und der Weihe 1511 errichtet: die singuläre Baugestalt zweifellos durch den beengten Bauplatz bedingt. Nach nochmaligen Brandschäden 1517 der Bau mit neuem Dachwerk und wohl ohne Gewölbe abgeschlossen. Der hohe Innenraum in seiner Gesamtwirkung von der 1724 eingezogenen Spiegeldecke mitbestimmt, wie überhaupt die bar. Prinzipalstücke – Altar, Kanzel und Orgel – entscheidende Akzente setzen: die riesige, in bar. Architektur- und Dekorationsformen aufgebaute und mit Schnitzfiguren reich besetzte Wand des ∗*Hochaltars* 1677 bis 1680 von dem Zeitzer Hofbildhauer Heinrich Schau, das Gemälde der figurenreichen Kreuzigung 1683 von Johann Oswald Harms aus Dresden. Auf einer W-Empore die gewaltige ∗*Orgel*: in dem von Johann Göricke 1695 bis 1697 geschaffenen Gehäuse das Werk des Silbermann-Schülers Zacharias Hildebrand von 1743–1746. – Zur weiteren Ausstattung der Kirche gehören außer der Bronzetaufe in Kelchform von 1441 auch eine Reihe beachtenswerter Gemälde, darunter 2 aus der Wittenberger Cranach-Werkstatt: eine ∗*Anbetung der Hl. Drei Könige*, die spätestens zur Weihe der Kirche 1520 entstanden sein dürfte und im Entwurf, teilweise vielleicht auch in der Ausführung auf Lucas Cranach d. Ä. selbst zurückgeht, und eine Darstellung »Christus segnet die Kinder«, wohl von 1539, die thematisch zu den typisch »evangelischen« Bildern zählt.
[B 5]

NAUMBURG. – MORITZKIRCHE [225]. Die Kirche des 1119 eingerichteten Augustiner-Chorherrenstifts, das ein älteres Kloster der Benediktinernonnen ablöste, ist weitgehend ein spätgot. Neubau, den Propst Nithard Langenberg (1483–1521) errichten ließ: das Lhs. mit einbezogenem, schmalen N-Ssch. des rom. Vorgängers und der gleichlange Chor, insgesamt trotz der Strebepfeiler ungewölbt, zurückhaltend, doch in den charakteristischen Formen der Zeit, voll. um 1512. Von den Türmen an der W-Seite der südl. teilweise noch rom., der nördl. 1866 erneuert. – Von hohem Interesse der im Polygon aufgestellte Ritzgrabstein des Bischofs Richwin von Naumburg (1123–1125), der offenbar während seiner Herrschaft einen Neubau der Kirche förderte und – darum später als

Stifter verehrt – im Zuge einer erneuten Wiederherstellung nach 1260 diesen hochgot. Gedächtnisgrabstein erhielt. Das bedeutendste Kunstwerk war wohl die große spätrom. Triumphkreuzgruppe, von der lediglich der Corpus Christi und die Marienfigur erhalten blieben; die Originale seit 1913 in den Berliner Staatlichen Museen, am Ort eine Kopie. Der kolossale * *Kruzifixus*, 2,62 m hoch, und die wesentlich kleinere, trauernde Maria von großer Aussagekraft und in der Verbindung von sächsischer Tradition und westl. Einflüssen für die Entstehungszeit um 1225/1230 von bes. Bedeutung. Das in Mitteldeutschland frühe Beispiel für den Dreinagelkruzifixus geht – ähnlich dem Kreuz in Arendsee – vielleicht auf einen mehrfach nachgestalteten Prototyp (in oder um Hildesheim?) zurück. [B 5]

NAUMBURG. – MARIENTOR [226]. Die seit M. 15. Jh. bis ins 16. Jh. erneuerte und mit zwei-, teilweise dreifachen Mauern und Gräben aufgeführte, starke Befestigung der Altstadt nach 1820 bis auf Reste beseitigt. Von einst 5 Toren das Marientor als einziges vollständig erhalten. Die stattliche Anlage besteht aus Innen- und Außentor und dem dazwischenliegenden Fanghof, erb. 1455/56 von Valentin Waise, erneuert 1511 und 1704. Der zur Verteidigung wie für Kontrollzwecke notwendige Hof ist ringsum von einem Wehrgang umzogen, der an der viertelkreisförmig gebogenen W-Mauer auf konsolgestützten Stichbogen ruht und mit 2reihig übereinandergesetzten Kielbogenblenden aus Backstein geschmückt ist; in der oberen Reihe auch Schießfenster. Der Bogendekor am Außentor fortgesetzt, das feldseitig eine Nische mit der Marienfigur des Meisters Peter aus der Bauzeit aufweist. Das Innentor zur Stadt durch einen Turm zusätzlich gesichert. [B 5]

NEINDORF. – SCHLOSSKAPELLE [227]. Die kleine, eine gotisierende Bauform mit Renaissance-Details verbindende Kapelle wurde 1582 als Gutskirche der seit 1463 hier ansässigen Herren von der Asseburg erb. Die reiche Ausstattung mit steinerner W-Empore, Altar, Kanzel, Herrschaftsstuhl u. a. aus dem 16. und vor allem 17. Jh. in seltener Vollständigkeit erhalten. Von den zahlreichen Grabmälern und Epitaphen in der Kirche das prunkvolle * *Wandgrab für August von der Asseburg († 1604)* und Familie das künstlerisch bedeutendste Werk. Der mehrgeschossige architektonische Aufbau mit einem vielschichtigen Relief- und Skulpturenprogramm, in das die knienden Figuren des Erbauers der Kirche und seiner Angehörigen eingeordnet sind, dicht überzogen. Der bisher unbekannte ausführende Meister vielleicht im Kreise der Magdeburger Bildhauer dieser Zeit zu suchen. – Nördl. der Kapelle steht das 1824–1827 anstelle des älteren Herrenhauses errichtete klassizistische Schloß, ein mächtiger 3geschossiger und in seiner Formgebung aufwendiger Bau, wohl von dem Schinkel-Schüler Carl Theodor Ottmer. Trotz der gleichfalls repräsentativen klassizistischen Fassade intimer wirkt der zwischen Schloß und Kapelle eingeschobene Bibliotheksflügel. [B 3]

NIENBURG. – KLOSTERKIRCHE [228 bis 230]. Die 970 in Thankmarsfelde (bei Gernrode) gegr. und 975 nach Nienburg verlegte Benediktiner-Abtei war eine Stiftung Markgraf Thietmars und seines Bruders Erzbischof Gero von Köln. Die erste Klosterkirche, 1004 gew., wurde bereis 1042 durch Brand zerstört. Der Nachfolgebau, 1060 voll., war eine kreuzförmige, 3schiffige Basilika mit O-Krypta und einem westl. Emporenquerbau, von der Qhs. und Chorquadrum im bestehenden Bau überformt erhalten sind. Diese frühgot. Umgestaltung erfolgte nach dem Brand von 1242. Dabei wurden – unter Verzicht auf die Krypta – die nunmehr polygonale Hauptapsis und anstelle der abgebrochenen Nebenapsiden die Chornebenräume angefügt und die O-Teile mit kuppeligen Gratwölben, in der Vierung über schweren spitzbogigen Gurten, vollständig eingewölbt. Das alte Lhs. erst

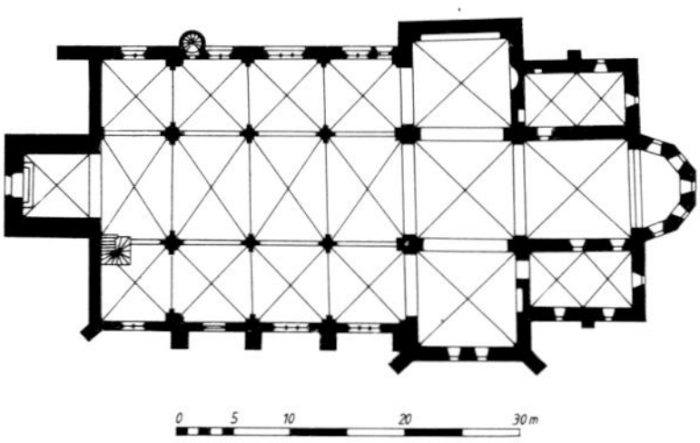

nach weiterer Brandbeschädigung 1280 abgebrochen und durch den Neubau der 3schiffigen, 3jochigen Halle ersetzt. Sie nimmt in der Grundriß- und Aufrißgestaltung westfälische Anregungen auf, maßgeblich war aber vor allem das Vorbild der Elisabethkirche in Marburg. Die schlanken, mit Diensten besetzten Rundpfeiler, an den Außenwänden Dienstbündel, und die elegant darüber gespannten Rippengewölbe geben dem weiten und lichten ∗*Innern* eine wohlräumige Schönheit, während das Äußere durch seine Klarheit besticht – architekturgeschichtlich ist die früheste Hallenkirche im östl. Niedersachsen eines der herausragenden Werke der deutschen Hochgotik. Der zugehörige W-Abschluß unausgeführt geblieben; erst um 1520 ein weiteres Joch mit einem Turm in Msch.-Breite vorgesetzt, der im 18. Jh. wegen Baufälligkeit bis zur Traufhöhe der Halle reduziert wurde. Das Kloster 1552/1563 säkularisiert, die Kirche seit dem späten 17. Jh. auch als Hofkirche genutzt. Eine Barockisierung durch die Rest. 1841–1853 rückgängig gemacht, und das Innere bis 1860 mit dem »Fürstenstuhl« im nördl. Qhs.-Arm und einer Orgelempore neugot. ausgestattet. – Wenige ältere Ausstattungsstücke erhalten: Von großer Bedeutung sind die 1926 bei Grabungen gefundenen Fragmente des spätrom. Stuckfußbodens aus dem 1242 zerstörten Chorraum, A. 13. Jh. entstanden. Das Bildprogramm zeigte in der Mitte den thronenden Salomo, den die Kardinaltugenden und antike Gelehrte umgaben, eingebettet in ein dekorativ reich ausgeführtes Rahmenwerk. Bemerkenswert ist auch eine 6eckige ∗*Sandsteinsäule* mit Monatsdarstellungen aus dem 3. bzw. 4. V. 13. Jh., die vielleicht als Osterleuchterschaft gebraucht wurde. Die in Hochrelief reizvoll wiedergegebenen Einzelfiguren mit typischen Attributen oder Geräten stehen auf kleiner gehaltenen Tierkreiszeichen, getrennt durch einen mittleren Schaftring in die Monatsallegorien des Sommers oben und des Winters unten. Das Thema in der deutschen Skulptur der Zeit ikonographisch ungewöhnlich. – Um 1350 entstanden 2 große Grabplatten: die eine für Fürst Bernhard III. von Anhalt († 1348) und Frau mit der lebensgroßen Wiedergabe des Ehepaars, die zweite, ähnlich aufgebaute und in kräftigem Hochrelief gehaltene *Grabplatte für Markgraf Thietmar († 978) und seinen Sohn Gero († 1015)*, die als Klosterstifter bes. Verehrung genossen und damals offenbar durch ein Gedächtnisgrabmal ausgezeichnet wurden. Den eigentlichen Stifter kennzeichnet das Kirchenmodell, sein Sohn erscheint als voll gerüsteter Ritter; an den Ecken des üppig ausgestatteten Rahmens die Evangelistensymbole, daneben lagernde Kriegergestalten. – Im Chor das Epitaphbild für die Fürstin Agnes von Anhalt († 1569), erste Frau des Fürsten Joachim Ernst, gemalt 1570 von Lucas Cranach d. J. Das Ehepaar kniet mit Familie vor dem in der Landschaft von Bernburg und Nienburg aufgerichteten Kruzifixus. [B 3]

ORANIENBAUM. – ORANGENBAUM AUF DEM MARKTPLATZ [231]. Seine nachmittelalterliche Entstehung verdankt der Ort zunächst der Errichtung eines fürstlichen Hauses mit Wirtschaftshof, einigen Bedienstetenwohnungen und Bettenhaus. Diese Ansiedlung ging 1659 mit der Heirat des Fürsten Johann Georg II. von Anhalt-Dessau in den Besitz seiner Gemahlin Henriette Catharina, einer gebürtigen Prinzessin von Nassau-Oranien, über und erhielt nach ihr 1673 den neuen Namen. Mit der Wahl »Oranienbaums« zum Sommersitz ließ die Fürstin 10 Jahre später im Anschluß an das gleichzeitig entstehende Schloß nach einheitlichem Plan auch eine Stadt anlegen, die 1695 die Marktgerechtigkeit gewann, aber erst 1852 selbständig wurde. Den Grundriß der Stadt mit regelmäßigem, rechteckigem Straßennetz und dem zentralen, quadratischen Markt – axial auf das Schloßportal ausgerichtet – entwarf der auch für den Schloßbau verantwortliche holländische Baumeister Cornelis Ryckwaerts. Die neue Kirche (s. Plan Nr. 2) entstand am S-Ende der den Markt kreuzenden Querachse in der von Fürst Leopold angelegten Stadterweiterung und ist ein Zentralbau über elliptischem Grundriß mit Giebelrisaliten und umlaufender Empore; beg. 1704 bzw. 1707, Weihe 1712. Inmitten des Marktplatzes wurde 1719 statt des früheren Brunnens auf zylindrischem Postament eine *Sandsteinvase* aufgestellt, die mit den Wappen von Anhalt und Oranien zwischen Genien geschmückt ist; ihr entsprießt ein schmiedeeiserner Orangenbaum mit vergoldeten Früchten, das Wahrzeichen der Stadt. [C 3]

ORANIENBAUM. – SCHLOSS UND SCHLOSSPARK [232–234]. Das für den Sommeraufenthalt der Fürstin Henriette Catharina von Anhalt-Dessau ab 1683 von Cornelis Ryckwaerts errichtete Schloß (s. Plan Nr. 1) ist eine zurückhaltend gestaltete Anlage im Sinne holländischer Landsitze. In der Mitte das 3flügelige, doppelgeschossige Corps de logis, ein verputzter Backsteinbau, dessen Fassaden von flachen, übergiebelten Mittelrisaliten akzentuiert werden, wobei zur *Stadtseite* das Hauptportal eingefügt, zum Garten eine toskanische Säulenhalle mit Altan vorgesetzt ist – im ganzen ein frühes Beispiel des norddeutschen Barock unter dem Eindruck französischer und vornehmlich holländischer Vorbilder. Nach dem Tode Ryckwaerts' 1693 Aufstockung der zunächst nur 1geschossigen, kurzen Seitenflügel und Aufführung der anschließenden Kavalierhäuser sowie der nach außen versetzt folgenden, langgestreckten Wirtschafts- und

Stallbauten – sämtlich in Fachwerk – bis etwa 1708/09 durch den Dessauer Hofbaumeister Johann Tobias Schuchardt. Der den weiträumigen Ehrenhof umgreifende Gebäudekomplex von einem schmalen Wassergraben umzogen, über den zur Stadt und zum Gartenparterre Brücken hinwegführen. Das Innere der Schloßgebäude stark verändert. Im Corps de logis außer dem schlichten Stiegenhaus und

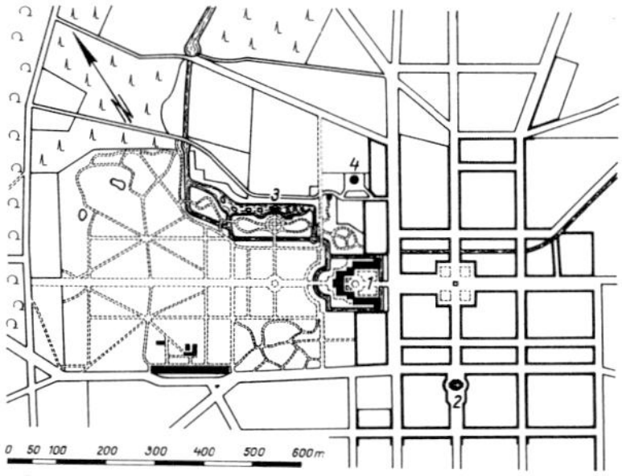

dem Hauptsaal mit seiner prachtvollen Stuckdecke, an der vielleicht Giovanni Simonetti beteiligt war, der sog. Teesaal mit der weitgehend originalen Ausstattung noch vorhanden; an den Wänden bar. holländische Ledertapeten, dazu stirnseitig Konsolwände zur Aufstellung von Fayencen – eine Vorstufe der Porzellankabinette des 18. Jh. Im Souterrain eine weitere Kostbarkeit: der vollständig mit Delfter Kacheln ausgekleidete ∗ *Sommerspeisesaal*. In die Kachelwände eingefügt 5 großformatige Fliesengemälde antiker Gottheiten. – Auch der wohl auf einen Entwurf Ryckwaerts' zurückgehende Park weist starke holländische Züge, wenngleich heute verwischt, auf. Maßgebend war die enge Verbindung mit dem zum Garten »sich öffnenden« Schloß. Eine durchgreifende Veränderung erfuhr der seitliche Inselgarten 1793–1797 unter Fürst Franz von Anhalt-Dessau, wobei der erste Garten der aufkommenden Chinamode in Deutschland entstand. Die Ausgestaltung mit geschlängelten Wasserläufen und Wegen lag bei dem vor allem in Wörlitz beschäftigten Johann Christian Neumark. Am Rand der mittleren Insel erhebt sich das Chinesische Teehaus (Nr. 3), auf einem Hügel in der SO-Ecke die ∗ *Pagode* (Nr. 4), beide von Baudirektor Georg Christoph Hesekiel. Der Turm der Pagode wiederholt mit Abweichungen und Reduzierung das von dem englischen Architekten William Chambers 1761/62 in Kew Gardens geschaffene Vorbild.

[C 3]

OSTERWIECK. – STEPHANIKIRCHE [235, 236]. 2 Ereignisse erhellen die frühe kirchliche Bedeutung Osterwiecks: die um 780, vielleicht auch erst etwas später, erfolgte Einrichtung eines karolingischen Missionszentrums, das aber bald nach Halberstadt verlegt wurde, und die bischöfliche Gründung eines Augustiner-Chorherrenstifts um 1107/08, das mit der bereits vorhandenen Kirche St. Stephan verbunden war, doch 1112 nach Hamersleben übersiedelte. Der bestehende Bau der Stephanikirche jünger: die strenge doppeltürmige ∗ *Westfront* nach M. 12. Jh., im Unterteil mit gedrungenem, dreifach gestuftem Rundbogenportal und einer zarten Gliederung durch schmale Dienste und Ecklisenen. Lhs. und Chor nach dem großen Stadtbrand 1511 vollständig neu errichtet. Der weite spätgot. Chor mit 5/8Schluß inschriftlich 1516 fertig, die breitgelagerte, 3schifffige Halle zu 5 Jochen anschließend beg., aber erst nach einer Unterbrechung zu Ende gebaut und 1562 gew. Als letztes entstanden hier die Pfeiler und Rippengewölbe: in eigentümlicher Weise verbinden sie noch rein spätgot. Formen mit Bildungen der entwickelten Renaissance. Ungewöhnlich ist der Reliefdekor mit Stifterwappen in Kämpferhöhe und an den Konsolen sowie an den langen Flächen der spitzbogigen ∗*Arkaden*, wo die Wappen in eingetieften Spiegeln zusammen mit Kandelaberranken angebracht sind. Nur wenig später ein Großteil der reichen und in seiner geschlossenen Erhaltung beachtlichen Renaissance-Ausstattung geschaffen, die zusammen mit dem auffälligen Zierat des Baus beredter Ausdruck für Wohlstand und Standesbewußtsein der Stadtgemeinde ist. Aus dem Vorgängerbau ein bronzener Taufkessel, wohl nach 1300, und der Schnitzaltar, E. 15. Jh. Das Chorgestühl von 1620. [A 3]

OSTERWIECK. – Mittelstrasse 11 bis 13 [237]. Im Harzgebiet gehört Osterwieck zu den wenigen Städten, die ihren besonderen Charakter durch den fast geschlossenen Bestand an Fachwerkbauten bis heute bewahrt haben. Er verteilt sich über die gesamte, erst 1488 aus den beiden, um die Kirchen St. Stephan und St. Nikolaus gewachsenen Siedlungsteilen in einer gemeinsamen Befestigung vereinigten Altstadt. Erstaunlich die große Zahl verhältnismäßig früher Beispiele aus dem 16. Jh., fast alle freilich nach dem Stadtbrand von 1511. Eine reizvolle Baureihe bilden die traufständigen Häuser Mittelstraße 11–13: das mittlere kleine, 2stöckige Gebäude mit spitzbogig rekonstruierter Ladenöffnung (Nr. 12) ist 1521 datiert. Aus gleicher Zeit und nach gleichem Formprinzip mit der neuartigen Bügenkonstruktion Haus Nr. 13, während Nr. 11 die für Osterwieck nur wenig später typischen Fächerrosetten auf der gesamten Brüstungsfläche zeigt. [A 3]

OSTERWOHLE. – Dorfkirche [238]. Nach dem Tode ihres Gemahls Albrecht VI. von der Schulenburg († 1607) ließ Oleke von Saldern den gestreckt rechteckigen Feldsteinbau der mittelalterlichen Kirche vollständig neu gestalten, außen zurückhaltend unter Hinzufügung der Volutengiebel, des Treppentürmchens an der westl. Schmalseite und des großen Dachturms, innen jedoch mit einer künstlerisch einzigartigen Aussstattung, die in ihrer Einheitlichkeit und geschlossenen Erhaltung als eines der besten Beispiele deutscher manieristischer Kunst gilt. Im ganzen aus Holz und aufs reichste mit Schnitzwerk geziert, dazu ungefaßt, bildet die Einrichtung in dem von einer Kassettendecke überspannten Saal ein bis ins Detail aufeinander abgestimmtes Ensemble: die den Altarraum mit seinem Gestühl abgrenzende Schranke, ein zartgliedriges Bogengerüst mit Kreuzigungsgruppe und Apostelfiguren; die von einem 8seitigen Gitter umgebene Taufe, über der ein Deckel mit hohem Aufsatz hängt; die Kanzel, als einziges Stück 1621 datiert; die durch Bogenstellungen an den Wangen verbundenen Kirchenbänke; schließlich die mit ihrer Schauwand bis zur Decke reichende Herrschaftsempore im W. Die Formgebung der figürlichen Teile originell, teilweise bizarr, die Rollwerk-, Knorpelwerk- und Teigwerk-Bildungen phantasievoll verschmelzende Ornamentik von erstaunlichem Reichtum. Der für die Gestaltung verantwortliche Künstler unbekannt, vielleicht im Niedersächsischen (Umkreis von Hildesheim?) zu suchen. Der Altaraufsatz, 1955 anstelle eines Flügelaltars aus dem 19. Jh. aufgestellt, ein aus gleicher Zeit wie der Bau stammendes Epitaph mit dem Bild der Auferstehung. [A 1]

PETERSBERG. – Stiftskirche [239, 240]. In landschaftsbeherrschender Lage auf dem Petersberg nördl. von Halle stiftete Graf Dedo IV. von Wettin 1124 ein Augustiner-Chorherrenstift, dessen Gründung und Einrichtung zur Grablege der wettinischen Familie sein Bruder, Markgraf Konrad von Meißen, voll. Auf dem Berg stand damals bereits eine kleine, einem in Böhmen verbreiteten Bautypus folgende rom. Rundkirche mit Halbkreisapsis, von der geringe Reste erhalten sind. Der südl. daneben errichtete Neubau mit kleinerem Chor beg., das anschließende kurze, basilikale Lhs. und der westl. ⁎ *Querturm* bereits nach einem veränderten Plan ausgeführt, gew. zwischen 1142 und 1151. Den offenbar bald vermehrten Erfordernissen der gottesdienstlichen Nutzung entsprechend, 1174 – 1184 die O-Partie mit weitem, durchgehendem Qhs. und einem 3teiligen Sanktuarium gänzlich erneuert. Nur dieses in allen Teilen kreuzgrätig gewölbt, der Bau sonst flachgedeckt. Die Anordnung von großen Emporen über den Chornebenräumen beidseits des Sanktuariums in Mitteldeutschland singulär. Der Plan eines östl. Turmpaars unausgeführt geblieben. Gleichzeitig mit den O-Teilen die Klausur mit dem Kreuzgang entstanden, die bis auf Reste der Umfassungsmauern und eine große Anzahl von Fragmenten des prächtigen, für das spätere 12. Jh. in diesem Gebiet charakteristischen, Baudekors verschwunden ist. Das Stift 1538 – 1540 aufgehoben und in ein sächsisches Amt umgewandelt, 1698 an Brandenburg verkauft. Ein Brand 1565 vernichtete den größten Teil der Gebäude. Über den Gräbern seiner Vorfahren – im östl. Teil des Msch. vor dem Kreuzaltar gelegen – ließ Kurfürst August von Sachsen 1567 ein Mausoleum errichten, das später auch als Pfarrkirche genutzt wurde. Anstelle der durch den Brand zerstörten Grabmäler, wahrscheinlich des 13. Jh., schufen die Dresdner Bildhauer Hans und Christoph Walther II ein monumentales Gedächtnisgrab, dessen 10 lebensgroßen Liegefiguren in der retrospektiven Gestaltung offensichtlich an die Form der verlorenen Grabbilder anknüpfen. Die Ausschmückung des Kenotaphs erfolgte im übrigen in prächtigen Renaissanceformen. Die »Entdeckung« der Kirchenruine und ihrer großen historischen Bedeutung seit dem ausgehenden 18. Jh. führte im 19. Jh. schließlich, gefördert durch den preußischen König Friedrich Wilhelm IV., zu der umfassenden Rest., deren Plan Friedrich August Ritter – unter Aufsicht von Ferdinand von Quast und Mitwirkung von Friedrich August Stüler – ausarbeitete. Die weitgehend erhaltenen O-Teile und der W-Turm wurden 1853 – 1856 wiederhergestellt, das Lhs. fast völlig neu errichtet. Der damals geschaffene Gesamteindruck prägt den ⁎ *Innenraum* bis heute, wenngleich durch eine erneute Wiederherstellung 1958 – 1971 ein Teil der Einbauten und Ausstattung des 19. Jh. herausgenommen und die vereinheitlichende Raumfassung Stülers zugunsten einer Präsentation des Originalbestandes aufgegeben wurde. Das Renaissance-Grabmal und die Grabplatten von 1853 – 1856 in der

Turmhalle aufgestellt, der steinerne Kruzifixus aus dem Mausoleum von 1567, wohl auch ein Werk Hans Walthers, im Qhs. angebracht. [C 4]

PLÖTZKAU. – SCHLOSS [241]. Die urspr. Höhenburg am Rande eines Steilabfalls über der Saaleaue wurde wahrscheinlich von den Grafen von Plötzkau angelegt, die erstmals im 3. V. 11. Jh. urkundlich genannt werden. Im Streit zwischen dem Askanier Albrecht dem Bären und dem Welfen Herzog Heinrich dem Stolzen um das Plötzkauer Erbe durch den Magdeburger Erzbischof Konrad von Querfurt 1139 zerstört, doch bald wiederaufgebaut. Von der hochmittelalterlichen Burg, die sich seit 1436 als erledigtes Lehen gänzlich in den Händen der Anhaltiner befand, verbaute Reste in dem Schloßkomplex erhalten, der durch einen großen Um- und Ausbau 1566 bis 1573 unter Fürst Bernhard von Anhalt entstand. Diese Umgestaltung gab dem auch später zeitweilig als Residenz genutzten Wohnschloß vor allem mit den zahlreichen Zwerchgiebeln zur Hof- und Landseite seine bis heute so reizvolle äußere Erscheinung einer stattlichen Renaissanceanlage. Von dem nachweislich 1566–1568 für Plötzkau tätigen Torgauer Bildhauer Georg Schröter stammt auch der beachtliche Sandsteinkamin im Fürstensaal. [B 4]

PRETTIN. – SCHLOSS LICHTENBURG [242, 243]. Der weitläufige Schloßkomplex ab 1565 auf dem Platz eines um 1540 im Zuge der Reformation aufgehobenen Antoniterhofs errichtet. Wie Schloß Annaburg von Kurfürst August von Sachsen zum Wohnsitz für seine Gemahlin Anna bestimmt. Später mehrfach wettinischer Witwensitz: so 1611–1641 für Kurfürstin Hedwig und 1685–1717 für Kurfürstin Anna Sophia von Sachsen, die Mutter Augusts des Starken, und ihre Schwester Wilhelmine Ernestine von der Pfalz, deren von Balthasar Permoser geschaffenes Grabmal 1811 aus der Schloßkirche in den Freiberger Dom kam. Baumeister zunächst Hans Irmisch, dann 1574–1582 Christoph Tendler. Die Gebäude über ganz unregelmäßigem Grundriß angeordnet: Im N des annähernd trapezförmigen, großen Hofs der 3geschossige Wohntrakt, an dessen N-Seite zum früheren Garten hin mehrere ungleich lange Flügel angefügt sind, die durch Loggien verbunden waren. Am S-Ende des gleichhohen W-Flügels schließt sich als südl. Begrenzung des Hofs ein niedriger, sehr langer Trakt an. In seiner Mitte die leicht eingezogene **Doppeltoranlage*, die ein großes Wappenrelief und der quadratische Uhrturm mit Volutengiebeln und Laterne auszeichnet. Die Spätrenaissance-Formen der Fassaden, Giebel und Treppentürme mit denen von Annaburg weithin übereinstimmend, zusätzlich einige prachtvolle Portale. Dazu konstrastierend die 1582 voll. Schloßkirche, ein herausragendes Werk der deutschen Nachgotik. Das Innere ein 2schiffiger, steiler Raum mit Kreuzrippengewölben und steinernen Emporen. Die Kanzel auf Mosesfigur 1581. Der bedeutende Altaraufsatz ist eine Stiftung der Kurfürstin Hedwig, geschaffen 1612/13 nach dem Entwurf von Giovanni Maria Nosseni. Die unter florentinischem Einfluß entstandenen Skulpturen sind Werke des Dresdner Bildhauers Sebastian Walther. Im Mittelfeld des Hauptgeschosses eine Kreuzigungsgruppe mit den ausdrucksstarken Figuren von **Maria und Johannes Ev.* [D 4]

PRETZIEN. – Dorfkirche [244]. Die wohlerhaltene Kirche des Dorfes Pretzien, das 1151 durch Schenkung in den Besitz des Magdeburger Liebfrauenstifts gelangte, dessen geistliche Versorgung aber infolge der Zugehörigkeit zur Diözese Brandenburg bei dem Prämonstratenser-Stift Leitzkau lag, ist einer der vielen rom. Kleinbauten im Magdeburger Raum, und folgt als Saalbau mit Chorquadrat und Apsis sowie einem Quer-W-Turm einem geläufigen Typus. Ihre bes. Bedeutung gewann die Kirche durch die Entdekkung höchst qualitätvoller spätrom. Wandmalereien 1973; im Zuge einer Gesamtinstandsetzung des Baus 1974 bis 1978 rest. Die Malereien an den Wänden der Apsis und des Chorraums sowie in Teilen des Schiffs folgen einem ikonographisch anspruchsvollen Bildprogramm, in dessen Zentrum die Darstellung der Deesis am Apsisgewölbe steht: den als Weltenrichter ** thronenden Christus* in der Mandorla flankieren die gekrönte Maria und Johannes d. T., von einem hervorragenden sächsischen Meister um 1240 geschaffen, der byzantinische Muster ebenso kannte wie zeitgenössische Werke westl. Malerei. [B 3]

PROFEN. – Dorfkirche [245]. Der einheitliche spätgot. Bau aus kurzem Schiff und gleichhohem Chor mit 5/8Polygon sowie Turm an der N-Seite des Chors in Gestaltung und Ausführung für eine Landkirche ungewöhnlich aufwendig, was auf die herausgehobene Bedeutung als Dekanatskirche in einem Ort hinweist, der im Spätmittelalter Marktrechte besaß. Der Turmoberteil mit Schweifhaube 1589. Der Chor, datiert 1495, netzrippengewölbt, die im Schiff (1509) geplante Wölbung unausgeführt geblieben, statt dessen eine bemalte Balkendecke. Das Innere reizvoll durch seine einheitlich bar. Bemalung und die auf engem Raum zusammengedrängte reiche Ausstattung mit Altar, Kanzel und Emporen des 17. bis 18. Jh. Einbezogen der im Triumphbogen aufgehängte lebensgroße Kruzifixus aus dem frühen 16. Jh. [C 5]

QUEDLINBURG. – Stiftskirche St. Servatius [246–257]. Der 922 erstmals genannte Ort »Quitilingaburg« verdankt seine historisch außerordenlіche Bedeutung den Liudolfingern (Ottonen). Wohl aus ihrem Hausgut entstand im Tal ein Königshof, während Heinrich I. auf dem Berg eine Pfalz einrichtete – in ottonischer Zeit eine der wichtigsten im Reich. Nach Heinrichs Tod 936 stiftete seine Witwe auf dem Berg das von ihrem Sohn Otto I. sofort bestätigte, reichsunmittelbare Kanonissenstift, in dessen Schutz in

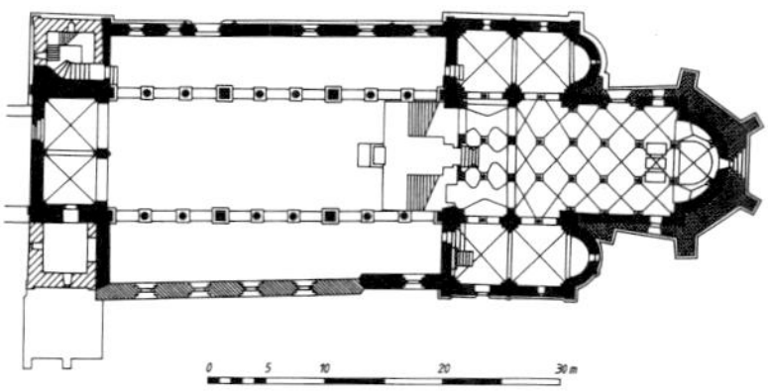

der Folge die am Fuße des Berges liegenden Siedlungen sich zu Stadt vereinigten; ihre Entwicklung begünstigten die dem Stift 994 gewährten Zollfreiheiten und das Münzrecht. Das die Stadtherrschaft ausübende Stift bestand nach der Reformation als ev. Freies weltliches Stift weiter, kam 1698 unter die Schutzvogtei der Kurfürsten von Brandenburg und wurde 1803 Preußen angegliedert. – Der bestehende Bau der Stiftskirche – in imponierender Lage auf dem ∗*Burgberg* südl. der Altstadt – hatte 3 Vorgänger, über deren Geschichte und Gestalt durch jüngste Forschungen genauere Erkenntnisse gewonnen wurden. Die älteste Kirche (I), die Kapelle St. Peter in der von Heinrich I. geschaffenen Pfalz, war ein kleiner, 3schiffiger Bau an der Stelle des heutigen Sanktuariums. Ihre Versorgung lag bei einem vom König eingesetzen Kanonikerstift. Vor dem Hauptaltar dieser Kirche wurde Heinrich 936 bestattet. Unmittelbar danach ließ die Königinwitwe für das neue Damenstift, dem sie vorstand, eine erheblich größere Kirche (II) errichten, die um M. 10. Jh. bereits voll. und dem hl. Servatius gew. war. Die kreuzförmige, durchgehend flachgedeckte Anlage war nur wenig kürzer als der heutige Bau, besaß offenbar schon ein 3teiliges Sanktuarium mit Chornebenräumen, seitliche Emporenanbauten und einen langen Saal als Laienraum. Wohl um 962/964 wurde direkt hinter dem Grab Heinrichs I. bzw. unter dem Hauptaltar die ∗*»Confessio«* eingebaut, ein kleiner halbrunder Nischenraum mit prächtigem Stuckdekor und Gewölbe; die Grabstelle der 968 neben ihrem Gemahl beigesetzten Königin in das System der Nischen einbezogen, die vermutlich für die Unterbringung kostbarer Reliquien bestimmt waren. Spätestens beim Bau der Krypta von 1021, vielleicht auch schon früher aufgegeben, ist die »Confessio« erst 1868 in der Apsis der Krypta wiederentdeckt worden. – Bau II war nur von kurzem Bestand, da die Äbtissin Mathilde (966–999), Tochter Kaiser Ottos I., bald einen »moderneren« Bau (III) beginnen ließ. Er entstand offenbar in 2 Abschnitten: zunächst wohl das Lhs., »ein Gebäude von weiterer und höherer Bauart«, gew. 997, und dazu eine z. T. in die alten O-Teile eingefügte Krypta. Bereits in die Zeit der Äbtissin Adelheid I. (999–1043) fiel die Erneuerung der übrigen Teile der O-Partie. Die abschließende glanzvolle Weihe der neuen Stiftskirche erfolgte 1021 in Gegenwart Kaiser Heinrichs II. Von diesem kreuzförmigen, nunmehr 3schiffigen Bau zeugen heute im Aufgehenden lediglich die beiden ∗*Westjoche der Krypta*, die durch ihre Freisäulen mit den Pilzkapitellen auffallen, und die ∗*Kapelle St. Nicolai in vinculis* unter dem südl. Ssch. Der kleine tonnengewölbte Raum öffnet sich in einer 3fachen Bogenstellung auf zwei kurzen Säulen mit ionisierenden Kapitellen und ausladenden, palmettengezierten Sattelkämpfern zu dem gleichzeitig angelegten, südl. vorbeigeführten Treppengang. Die übrigen Teile von Bau III vernichtete ein Großbrand auf dem Berg im Jahr 1070. Der nun folgende Neubau (IV) – die bestehende Stiftskirche – wahrscheinlich schon bald in Angriff genommen, aber erst 1129 gew. Er stellt im Grundriß weitgehend die offenbar absichtsvolle Wiederholung des spätottonischen Vorgängers dar; der Aufriß dagegen bringt eine neue Gestaltungsweise und folgt in der Ornamentik den Bauten der Zeit. Diese neue Stiftskirche, eine flachgedeckte, 3schiffige Basilika mit kaum ausladendem Qhs., Chorquadrat und Apsiden an Chor und Qhs.-Armen sowie einem doppeltürmigen W-Bau, vermittelt trotz späterer Eingriffe und mehrfacher Rest. einen ebenso geschlossenen wie großartigen Eindruck von dem Ernst und der Würde hochrom. Architektur und zählt zu den am besten erhaltenen Werken dieser Epoche in Deutschland. Der Werksteinbau außen mit

Lisenen, Diensten und Friesen in charakteristischer Weise gegliedert. Das schlichte ∗ *Nordportal* gilt neben einem etwa gleichzeitigen am Mainzer Dom als ältestes Stufenportal mit eingestellten Säulen in der deutschen Baukunst; die Kapitelle mit Adlern geschmückt. Der Eindruck des Innern von überwältigender Monumentalität und klarer Ordnung: ∗ *Mittelschiff* und Seitenschiffe durch Arkaden mit Pfeilern und Säulen in sächsischem Stützenwechsel getrennt. Die Bogenfolge an der W-Wand des Msch. differenzierend und verfeinert bis in die Arkadengestaltung der Empore fortgesetzt. Ornamentfriese als horizontal gliedernde Bänder, aber ebenso an den Kämpfern der Arkaden und ∗ *Vierungspfeiler* und als Schmuckrahmung der Apsiden eingesetzt. Die reich variierten Motive – geometrische Flechtformen, Blattranken, Masken und Tiergestalten – werden wie der Reliefdekor der großen Lhs.-Kapitelle, darunter prachtvolle ∗ *Adlerkapitelle*, auf oberitalienische Einflüsse zurückgeführt; die Annahme einer direkten Mitwirkung von Comasken – wandernden Bildhauern aus der Gegend um Como – naheliegend, bes. angesichts einer möglichen Datierung noch ins 11. Jh. – Unter der vielstufig erhöhten O-Partie eine mehrteilige ∗ *Krypta*: im Mittelabschnitt von der Vierung bis zur Hauptapsis ein 3schiffiger, über Säulenpaaren und Wandvorlagen kreuzgratgewölbter Raum, der im W-Abschnitt der Vierung die mit Längs- und Quertonnen gedeckten Joche der Krypta von 1021 einbezogen hat; im N und S die 2jochigen Seitenräume mit Apsis unter den Qhs.-Armen angeschlossen. Die Bauzier der Krypta-Säulen des Baus IV von feinerer Durchbildung als in der Oberkirche, aufwendiger und deutlicher antikisierend. Am Gewölbe Reste einer höchst qualitätvollen Ausmalung wohl des ausgehenden 12. Jh. Das vielteilige Programm der ∗ *Gewölbemalereien* im ganzen nicht mehr rekonstruierbar; eine beträchtliche Anzahl der erhaltenen alt- und neutestamentlichen Bilder sind Darstellungen aus der Geschichte der Susanna und des König Salomo sowie der Wundertaten Christi; unter den zahlreichen thronenden und stehenden Einzelfiguren – Heilige, Erzbischöfe, Fürsten, Äbtissinnen – nur Otto I. inschriftlich bezeichnet. – Der rom. Hochchor im frühen 14. Jh. abgebrochen und durch das unregelmäßige hochgot., 1320 voll. Polygon ersetzt; die umbaute Krypta erhielt an der N-Seite das große Schmuckportal. Die Bergbewegungen führten wohl schon im Mittelalter zum Einsturz bzw. Abbruch des S-Turms; der südl. Qhs.-Giebel 1571 repariert, die südl. Ssch.-Mauer 1711 weitgehend neu errichtet. Durchgreifende Rest. der Stiftskirche 1862 bis 1882, wobei man auch den neuen S-Turm aufführte. Ein schwerwiegender Eingriff, der den Verlust des got. Gewölbes zur Folge hatte, war der Einbau des pseudorom. Chors mit Konche im Zuge einer Umwandlung der Kirche zur NS-Weihestätte 1936 bis 1944. Die 1945 beschädigten Türme erhielten bis 1948 die neuen Zeltdächer. – Von der mittelalterlichen Ausstattung der Stiftskirche nur wenige Stücke erhalten geblieben, diese freilich von herausragender Bedeutung, vor allem die Reihe der Äbtissinnengrabplatten des 12. und 13. Jh. und der Stiftsschatz mit Werken des 10. bis 16. Jh. Die 3 ältesten Grabplatten für die Äbtissinnen Adelheid I. († 1043), Beatrix († 1062) und Adelheid II.

(† 1095) aus Stuck und um 1129 zusammen hergestellt, als Gedächtnisgrabmäler für die längst verstorbenen Vorsteherinnen aus königlichem Geschlecht. Erst seit 1907 in der Krypta, lagen sie urspr. nebeneinander im Msch. vor dem Kreuzaltar. Die ∗*Grabplatte für Adelheid I.* ist als mittlere der Dreiergruppe größer als die beiden anderen und zeigt die hochrom. stilisierte Figur der Äbtissin mit erhobener Rechten in tiefer Nische, gemeint nicht als individuelles Abbild der Toten, sondern gleichsam als Zeichen für das von ihr vertretene hohe Amt. – Für den Stiftsschatz war im 12. Jh. der Zitter im N-Arm des Qhs. eingebaut worden, ein festes, über 4 Säulen kreuzgrätig gewölbtes Gemach. Dort heute die älteren Schatzstücke aufbewahrt, in der modernen Kammer gegenüber der jüngere Bestand. Zugehörig auch die gesondert gezeigten Fragmente des ∗*sog. Quedlinburger Knüpfteppichs*, der zur Zeit der Äbtissin Agnes II. von Meißen (1184–1203) entstand. Auf ihm waren, in mehreren Bildzeilen verschiedene, zumeist weltliche Szenen dargestellt, die zu einem weitgespannten ikonographischen Programm gehörten, in dessen Zentrum die »Hochzeit der Philologia mit Merkur«, eine Geschichte des antiken Autors Martianus Capella stand. – Das an die Stiftskirche westl. anschließende Schloß, das anstelle der mittelalterlichen Stiftsgebäude steht, ein Dreiflügelbau, der mit seinen später erneuerten Zwerchhaus- und Stirngiebeln weitgehend aus dem 16. Jh. stammt und im 18. Jh. teilweise, vornehmlich im N-Trakt, umgebaut wurde. Er diente bis zum Ende des reichsunmittelbaren Stifts 1803 als Residenz der Äbtissin und Stiftsdamen, später verschiedenen Wohnzwecken und ist seit 1928 Museum. [B 3]

QUEDLINBURG. – Wipertikirche [258, 259]. Bereits um oder kurz nach 900 gab es in Quedlinburg eine Wipertikirche, die vermutlich als Missionskirche gegr. und durch die Übereignung des Geländes an die Liudolfinger Kapelle des von König Heinrich I. geschaffenen Königshofs im Tal wurde. Diese Kirche vielleicht mit der Saalkirche identisch, deren Fundamente bei den Bauuntersuchungen 1955–1957 als Reste des ältesten Sakralbaus in diesem Areal gefunden wurden. Er mußte einem gänzlichen Neubau weichen, als 936 das von Heinrich I. auf dem Burgberg begründete Kanonikerstift ins Tal verlegt und für dessen Bedürfnisse eine größere kreuzförmige Basilika errichtet wurde, die einen außen rechteckig, innen apsidial ausgebildeten Chor besaß. In diesen Chor erst nachträglich die ∗*Krypta* eingefügt, die als 3schiffiger, tonnengewölbter Raum mit Umgang früher für karolingisch gehalten wurde. Die Anbringung von Pilzkapitellen an den Säulen im Schiff – ähnlich denen in der Krypta der Stiftskirche – datiert den Kryptaeinbau jedoch in die Zeit um 1000. Möglicherweise stand er in Zusammenhang mit einer neuerdings für die Zeit Ottos III. erwogenen Verlegung der Pfalz vom Burgberg in den alten Königshof im Tal – die den Heiligen Jakob und Wigbert gew. Kanonikerstiftskirche wäre dann zugleich Pfalzkirche gewesen. – Die Umwandlung in eine Prämonstratenser-Chorherrenstiftskirche 1148 war wiederum Anlaß für einen Neubau, der unter Beibehaltung von Krypta und Chor als eine nunmehr querschifflose Basilika mit W-Türmen entstand. A. 14. Jh. der Chor nach O verlängert und in der neuen O-Wand mit der riesigen Dreifenstergruppe ausgestattet, durch die der Eindruck des *∗Innenraums* bis heute geprägt wird. Nach der Reformation bis 1803 ev. Pfarrkirche, danach für landwirtschaftliche Zwecke genutzt. Seit der Rest. 1955–1958, die nur behutsam Ergänzungen vornahm, kath. Pfarrkirche. [B 3]

QUEDLINBURG. – Ägidienkirche [260]. Die im NW der Altstadt gelegene Kirche St. Ägidius, urspr. Pfarrkirche des Dorfes Nördlingen, weist außen mit ihrem Rechteckchor und Teilen des W-Baus auf eine frühgot. Entstehung, ist aber spätgot. und in der Barockzeit stark überformt. Das Innere von einer Ausstattung vornehmlich des 1. V. 18. Jh. geprägt, das Kastengestühl in selten gewordener Vollständigkeit und urspr. Anordnung aus dem 17. Jh. Der um 1430 entstandene Flügelaltar – urspr. Hochaltar der Marktkirche St. Benediktus und nach 1700 von dort übertragen – gilt mit seinem Schnitzwerk wie seiner Malerei als ein für den ostfälischen Raum bedeutendes Werk des späten Weichen Stils: im Schrein eine Marienkrönung zwischen Aposteln und in der niedrigeren Sockelzone die Geburt Christi zwischen Propheten; die geschnitzten Reihen der Glaubenszeugen und Weissagenden auf den gemalten Flügeln innen fortgesetzt, dazu die Heiligen Servatius und Mautitius. Auf den Flügelaußenseiten in einer Landschaft vor sternübersätem Himmelsgrund links eine *∗Kreuzigung* und rechts die Heiligen Servatius und Benediktus sowie Karl d. Große. Die Bilder von unterschiedlicher, hoher Qualität, ausgeführt wohl von verschiedenen Meistern in der Nachfolge des Konrad von Soest. [B 3]

QUEDLINBURG. – Blasiuskirche [261]. Die Pfarrkirche in einem der ältesten Stadtteile besitzt vom rom. Vorgänger noch den W-Turm mit dem später aufgesetzten Doppelspitzhelm. Anstelle des Schiffs 1714/15 ein bar. Neubau errichtet, ein gestrecktes Oktogon, dessen Werksteinfassaden durch flache Kolossalpilaster mit hohem Gebälkstreifen, in zwei Geschossen angeordnet, fein profilierte Fenster und reich gestaltete Portale eine vornehm-zurückhaltende Gliederung aufweisen. Das 1720–1723 eingerichtete Innere von hohem Reiz durch die Einheit von Raumgestaltung und Ausstattung: Grate und Kappen des hölzernen Gewölbes im 8eckigen Saal und anschließenden Rechteckchor festlich stuckiert, das Mittelfeld mit gemaltem Wappen der Äbtissin Maria Elisabeth von Schleswig-Gottorp (1718–1755). Die an 3 Seiten umlaufende Logen-Empore und das schlichte Gestühl in dem gebeizten Holzbraun mit dem hellen Wand- und Deckenton wirkungsvoll kontrastierend, dennoch untergeordnet dem Farbakkord des *∗Kanzelaltars*: ein ionischer Portikusaufbau mit den Standbildern der Evangelisten auf hohem Sockelgeschoß vor dem auf die Chorwand gemalten Riesenvorhang; geschaffen von dem Bildhauer Johann Wilhelm Kunze und den Malern Heinrich Erdmann Riese und Gottfried Sporleder nach dem Entwurf des anhaltinischen Landbaumeisters Johann Heinrich Hoffmann. Bau und Ausstattung gehören zu den besten Werken des Spätbar. im Lande. [B 3]

QUEDLINBURG. – Rathaus [262]. Das Rathaus an der N-Seite des Markts im Kern got., das stabwerkgegliederte, 6eckige Archivtürmchen an der SW-Ecke 1. H. 15. Jh. Die heutige Gesamterscheinung aber im wesentlichen durch den Erneuerungsbau 1615 mit den gepaarten Fenstern und der Verlegung des Eingangs in die Mitte der Marktfassade entstanden; das von einer Ädikula gerahmte Sitznischenportal mit Stadtwappen im Aufsatz in üppigen Spätrenaissance-Formen. Die rückwärtigen Trakte beim Umbau unter Verwendung älterer Fachwerkteile 1898–1901 hinzugefügt, auch innen damals tiefgreifend verändert. Bemerkenswert die Wandbilder zur Geschichte des Stifts und der Stadt von Otto Marcus im Saal des O-Flügels. – Neben dem spätgot. Ecktürmchen der als Zeichen der städtischen Marktgerechtigkeit verstandene Roland, wohl 1. H. 15. Jh. Urspr. als Monument frei auf dem Marktplatz aufgestellt, wurde er 1477 im Zuge der schweren Auseinandersetzungen der um Unabhängigkeit ringenden Stadt mit der Stadtherrin auf Befehl der Äbtissin Hedwig von Sachsen zerschlagen und erst 1869 wieder zusammengesetzt und an seinen jetzigen Platz gebracht. [B 3]

QUEDLINBURG. – Wordgasse 3 [263]. Das vermutlich älteste Haus der Stadt stammt aus dem 14. oder 15. Jh. und ist in der für das Fachwerk jener Zeit chrakteristischen Geschoßbauweise errichtet: mit Ständern, die von der Sockelschwelle bis zur Traufe durchgehen und alle Geschoßbalken mit Zapfenschloß aufnehmen. Beachtenswert die konstruktive Logik in der Trennung von tragenden und wandfüllenden Bauteilen. 1966–1969 umfassend rest., wobei ein Drittel der originalen Holzkonstruktion erhalten blieb; seit 1976 Fachwerkmuseum. [B 3]

QUEDLINBURG. – Stieg 28 [264]. Der Gebäudekomplex an der Ecke der beiden Straßen Stieg und Hölle – bekannt auch als »Alter Klopstock«, da er 1744–1777 einem Vetter des 1724 im Hause Schloßberg 12 geborenen Dichters Friedrich Gottlieb Klopstock gehörte – besteht aus 3 miteinander verbundenen Häusern. Von diesen der W-Flügel (am Stieg) 1564 erb. und 1605 sowie 1633 aufgestockt, das Eckhaus mit Erker von 1580. Die Fachwerkkonstruktion bereits zur Stockwerksbauweise – mit vorkragenden Oberstökken – gewandelt und durch die Schiffskehlen an Stockschwelle und Füllholz und die typischen geschnitzten Fächerrosetten dekorativ bereichert. Im O-Flügel (zur Hölle) große Torfahrt mit Ladetüren in Oberstock und aufgesetztem Zwerchhaus. Das Ensemble zusammen mit dem folgenden Haus Hölle 1/2 1979–1982 instandgesetzt; dabei die offene Galerie zum Hof verändert, die große Diele im Eckhaus mit freistehender, geschnitzter Säule von 1603 unter Wegnahme von Einbauten wiederhergestellt. [B 3]

QUEDLINBURG. – Steinweg 11 [265]. Das von dem Zimmermeister Hans Reule 1671 erb. stattliche Fachwerkhaus nimmt an der N-Seite des Neustädter Marktplatzes eine beherrschende Stellung ein und gilt als bedeutendes Beispiel des Quedlinburger Stils. Bei noch gleichmäßiger Ständerreihung zeichnet sich das Haus durch ein Zwerchhaus mit rundbogiger Ladetür und einem kleinen Erker im Unterstock aus. Die geschnitzten Stockschwellen im dekorativen Wechselspiel mit den Pyramiden-Balkenköpfen sind für die 2. H. 17. Jh. in Quedlinburg typisch. [B 3]

QUERFURT. – Burg und Burgkirche [266–268]. Die aus einem karolingischen Militärstützpunkt hervorgegangene und bereits im sog. Hersfelder Zehntverzeichnis 881/899 als bedeutendste »urbs« genannte Burg wuchs im Verlaufe des Mittelalters zu einer der größten und mächtigsten Festungen im mitteldeutschen Raum. Nachweislich seit dem 10. Jh. bis 1496 war sie im Besitz der Edelherren von Querfurt, fiel dann als erledigtes Lehen an das Erzbistum Magdeburg und gelangte im 30jährigen Krieg (1635) an Kursachsen, unter dessen Oberhoheit Querfurt bis zum Anfall an Preußen 1815 stand. Von 1663–1746 war die Burg Residenz des mit dem Herzogtums Sachsen-Weißenfels verbundenen Fürstentums Sachsen-Querfurt.

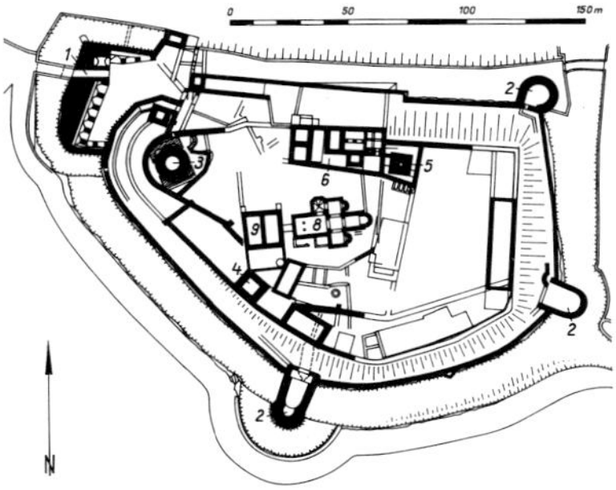

Die imponierend weitläufige Anlage hat ihre mittelalterliche Bausubstanz in beträchtlichem Umfang bewahrt, die Baugeschichte im Ganzen wie im Detail bes. durch die seit 1980 durchgeführten Untersuchungen weitgehend geklärt. Bauliche Reste aus karolingischer Zeit entgegen früherer Auffassung bisher – auch archäologisch – nicht nachzuweisen. Die ältesten im Fundament faßbaren Bauten – Teile der Ummauerung, Wohngebäude und der Gründungsbau der Kirche – aus dem 10. und 11. Jh., die ältesten bestehenden aus dem 12. Jh.: vor allem der einzige rom. Bergfried der Burg, der ∗ *»Dicke Heinrich«* (s. Plan Nr. 3), 2. H. 12. Jh., und der zunächst als Wohnturm errichtete Unterteil des ∗ *»Marterturms«* (Nr. 4) sowie Partien der rom. Ringmauer. Die Wehranlagen im 3. V. 14. Jh. unter Gebhard XIV. von Querfurt durch neue, mächtige Mauern und Gräben umfassend verstärkt, dazu der »Pariser Turm« (Nr. 5) errichtet, der *»Marterturm«* aufgestockt und ein neuer Wohnbau östl. davon erb. Das zunächst freistehende westl. Torhaus später zu dem starken Bollwerk der Westtoranlage (Nr. 1) ausgebaut und für die Bestückung mit schweren Feuerwaffen mit entsprechenden Schießscharten, Kasematten und einem Obergeschoß ausgestattet; nach den Schmuckformen an der Feldseite um 1479 voll. Eine der letzten großen fortifikatorischen Maßnahmen war in dieser Zeit auch die Einfügung der Bastionen (Nr. 2). – Im Zentrum der Anlage steht die rom. ∗ *Burgkirche* (Nr. 8), ein kreuzförmiger, 1schiffiger Bau mit Vierungsturm und W-Empore, der Maria, den Aposteln Petrus und Paulus sowie dem hl. Brun von Querfurt gew. und offenbar als »Memorialbau« für den letzteren im 3. V. 12. Jh. neu erb. Bei der urspr. Kirche, einer kleinen Kapelle der 2. H. 10. Jh., hatte Brun, der als Missions-Erzbischof im Pruzzenland den Märtyrertod fand und in Querfurt später große Verehrung genoß, 1004 ein Kollegiatstift gegr. Im Winkel zwischen Schiff und nördl. Qhs.-Arm im letzten V. 14. Jh. eine ∗ *Grabkapelle* angebaut, in der die Grabtumba Gebhards XIV. († 1383) Aufstellung fand – eines der künstlerisch bedeutendsten

Werke dieser Epoche in Mitteldeutschland. Die als Standbild konzipierte, vollplastische Darstellung des in voller Rüstung lebend wiedergegebenen Toten auf der Deckplatte entstand in engem Anschluß an die Skulpturen der Prager Parler-Werkstatt. An beiden Langseiten der Tumba ein rhythmisch schreitender Zug von *∗Klagenden*, motivisch in französisch-burgundischer Tradition, an den Schmalseiten jeweils 2 Bischöfe bei der Totenmesse. – Größere Baumaßnahmen späterer Zeit, die das Gesamtbild der Burg bis heute mitbestimmen, waren die Erneuerung des Korn- und Schütthauses 1535 (Nr. 6) und verschiedene Arbeiten im späteren 17. und frühen 18. Jh., wie der Umbau des mittelalterlichen Palas westl. der Kirche zum Fürstenhaus 1660 bis 1668 (Nr. 9) und die Barockisierung der Schloßkirche zwischen 1698 und 1717. [B 4]

REINHARZ. – Schloss [269]. Das in der Dübener Heide gelegene Schloß wurde inschriftlich 1690–1701 für den sächsischen Adligen Erich Löser erb. und durch dessen Sohn, Graf Johann Erich Löser, Marschall des sächsischen Adelskonvents, 1748 erneuert. Der schlicht gegliederte Putzbau mit kurzen Seitenflügeln, umgeben von einem breiten Wassergraben, gewinnt seinen bes. Reiz durch die malerische Lage und den für bar. Verhältnisse ungewöhnlich hohen, der Hoffassade mittig vorgesetzten Turm, der dem Bauherrn als Beobachtungsstand für seine astronomischen Studien diente. Im Innern die Eingangshalle und Diele sowie einige andere Erdgeschoßräume mit der Ausstattung aus der M. 18. Jh. erhalten. [D 4]

SAALECK UND RUDELSBURG. – Burgruinen [270]. Auf einem langgestreckten Höhenzug an der Saale stehen knapp hintereinander, nur durch eine Schlucht getrennt, die Ruinen der beiden Burgen, die wohl zur Sicherung des Saaletals und der dieses hier querenden Straße errichtet wurden; ihre Erbauer jedoch nicht bekannt. Saaleck, die wahrscheinlich ältere von beiden, urkundlich erstmals 1140 erwähnt, die Rudelsburg 1171. Saaleck gelangte 1344 aus dem Besitz der Schenken von Saaleck an den Bischof von Naumburg und blieb bis um M. 17. Jh. stiftnaumburgische Domäne. Mit der Rudelsburg wurden 1238 die Markgrafen von Meißen belehnt; die ausgedehnte Vorburg bewohnten mehrere Adelsfamilien. Die Zerstörung durch die Stadt Naumburg 1348 betraf vor allem die Vorburg. Im Sächsischen Bruderkrieg 1450 erneut belagert und erobert, wurde die Rudelsburg im 30jährigen Krieg schließlich gänzlich zerstört. Danach wie auch Saaleck dem Verfall preisgegeben. – Die Kernburg von Saaleck, vermutlich 1. H. 12. Jh., bestand aus 2 runden Bergfrieden und der beide verbindenden Ringmauer, die einen kleinen Hof mit Wohnbauten umschloß. Außer Teilen der Mauer lediglich die Türme erhalten geblieben; beide mit Kamin, Aborterker und Zinnenkranz, nur auf dem schlankeren östl. Turm auch der steinerne Spitzhelm noch vorhanden. – Die Kernburg der Rudelsburg – imposant vor allem der Anblick der hoch über der Felswand des Saaletals gelegenen Ruine von N – in den Hauptteilen 2. H. 12. bis M. 13. Jh. Die Gesamtanlage über annähernd rechteckigem Grundriß: die Wohnbauten mit ehem. Palas als W-Trakt hufeisenförmig angeordnet, die O-Seite mit Zugang durch

Schildmauer, vorgelegten Zwingergang und Bergfried bes. geschützt. Um M. 15. Jh. die Befestigung durch einen äußeren Bering mit Bastionen verstärkt. Die Ruinen nach 1800 »wiederentdeckt« und seither beliebtes Ausflugsziel, was E. 19. Jh. zu Einbauten führte. Instandsetzung der Rudelsburg 1991. [B 5]

SALZWEDEL. – Marienkirche [271 bis 279]. Das altmärkische Salzwedel, das bis ins 16. Jh. zu den reichsten und bedeutendsten Städten der Mark Brandenburg gehörte, bestand bis zur Vereinigung 1713 aus 2 – als Altstadt und Neustadt selbständigen – Städten gleichen Namens. Die Altstadt entwikkelte sich im 11./12. Jh. im Schutz einer älteren Burg, die als fester Platz der Markgrafen der Nordmark den Jeetzeübergang der alten Salzhandelsstraße von Lüneburg nach Magdeburg

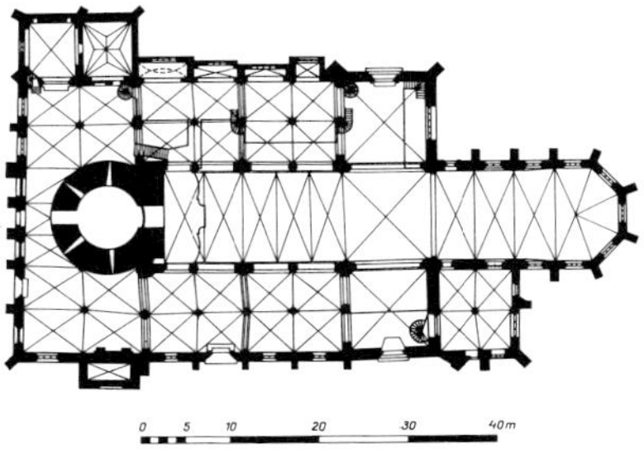

sicherte. Hauptpfarrkirche wurde die im SW gelegene Kirche St. Marien. Der Gründungsbau war eine Feldsteinkirche der 2. H. 12. Jh.: aus einem Saal mit eingezogenem Rechteckchor und rundem W-Turm bestehend, folgte er einem damals in Norddeutschland bis nach Skandinavien gebräuchlichen Bautypus. Ein Stumpf des alten Turms als Sockel des bestehenden erhalten. Im 1. V. 13. Jh. größerer Neubau in Gestalt einer 3schiffigen Basilika, nunmehr aus Backstein und mit charakteristischen spätrom. Schmuckformen. Große Teile dieser stattlichen Kirche in den Umfassungsmauern von Chor und Qhs. – mit Kreuzbogenfriesen und Lisenen – sowie vom Msch. im bestehenden Bau noch zu erkennen; auch die Achteckgeschosse des Turms aus dieser Bauzeit. Die in der Folgezeit gestiegenen Ansprüche der Altstadtgemeinde und kultische Erfordernisse drängten zu einer Erweiterung, die um 1300 unter Beibehaltung des rom. Bestands zunächst als 5schiffige Halle beg. wurde: dem ersten Bauabschnitt gehören die doppelten Ssch. im S und N mit den dienstbesetzten Rundpfeilern und hohen Gewölben an. Zwischen 1340 und 1350 Umbau des Chors, der mit seinen neuen Dimensionen in der 2. H. 14. Jh. die Erhöhung von Qhs. und Msch. nach sich zog und im Ergebnis die weiträumige 5schiffige Basilika entstehen ließ. Damals auch die Ssch. nach W um den Turm herum weitergeführt, im NW mit 2geschossiger Vorhalle; daran später die sterngewölbte Bibliothek angesetzt. Auch an der Chor-S-Seite entstand ein doppelgeschossiger Annex mit Sakristei und einer 1464 genannten Obergeschoß-Kapelle. Die vielgestaltige ∗*Außenerscheinung* von den unterschiedlichen Backsteinfassaden und den Giebeln der Seitenschiffe und Anbauten, vor allem dem steilen Turmhelm von 1496 geprägt. Der ∗*Innenraum* beeindruckend durch die großzügige, lichte Gestaltung, die spätmittelalterliche Raumfarbigkeit in jüngster Zeit weitgehend rekonstruiert. – Die Kirche besitzt eine Ausstattung von überraschendem Reichtum und teilweise hervorragender Qualität. Im Bogen des Choreingangs auf profiliertem Balken der filigran geschnitzte, aus Kielbogen mit Maßwerkzier 3teilig gebildete Aufsatz mit der ∗ *Triumphkreuzgruppe*, M. 15. Jh., beachtenswert auch wegen der hier seltenerweise original erhaltenen Einheit von Bildwerk und Architekturform. Der geöffnet fast 8 m breite ∗ *Schnitzaltar* im Chor, um 1510 von einem niederdeutschen Künstler mit Gehilfen unter niederländischem Einfluß geschaffen, erzählt in 30 figurenreichen Reliefs – gruppiert um die zentrale Darstellung des Kalvarienberggeschehens – die Ereignisse von der Geburt Mariens über die Passion Christi bis zum Weltgericht, teilweise unter Benutzung von Stichen Martin Schongauers. In den Nischen der Predella Christus Salvator mit den Aposteln, im zierlichen Gesprenge die Muttergottes im Strahlenkranz, umgeben von Heiligen. Die Polychromie noch weitgehend original. Im Chorachsfenster die farbige Verglasung von etwa 1350/1360 erhalten, Darstellungen aus dem Leben Jesu, darunter seltene apokryphe aus seiner Jugend, in Verbindung mit einer Königs- und Prophetenreihe. An den Wänden des Chorpolygons Reste der gleichzeitigen Ausmalung, u. a. überlebensgroße Gestalten unter hohen Baldachinen. Das für Lesungen auf den Altar zu setzende ∗ *Buchpult* aus Eiche reich geschnitzt – in der Mitte die Marienkrönung, gerahmt von den Evangelistensymbolen – und trotz spätrom. Anklänge wohl erst A. 14. Jh. entstanden. Der hochgot. Dreisitz aus der Bauzeit um M. 14. Jh., das durch ein reiches Bildprogramm mit vorzüglichen figürlichen Schnitzereien ausgezeichnete Chorgestühl 4. V. 14. Jh. An verschiedenen Stellen der Kirche 10 lebensgroße, aus dem urspr. Zusammenhang gerissene Kalksteinfiguren von etwa 1410 aufgestellt: eine Sitzmadonna und der Auferstandene Christus, Heilige und – im südl. Qhs.-Arm – 2 kniende ∗ *Stifter*. Bes. prächtig die ∗ *Bronzetaufe* mit zugehörigem Gitter; gegossen von dem in Nürnberg tätigen Hans von Köln 1520, das Gitter 1522. Die beheizbare Taufe mit Baldachin und hohem Dekkel und das Maßwerkgitter verquicken reiche spätgot. Formen mit klaren Bildungen der Frührenaissance. Von den 2 spätmittelalterlichen ∗ *Kelchen* der jüngere mit getriebenen Medaillons der Kreuzigung und der Evangelistensymbole und sowie des Agnus Dei.

[A/B 1]

SALZWEDEL. – KATHARINENKIRCHE [280, 281]. Unmittelbar nordöstl. neben der Altstadt Salzwedel gründeten die Markgrafen Johann I. und Otto III. von Brandenburg 1247 die durch gleiche Rechte und weitere Privilegien bes. begünstigte Neustadt Salzwedel. Der sicher bald danach beg. erste Bau der Pfarrkirche St. Katharinen war – wie Untersuchungen ergaben – eine 3schiffige Basilika mit Rechteckchor und eingebautem W-Turm, aber ohne Qhs., im Grundriß ähnlich der spätrom. Lorenzkirche. Bereits um 1300 das Lhs. unter Beibehaltung von Turm und Chor in eine hochgot. gewölbte Halle umgewandelt: davon vor allem die Außenmauern mit den schönen Staffelblendgiebeln im N und S erhalten. Anschließend der Chorraum durch gleichhohe Ssch. zum Hallenchor erweitert – in der Gesamterscheinung der Bau damit den sog. chorlosen Hallen Norddeutschlands vergleichbar. Im letzten Drittel 14. Jh. setzte mit der Anfügung eines gestreckten spätgot. Polygonalchors und des 2geschossigen S-Annexes mit Sakristei und Singchor eine erneute Umgestaltung ein, in die auch die Erhöhung der alten Chorjoche einbezogen wurde. Der anfängliche Hallenplan im Weiterbau aufgegeben, das Lhs. schließlich basilikal mit durchgehend neuen Gewölben um 1430 voll. Nachträglich und in veränderten Formen die Fronleichnamskapelle als großer 3schiffiger, 2jochiger Querbau mit Seitenkapellen und darüber gelegenen Emporen der ∗ *Westseite* vorgesetzt, fertiggestellt gegen 1467. Der Turmunterbau damit wie bei der Marienkirche zum Innenraum gezogen. Während die äußere spätmittelalterliche Gestalt fast unverändert erhalten ist, wurde die Ausstattung durch Purifizierung im 19. Jh. stark dezimiert. Bedeutsam die Reste der Farbverglasung in den mittleren Polygonfenstern um 1420, dazu eine kleine Bronzetaufe von Ludwig Gropengeter aus Braunschweig 1421, mit einer Renaissance-Umgitterung von 1567. Das prächtig geschnitzte Retabel auf dem Hochaltar – anstelle des 1890 an den Dom in Frankfurt/Main abgegebenen Schnitzaltars – stammt aus Kloster Dambeck und entstand 1474. Das große ∗ *Mittelrelief* im Schrein zeigt die mystische Einhornjagd mit dem allegorisch auf die Jungfräulichkeit der Gottesmutter bezogenen Hortus conclusus, in dem Maria mit dem – Christus symbolisierenden – Einhorn im Schoße sitzt.

[A/B 1]

SALZWEDEL. – LORENZKIRCHE [282]. Die dem hl. Laurentius gew. Kirche entstand am ehem. Holzmarkt, dem südl. neben der Burg gelegenen vorstädtisch-ottonischen Markt der Fernhändler und Burgmannen. Eine für diese Zeit vermutete erste Marktkirche bisher nicht nachgewiesen. Der bestehende Backsteinbau trotz mehrerer Planwechsel zügig um M. 13. Jh. errichtet: urspr. eine 3schiffige, querschifflose Basilika mit eingezogenem Rechteckchor und eingebautem W-Turm. Das Äußere ausgezeichnet durch eine vielgliedrige Fassadengestaltung, vornehmlich am Chor: bes. aufwendig die ∗ *Ostseite* mit stattlicher Dreifenstergruppe in tiefen, leicht spitzbogigen Nischen, darüber 3 monumentale Kreisblenden in dem von steigenden Bogenfriesen eingefaßten Giebel. Die Nischengliederung an den Seitenwänden fortgesetzt. Auffallend auch die durchgehend kreisförmigen Obergadenfenster. Die schlichtere W-Fassade mit Stufenportal, Friesen und kleinerer Fenstergruppe wie der Gesamtbau – der in der Verbindung spätrom. und frühgot. Motive ein charakteristisches Werk des Übergangsstils darstellt – durch den Farbwechsel von roten Backsteinen und schwarz glasierten Klinkern zusätzlich belebt. Das Innere, im Msch. mit hohen Vorlagen unterschiedlicher Gestaltung, teilweise auf Wölbung angelegt, doch diese bis auf das Gratgewölbe des Eingangsraums nicht ausgeführt. In Chor und Lhs. statt der anfänglichen Flachdecke erst in spätgot. Zeit die Kreuzrippengewölbe eingezogen; damals auch die Sakristei angebaut. – Nach der Reformation 1541 kaum noch benutzt, diente die profanierte Kirche 1692–1859 als Magazin der »Königl. Salzfaktorey«, was ihre Verstümmelung bewirkte: nach dem Abbruch beider Ssch. mußte 1794 auch der Turm beseitigt werden. Eine erste Rest. erfolgte nach der Übernahme durch die kath. Gemeinde; Neuweihe 1860. Die durch die Salzlagerung verursachten schweren Mauerwerkschäden erst in einer umfassenden Wiederherstellung 1961–1964 behoben; mit dem Wiederaufbau der nördl. Ssch.-Mauer auch ein Teil des urspr. Raumeindrucks zurückgewonnen. – Die Triumphkreuzgruppe, mit Kruzifixus des 2. V. 16. Jh. und Assistenzfiguren um 1500, stammt aus der 1797 abgebrochenen Nikolaikirche. [A/B 1]

SALZWEDEL. – SOG. MÖNCHSKIRCHE [283]. Das ehem. Franziskaner-Kloster am N-Rand der Altstadt wurde M. 13. Jh. gegr., die erste Klosterkirche als langer, flachgedeckter Saal sicher bald danach errichtet. N- und W-Wand dieses um 1827 voll. Baus in den Umfassungen des bestehenden Hauptschiffs erhalten. Ein um 1300 angefügter Polygonalchor ebenso wie das im 14. Jh. an der S-Seite angebaute, in der Bettelordensarchitektur häufige 2. Schiff durch den erheblich erweiternden spätgot. Umbau wieder beseitigt. Der neue, durch seine weiträumigen Proportionen beeindruckende Langchor mit 7seitigem Polygonschluß 1435–1453 erb., das Lhs. als lichte, 2schiffige Halle zu 6 Jochen im wesentlichen E. 15. Jh. fertig. Der große Backsteinbau in seiner Gesamterscheinung außen wie innen von ordenstypischer Schlichtheit, die Verwendung von Schmuckformen äußerst sparsam. Um so wirkungsvoller die steilen Giebel des mit mächtiger Sattelform die Stadtsilhouette bis heute mitbestimmenden Lhs.-Dachs, bes. der * *Westgiebel* durch Spitzbogenblenden reich und straff gegliedert. Das Innere durchgehend rippengewölbt, die beiden Schiffe durch hohe Arkaden über Rundpfeilern geschieden; das Hauptschiff vom gleichbreiten Chor durch einen Hallenlettner abgesetzt. Noch aus der Klosterzeit das kurz nach 1500 entstandene Chorgestühl. Die unter breiter Beteiligung der Bevölkerung beider Städte Salzwedel betriebene Wiederherstellung 1577–1581 gab der nunmehr ev. Pfarrkirche mit neuer Orgelempore und Kanzel, Gestühl und weiteren Ausstattungsstücken ihr eigenes Gepräge; erhebliche Teile davon erhalten, das bedeutendste Stück ist der gemalte Flügelaltar von Lucas Cranach d. J., signiert und datiert 1582: im Zentrum des reformatorischen Bildprogramms eine Darstellung vom Weinberg Gottes mit einer Vielzahl historischer Gestalten als Gegenüberstellung des rechten und des unrechten Gottesdienstes; auf den Flügelaußenseiten Luther und Melanchthon in Lebensgröße (z. Z. im Johann-Friedrich-Danneil-Museum). Rest. des Äußeren 1828/29, des Inneren 1837 mit Unterstützung des Königs Friedrich Wilhelm III. von Preußen. Letzte Instandsetzung 1984–1986, seither Konzerthalle. [A/B 1]

SALZWEDEL. – RADESTRASSE 9 (RITTERHAUS) [284]. Salzwedel besitzt bis heute einen beachtlichen Bestand an Fachwerkhäusern des 16.–19. Jh., der teilweise noch ganze Straßenzüge prägt. Ein schönes Einzelbeispiel war das Haus Radestr. 9, datiert 1596, mit Erdgeschoß- und Zwischengeschoßständern und vorgekragtem Oberstock sowie den für die Altmark als Schmuckmotiv typischen, gereihten Fußstreben. Wegen Baufälligkeit 1989 abgetragen, konnte die Fassade unter weitgehender Verwendung der alten Hölzer vor massivem Neubau wiederhergestellt werden. Eine wichtige Erkenntnis während der Auskernung war die Feststellung, bei dem zuletzt traufständigen Haus müsse es sich urspr. um ein giebelständiges gehandelt haben, dessen Dach bei einer späteren Erweiterung eine entsprechende Drehung erfuhr. Die zur Mitte anreitenden Ritter in den Oberlichtzwickeln des * *Portals* gaben dem Haus seinen Namen. Es sind der zeitgenössischen Graphik entnommene Darstellungen, die ein tüchtiger Handwerkskünstler geschickt und liebenswürdig-volkstümlich ins Flachrelief umgesetzt hat. [A/B 1]

SANDAU. – NIKOLAIKIRCHE [285]. Die an einem alten Elbübergang gelegene und E. 12. Jh. erstmals genannte Stadt spielte wohl zugleich als Handelsplatz eine größere Rolle, was auch das Nikolauspatrozinium der Pfarrkirche nahelegt. Der mittelgroße Backsteinbau um oder kurz nach 1200 entstanden: eine 3schiffige, querschifflose Basilika mit Rechteckchor und halbkreisförmiger Apsis sowie stattlichem Quer-W-Turm. Außen die Wandflächen durch Lisenen, Kreuzbogenfriese und Deutsches Band gegliedert. Die flachgedeckten Schiffe weitgehend durch Arkaden auf quadratischen Pfeilern mit Vorlagen und Unterzug getrennt, nur die zwei mittleren Stützen der S-Seite – in der Portalachse – als Säulen mit Trapezkapitellen, die östl. Arkadenvorlagen und die Triumphbogenvorlagen als Halbsäulen ausgebildet. In Typus und Gestaltung der Dorfkirche in Schönhausen verwandt, doch vielleicht weniger als diese unter dem Einfluß der Stiftkirche von Jerichow entstanden; neuerdings sogar als Bau einer Parallelentwicklung angesehen. In der 2. H. 15. Jh. die Stadtkirche nach und nach vollständig eingewölbt, 1695 ausgebrannt. Die anschließend vorgenommenen Veränderungen im Zuge der Rest. 1855–1857 durch Ferdinand von Quast rückgängig gemacht; auch die spätgot. Rippengewölbe mit Ausnahme des Chorgewölbes damals wieder herausgenommen und beide Seitenschiffe neu aufgeführt. Der W-Turm durch Artilleriebeschuß 1945 zur Hälfte zerstört und seitdem Ruine. [C 1]

SANGERHAUSEN. – ULRICHSKIRCHE [286]. Aufgrund eines Gelübdes stiftete der Thüringer Graf Ludwig der Springer († 1123) die dem hl. Ulrich gew. Kirche anstelle einer älteren Kapelle gleichen Patroziniums im Bereich der Fronhofsiedlung. Die urspr. Funktion unklar, vielleicht auch dem Gedenken an nachweislich in Sangerhausen ruhende Vorfahren des Gründers gewidmet; mit einem Zisterziensernonnen-Kloster erst um 1270 bis zur Säkularisierung verbunden, seither ev. Pfarrkirche. Die 3schiffige, kreuzförmige Pfeilerbasilika ein in vielen Zügen ungewöhnlicher Bau: das 2jochige Sanktuarium 3schiffig und mit 3 Parallelapsiden geschlossen; die beiden Qhs.-Arme mit ihren raumhohen Nebenapsiden von der Vierung durch ein Zwischenjoch abgesetzt, das die Breite der Ssch. von Lhs. und Chor besitzt. Auffallend die steilen Proportionen, bes. deutlich in den Hochräumen, und das auf eine durchgehende Wölbung angelegte Stützensystem mit Kreuzpfeilern und Vorlagen auf Konsolen. Über die Bauzeit ist die Forschung geteilter Meinung: entweder nach 1074 oder im 1. V. 12. Jh. errichtet. Architekturgeschichtlich in jedem Fall von hoher Bedeutung. Obwohl sich ein unmittelbarer Zusammenhang zu den Reformorden bisher nicht nachweisen läßt, die »reformerische« Baugestalt der O-Teile offenkundig. Bei früher Datierung markiert sie – parallel zu Ilsenburg – einen vorhirsauischen Reformeinfluß im Harzgebiet, der wohl direkt von dem burgundischen Reformzentrum ausging; sicheres Zeichen dafür die Gestaltung des Qhs. mit Tonnenwölbung der Zwischenjoche. Die Ornamentierung, vor allem im Chor, entspricht zeitgenössischem Formengut von Magdeburg bis Quedlinburg. Bedeutsam auch als früher Gewölbebau; die Wölbung der Erbauungszeit nur teilweise in der O-Partie und vielleicht in den Ssch. erhalten, im Msch. E. 13. Jh. neu eingefügt. Zu dieser Zeit außerdem der 2geschossige W-Bau mit Nonnenempore und

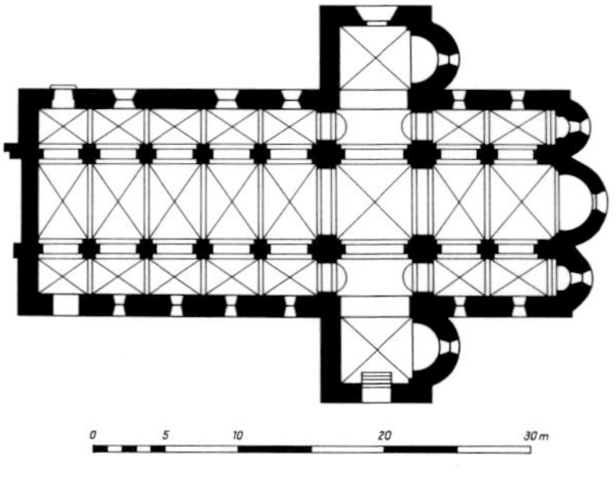

Treppenturm erb. Der hohe Vierungsturm und das Vierungsgewölbe 14. Jh., der steile spätgot. Turmhelm nach Brand 1780 verändert. Konstruktive Mängel nötigten vom 16. bis 19. Jh. zur Anfügung von Strebepfeilern, die Rest. 1892/93 verfolgte die Absicht einer Reromanisierung vor allem der äußeren Erscheinung. [B 4]

SANGERHAUSEN. – Jakobikirche [287, 288]. Die am Markt der – nach M. 13. Jh. angelegten – Neustadt errichtete erste Jakobikirche bereits 1271 als »ecclesia forensis« benannt. Der bestehende Bau, eine 3schiffige spätgot. Hallenkirche mit gestrecktem Polygonalchor und W-Turm, um M. 15. Jh. mit dem Lhs. beg. Um während des Baus den Gottesdienst nicht unterbrechen zu müssen, der Vorgänger nur abschnittweise beseitigt, zuletzt 1495 der alte Chor. Die Umfassungen des neuen Chors gegen 1502 fertig, sein reiches Netzgewölbe 1510. Die vorbereitete Lhs.-Wölbung nicht mehr ausgeführt, statt dessen in den drei Schiffen Flachdecken. Der als letzter Bauteil 1516 beg. Turm mit der welschen Haube und Laterne – beide mit kielbogigen Giebelkränzen – erst 1542 voll. Das unverputzte Äußere der Kirche schlicht, der ∗ *Innenraum* dagegen prächtig durch die frühbar. Ausmalung des Lhs. von Johann Andreas und Samuel Bottschild 1665: an den Pfeilern aufsteigende Weinranken, in den Arkaden und Fensterumrahmungen schachtelhalmartig gesteckte Girlanden, gerahmt von Knorpelwerkbordüren, über den zu Konsolen umgedeuteten spätgot. Gewölbeanfängern der Pfeiler wie Ssch.-Wände große Prophetenfiguren; dazu die Brüstungsmalereien der in den Ssch. und im W-Joch umlaufenden Empore; freigelegt und rest. im Zuge der umfassenden Instandsetzung 1973–1978. – Die Ausstattung von beachtlichem Reichtum: das große Schnitzretabel, urspr. auf dem Hochaltar des 1552 aufgehobenen Augustinereremiten-Klosters, ein vorzügliches Werk um 1400; Predella und Aufsatz 1621 hinzugefügt, die Medaillonporträts der Herzöge von Sachsen-Weißenfels 1670. Die Spätrenaissance-Kanzel mit einem 1593 gestifteten Schalldeckel. Die Orgel 1728 von Zacharias Hildebrand mit dem Prospekt des Leipziger Bildhauers Valentin Schwarzzenberger; das Werk 1978 rekonstruiert. Unter den zahlreichen, teilweise aufwendigen

Grabmälern und Epitaphen des 16. bis 18. Jh., vornehmlich im Chor, das großartige Wandgrab für den kursächsischen Landrentmeister Caspar Tryller († 1625) und seine Frau, geschaffen nach deren Tod 1618 wahrscheinlich in der Dresdner Werkstatt der Walther unter dem Einfluß von Giovanni Maria Nosseni. In der Mitte des reich skulptierten Aufbaus aus verschiedenfarbigem Marmor und Alabaster das ∗ *Relief einer Anbetung des Kindes durch die Hl. Drei Könige*, davor die kniend im Gebet verharrenden, vollplastischen Figuren der Verstorbenen. [B 4]

SCHÖNEBECK-SALZELMEN. – JOHANNISKIRCHE [289, 290]. Das am Ort reicher Solquellen im 13. Jh. entstandene Groß Salze erhielt bereits 1291 Magdeburger Stadtrecht und besaß bis ins 17. Jh. mit der Salzgewinnung und einem weitreichenden Vertrieb eine bedeutende Wirtschaftskraft. 1926 in Bad Salzelmen umbenannt, wurde es 1932 wie das ältere Frohse mit Schönebeck vereinigt. Die Stadtpfarrkirche St. Johannis Bapt. – ein stattlicher, vom einstigen Reichtum der Salzstadt kündender spätgot. Neubau – als 3schiffige Halle mit 5/8Polygon und 2geschossigem NO-Anbau für Sakristei und Singchor einheitlich angelegt. Voran ging der hohe, querrechteckige W-Bau, 1430 beg., mit dem dicht beieinander stehenden, kurzen Turmpaar. Das erheblich breitere Lhs. nach M. 15. Jh. bis A. 16. Jh. erb. Die an der N-Seite 1487 vorgesetzte, kleine ∗ *Vorhalle* mit Staffelgiebel und Kreuzrippengewölbe war 1472 als Kapelle gestiftet worden; der vielgestaltige Giebeldekor wie auch das Kreuzigungsrelief über dem Portal aus Backstein. Die Wölbung der Kirche erst 1536/37 nachgeholt, inschriftlich von Ludwig Binder, in den Ssch. in Netzform, im Msch. sternförmig, mit den für diese Spätphase charakteristischen, an den Kreuzungen durchsteckten und gekappten Rippen; die Figuration des Msch. wenige Jahre später in der Dessauer Marienkirche wiederholt. – Ungemein reizvoll die in seltener Vollständigkeit erhaltene, das Raumbild beherrschende frühbar. Einrichtung. Bes. prunkvoll der ∗ *Altarraum* ausgestattet: beidseits 2geschossige Emporen mit verglasten Logen für Rat und adlige Pfännerschaft (die eine datiert 1682); zum Schiff abgegrenzt durch die gleichzeitige, in üppigem Akanthusstil geschnitzte Schranke von Tobias Wilhelmi aus Magdeburg; seitlich des Altars geschlossene Betstübchen. Der mächtige, mehrgeschossige Altaraufsatz 1665 von dem gleichfalls in Magdeburg tätigen Gottfried Giegaß und dem Braunschweiger Wilhelm Schorigus, mit geschnitzter Kreuzigungsgruppe und Gemälde der Auferstehung, seitlich die großen Figuren von Johannes Bapt. und Mose, dazu die 4 Evangelisten. Die hölzernen Emporen und Logeneinbauten im Schiff schlichter, doch mit hübsch gestalteten, z. T. bemalten Brüstungen. Die in schweren Frühbarockformen gestaltete Kanzel – mit korbtragendem Palmbaum und Engelwolke als Schalldeckel – von Maximilian Dreißigmark 1678. [B 3]

SCHÖNHAUSEN. – DORFKIRCHE [291, 292]. Der im Mittelalter ansehnliche Ort gehörte zum Tafelgut der Bischöfe von Havelberg, was mit einem gehobenen Rang der Pfarre und somit der spätrom. Kirche einherging. Der für eine Dorfkirche aufwendige Bau, 1212 der Maria und dem hl. Willibrord gew., ist eine flachgedeckte, 3schiffige

Pfeilerbasilika ohne Qhs., mit tonnengewölbtem Chor, halbkreisförmiger Hauptapsis und einem mächtigen westl. Querturm – ein im Elbe-Havel-Gebiet von der Normalform erheblich abweichender Bautypus, der nur in der Stadtkirche von Sandau eine Parallele besitzt. In seiner mittelalterlichen Substanz fast unverändert überkommen, bietet sich das * *Äußere* des Backsteinbaus mit Lisenen, Kreuzbogen-, Rauten- und Zahnschnittfriesen sorgfältig durchgebildet dar, auch die Fenster – bis auf einige Vergrößerungen an beiden Ssch. – und die Portale noch in originaler Gestalt; der Einzelbildung nach ist die zuerst errichtete O-Partie im engen Anschluß an die Stiftskirche in Jerichow entstanden. – Nach der Reformation fiel Schönhausen an Brandenburg, 1562 gelangte es im Tausch an die Familie von Bismarck. Bis 1711/12 ließ August II. von Bismarck die Kirche innen mit Spiegelgewölbe, großem Altaraufbau, Kanzel und Herrschaftsempore in schönen Barockformen wiederherstellen. Hinzu trat eine Fülle teilweise prunkvoll-großer Epitaphe und Grabmäler des 16.–18. Jh. Von der mittelalterlichen Ausstattung der lebensgroße Kruzifixus vom * *Triumphkreuz* erhalten, ein Schnitzwerk von hoher Qualität, entstanden um 1200/1210, und in der noch streng rom. Auffassung des frontal vor dem Kreuz stehenden Christus eines der ältesten in Mitteldeutschland erhaltenen Großkreuze.
[C 2]

SCHULPFORTA. – Kloster [293 bis 295]. Ein 1128 in Schmölln gegr. Benediktiner-Kloster wenig später mit Zisterziensern aus Walkenried besetzt und 1137 an den gegenwärtigen Platz im Saaletal verlegt. Dank kluger Besitz- und Wirtschaftspolitik entwikkelte sich die Zisterzienserniederlassung im Mittelalter zu einem der reichsten Klöster im mittleren Deutschland. Durch die Reformation 1540 aufgehoben und 1543 in eine Landesschule umgewandelt, die bis heute besteht. Der 1136/37 beg. rom. Gründungsbau der Klosterkirche St. Marien war eine kreuzförmige, flachgedeckte Basilika von auffallend geringen Raumhöhen. An die Vierung schloß ein kurzes Sanktuarium mit Halbkreisapsis an, beidseits flankiert von einer rechteckigen Chornebenkapelle und nach außen gerückter Nebenapsis – eine Chorlösung in direkter Nachfolge von Walkenried Bau I. Das 3schiffige Lhs. mit einfachem Stützenwechsel und erwartungsgemäß turm-

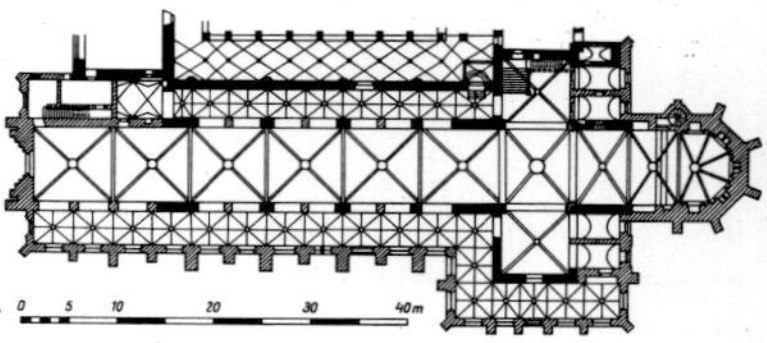

losem W-Abschluß, jedoch eine breite Vorhalle westl. vorgelagert. Vor M. 13. Jh. der große Erneuerungsbau unter Beibehaltung des rom. Grundrisses sowie Einbeziehung beträchtlicher Teile des aufgehenden Mauerwerks der ersten Kirche beg.: im ganzen stark erhöht und nunmehr gewölbt, erfährt der Bau auch eine Verlängerung nach O und W. Das Sanktuarium – inschriftlich ab 1251 – um ein Joch mit 5/8Polygon nach O erweitert und an die Stelle der rom. Flankenräume traten nach veränderter zisterziensischer Gewohnheit jeweils 2 schmale Rechteckkapellen, über denen große Emporenräume entstanden:

im N die Trinitatis-, im S die Margaretenkapelle. Zur Weihe 1268 außer dem Chor wohl schon das Qhs. und vielleicht der östl. Teil des Lhs. fertig. Erst danach erhielt das Msch. nach W 2 weitere – wie die übrigen kreuzrippengewölbte – Joche und das gleichlange, aber mit größerer Breite neu errichtete südl. Ssch. wurde auch nach O als sog. Evangelistenkapelle um den südl. Qhs.-Arm fortgeführt. Zuletzt gegen 1300 die großartige ∗ *Westfassade* entstanden, auffallend durch ihren für einen Zisterzienserbau ungewöhnlichen Formenreichtum gegenüber dem sonst sparsam-zurückhaltend gestalteten Aufriß; der Kontrast durch die Zutaten der Rest. 1854–1860 noch verstärkt. In dem schmalhohen, 3fach gestaffelten Aufbau unten das mit tiefem Gewände vorgesetzte Wimpergportal, darüber das 5bahnige Maßwerkfenster, und im getreppten Giebel oberhalb des Rücksprungs in Traufhöhe die mächtige, übergiebelte Spitzbogennische zu einer architektonisch einzigartigen Lösung verbunden. In der Giebelnische mehrfigurige, von einem Bildhauer minderen Könnens als Hochrelief gearbeitete Kreuzigungsgruppe, deren Hauptgestalten das Vorbild des Naumburger W-Lettners noch erkennen lassen. Das Hauptportal mit Madonna (und nicht erhaltener Marienkrönung) verweist auf Kirchpatronin und traditionelle Marienverehrung der Zisterzienser. Im ∗ *Innern* an den Msch.-Wänden mit ihren spitzbogig veränderten Pfeilerarkaden und den Bündeldiensten der Kreuzrippengewölbe noch die Verquickung von rom. und got. Teilen abzulesen, dazu vom Chor an die bis in Einzelheiten gehende Kenntnis der got. Architektur Burgunds und der Champagne spürbar. In der Sockelzone des Sanktuariums mit Wimpergen ausgezeichnete Wandschränke für die Reliquienaufbewahrung, Wandgräber und Nischen für Priestersitze, darüber ein Laufgang zur Verbindung der Emporenkapellen. Wie der Neubau in seinen Abschnitten, so vollzogen auch Bauornamentik und Fenstermaßwerk im Detail vom frühgot. Polygon des Chors bis zur W-Fassade den Stilwandel zur Hochgotik. – Bedeutendstes Stück der Ausstattung das monumentale Triumphkreuz im Msch., mit der beidseitig gemalten Darstellung des Gekreuzigten die Ordensvorschrift streng befolgend, in zisterziensischen Kirchen nur gemalte Kreuze zuzulassen; der Kruzifixus und die Evangelistensymbole der Vorderseite in wesentlichen Teilen, rückseitig nur fragmentarisch erhalten, geschaffen wohl erst zur Weihe 1268. Aus dieser Zeit bemerkenswert auch die Reste der ordenstypischen Grisaille-Verglasung der Chorfenster. Vielleicht etwas älter der turmartige Sakristeischrank, wie die beiden jüngeren Truhen ehemals in der als Schatzkammer genutzten Trinitatiskapelle. Aus der Reihe der spätmittelalterlichen Werke ragt der Dreikönigsaltar von etwa 1510 hervor, inschriftlich von Hans Tohpher. Im Msch. das Alabaster-Grabmal des Markgrafen Georg von Meißen († 1401) mit der Liegefigur des Verstorbenen auf der Deckplatte und dem Trauergefolge an den Tumbawänden, 1641 schwer beschädigt, im 18. Jh. wieder zusammengesetzt und teilweise rekonstruiert. – Das Kloster in seiner alten Anlage mit einer Vielzahl der mittelalterlichen, jedoch veränderten Gebäude innerhalb der urspr. Ummauerung im heutigen Schulkomplex weitgehend erhalten. Alle Trakte des Kreuzgangs nördl. der Kirche – mit

Ausnahme der Fensterwand des O-Flügels – noch rom. und zunächst, mindestens teilweise flachgedeckt. Der 2schiffige S-Flügel freilich bereits 2. H. 12. Jh. kreuzgrätig gewölbt; von den gewölbetragenden, unter dem Einfluß von Königslutter ornamentierten Säulen die westl. noch in situ, die anderen 1725 bei einem großen Umbau der Klausur durch Pfeiler ersetzt. Aus der Gruppe der nordöstl. ans Klostergeviert sich anschließenden Gebäude das sog. Fürstenhaus als stattlicher Renaissancebau herausgehoben. Kern des 1568–1575 in dieser Form geschaffenen Bauwerks das rom. Infirmitorium, von dem sich im Erdgeschoß noch erhebliche Teile befinden. An der O-Seite die sog. ∗ *Abtskapelle*, urspr. Siechen- oder Krankenhauskapelle, errichtet um 1240, ein kleiner 2jochiger Bau mit Polygonalapsis. Bes. seine Innengestaltung von ungemeinem Reiz und architekturgeschichtlich hohem Rang: die in reichem Maße, doch höchst überlegt eingesetzten Maulbronner Dekorationsformen des Übergangsstils – vermittelt durch die Hütte von Walkenried – geben dem Raum eine erlesene Erscheinung. Der Schmerzensmann am Wandpfeiler ein Bronzeguß um 1500. – Eigentümlich unter den anderen Klosterbauten der in seiner urspr. Funktion ungeklärte Bau der Mühle, in dem sich rom. Baureste von monumentalen Dimensionen verbergen. Höchst beachtlich auch die steinerne Totenleuchte auf dem Friedhof, in Deutschland die älteste erhaltene, um 1268 gestiftet. [B 5]

SCHWENDA. – Dorfkirche [296]. Der 8eckige bar. Zentralbau mit dem behäbigen, von Laterne bekrönten Kuppeldach sowie einem westl. und östl. Annex im Harzraum singulär, angeblich unter dem Eindruck der Dresdner Frauenkirche 1736/37 von dem zeitweilig in Stolbergischen Diensten tätigen Baumeister und Architekturtheoretiker Johann Friedrich Penther erb. Im Innern doppelt umlaufende Emporen, vor denen an der O-Seite der 2geschossige, hölzerne Kanzelaltar von 1695 aus dem Vorgängerbau steht, gegenüber die bar. Orgel. Die von durchgehenden Pfeilern getragene Kuppel, in die große Stichbogenfenster einschneiden, mit einer dem bar. Raumbild zugeordneten ∗ *Dekkenmalerei*, 1938 von Karl Völker geschaffen: im Zentrum das Auge Gottes, umgeben von den 4 Evangelisten und 4 Erzengeln. [A 4]

SEEHAUSEN. – Petrikirche [297, 298]. Die Kirche St. Peter und Paul, gegr. als Pfarrkirche der um 1170 am nördl. Alandufer angelegten Neustadt, wurde um 1260 – nach Aufgabe der wenig älteren Altstadt mit der Jakobikirche – einzige Pfarrkirche von Seehausen. Der Gründungsbau, bald nach 1170 errichtet, war eine 3schiffige, kreuzförmige Feldsteinbasilika von bedeutenden Ausmaßen, ablesbar an der mit dem Triumphbogen in den bestehenden Bau einbezogenen östl. Qhs.-Mauer. In der 1. H. 13. Jh. der hohe doppeltürmige ∗ *Westbau* aus Backstein vorgesetzt. In seiner Mittelachse das prachtvolle, durch seine Größe wie reiche Einzelgestaltung überraschende ∗ *Westportal:* die 4fach gestufte Rundbogenöffnung gleich der Turmfront in Ziegelmauerwerk aufgeführt, die Gewändesäulen mit bereits frühgot. ornamentierten Kelchblockkapitellen sowie die Kämpferzone und die Archivolten aus Sandstein. Die Großartigkeit noch gesteigert durch die wimpergartig gestaltete Fläche mit Blend- und Zahnschnittdekor über dem Portal. Turm und Zwischenbau – mit den später vermauerten Schallöffnungen – im frühen 14. Jh. aufgestockt, die oberen Freigeschosse mit dem neuen Glockenhaus dazwischen erst im Zusammenhang des Lhs.-Neubaus aufgesetzt. Dieser als große spätgot. Backsteinhalle im 2. V. 15. Jh. beg., außen nach dem Vorbild der Werbener Johanniskirche mit Maßwerkbändern aus durchbrochenen Formsteinen reich verziert, das Innere mit kräftigen Rundpfeilern und steilen Kreuzgewölben. Nach Abbruch des spätrom. Chors seit etwa 1470 die 3teilige Choranlage errichtet: die Nebenchöre von Ssch.-Breite mit eigenen Satteldächern gerade geschlossen, der 3jochige Hauptchor in einem 5seitigen Polygon; in den Formen insgesamt schlichter als das Lhs. Zum Abschluß 1486 die Marienkapelle an der W-Seite erb. 1676 wurden die durch Blitzschlag zerstörten spätgot. Spitzhelme beider Türme durch die Schweifhauben mit Laternen ersetzt. – Von den zahlreichen mittelalterlichen Altären die meisten nach der Reformation 1539 beseitigt: am Ort nur noch der Hochaltaraufsatz erhalten. In einem neugot. Gehäuse von 1868 vorzüglich geschnitzte Reliefs der Kreuzigung und 12 kleinere Darstellungen aus der Leidensgeschichte Christi, A. 16. Jh. und vielleicht niederländischer Herkunft. Die prächtige Kanzel von 1710. [B 1]

SOMMERSDORF-SOMMERSCHENBURG. – MAUSOLEUM UND STANDBILD NEIDHARDTS VON GNEISENAU [299]. Die hochmittelalterliche Burg der Grafen von Sommerschenburg, nach 1219 in erzbischöflich-magdeburgischem Besitz, später als Amt verwaltet und dann Domäne, wurde von Napoleon 1806 seinem General Savary geschenkt. In dessen Rechte setzte König Friedrich Wilhelm III. von Preußen 1814 den Generalfeldmarschall Graf Neidhardt von Gneisenau für seine Verdienste in den Befreiungskriegen ein. Am Rande des im englischen Stil angelegten Schloßparks fand der Feldherr († 1831) in der vom preußischen Heer gestifteten Grabanlage seine letzte Ruhe. Über der Gruft erhebt sich ein antikisches Tempelchen, vor dessen Fassade das von Christian Daniel Rauch zwischen 1835 und 1841 gearbeitete Marmorstandbild Gneisenaus auf hohem Postament steht. Das alte Schloß 1896/97 durch einen Neubau neben dem mittelalterlichen Bergfried ersetzt. [A/B 3]

STASSFURT. – HOSPITALKAPELLE [300]. In der außerhalb der Stadt, vor dem Ascherslebener Tor, gelegenen Kapelle des ehem. Hospitals St. Johannis, heute Feierabendheim, befindet sich ein großer Schnitzaltar, der bereits 1688 aus der (1948 wegen Einsturzgefahr im Senkungsgebiet abgebrochenen) Stadtpfarrkirche St. Johannis Bapt. übernommen wurde. Das qualitätvolle Retabel – entstanden um 1480/1490 in einer südniederländischen Werkstatt (Brüssel oder Antwerpen?) – zeigt in der Schreinmitte eine figurenreich geschnitzte Kreuzigung, flankiert von weiteren Szenen der Passion Christi, die auf den gemalten Doppelflügeln mit einer Gethsemane-Darstellung beginnt und von einer Ausgießung des hl. Geistes beschlossen wird. Auf den Flügelaußenseiten Heilige, darunter die bes. im Kölner Raum verehrten, in Mitteldeutschland sonst unbekannten »Vier hl. Marschälle Gottes«: Antonius, Hubertus, Kornelius und Quirinus. Urspr. vermutlich für eine niederrheinische Kirche bestimmt, muß das Retabel als kostbares Importstück in das durch seine Salzgewinnung wohlhabende mittelalterliche Staßfurt gekommen sein. [B 3]

STENDAL. – Dom [301–306]. Markgraf Otto II. von Brandenburg und Graf Heinrich von Gardelegen gründeten 1188 ein Chorherrenstift, das mit der bereits bestehenden, dem hl. Nikolaus gew. Pfarrkirche der Kaufmannssiedlung verbunden wurde. Vom bald beg. Bau einer spätrom. Stiftskirche stammen die unteren Geschosse des doppeltürmigen *∗ Westbaus*, in Backstein um 1200 errichtet, im 2. V. 13. Jh. erhöht. Dazu gehörte vermutlich eine kreuzförmige, 3schiffige Basilika von ansehnlicher Größe,

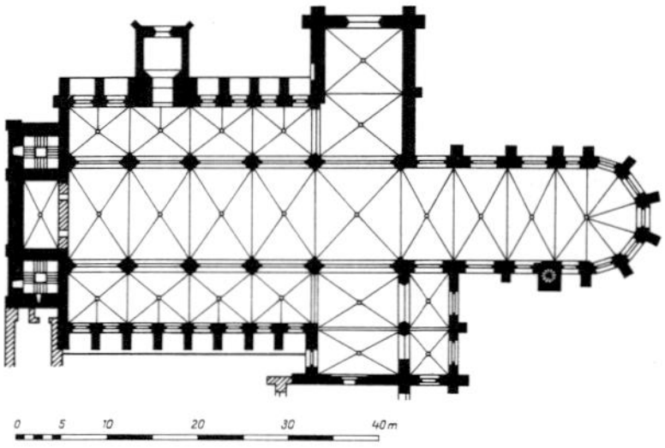

erst 1258 gew. An ihrer Stelle der bestehende, entsprechend den gewachsenen Bedürfnissen vergrößerte Kirchenbau – eines der herausragenden Werke der norddeutschen Backsteinarchitektur der Spätgotik. Wohl kurz nach 1420 beg. und in einer Bauzeit von fast 5 Jahrzehnten kontinuierlich von O nach W hochgeführt, besitzt der spätgot. Neubau einen weiträumigen Langchor mit 7/10Schluß – in Grund- und Aufriß von kathedralem Anspruch –, ein nach N ausladendes Qhs. und ein 3schiffiges Hallen-Lhs. von 4 Jochen. Außen die N-Seite mit Werksteinportalen an Qhs. und Ssch. und dem reich gegliederten Staffelgiebel als zur Stadt gerichtete Schaufront betont. Im 3. V. 15. Jh. die oberen Turmgeschosse aufgesetzt und vor der W-Seite 1473 die Marientidenkapelle angebaut; 1728 abgebrochen, die Kapellen am nördl. Qhs.-Arm bereits im 17. Jh. zerstört. Die Gestaltung des *∗ Innern* von großer Klarheit und einheitlicher Gestaltung: die leicht gestuften Hallenschiffe durch Rundpfeiler getrennt, auf denen die Arkaden und gebusten Kreuzrippengewölbe über Kämpfern aufsitzen; das Qhs. der hohen Raumfolge gleichwertig zugeordnet, an der O-Seite des S-Arms über Nebenräumen eine auch zum Chor sich öffnende Empore; der Chor vom Qhs. durch einen Lettner mit Ziborium für den Kreuzaltar abegrenzt, die Gewölbe jedoch ohne Gurttrennung in einer durchgehenden Jochfolge mit Vierung und Msch. verbunden. – Einzigartig die in so großem Umfang aus der Bauzeit erhaltene Bildverglasung in Chor und Qhs. sowie in den 4 östl. Fenstern des südl. Ssch.: wenngleich in der Zusammensetzung erheblich verändert, vermittelt sie einen nachhaltigen Eindruck von der originalen Wirkung spätmittelalterlicher Glasmalerei. In den Herstellungsabschnitten jeweils dem Bauablauf im 2. und 3. V. 15. Jh. folgend, zeigen die Farbfenster ein riesiges Aufgebot von Szenen und Einzelfiguren, denen im Chor ein theologisch gelehrtes Bildprogramm zugrunde lag: mit der ins Zentrum gestellten Kreuzigung, den Darstellungen aus Passion und Mariengeschichte und vor allem zahlreichen, breit geschilderten Heiligenviten wird eine umfassende Heilsgeschichte unter dem Leitgedanken von der Nachfolge Christi dargeboten. Die Gruppe der 12 Chorfenster als erste nach 1423 geschaffen; der ∗ *Hirt mit Dudelsack* und Hund ist ein Ausschnitt aus dem sog. Barbara-Fenster (nVII 6d). – Gleichzeitig und wohl in ikonologischem Zusammenhang mit der Chorverglasung das außerordentlich schöne ∗ *Gestühl* für die Chorherren gearbeitet: mit insgesamt 66 Sitzen vor der N- und S-Wand jeweils 2reihig aufgestellt, gegen 1430 fertig. An den hohen Wangen der oberen Sitzreihe Reliefs mit alttestamentlichen Szenen als Parallelen zur Passion Christi, auf den Pultwangen sitzende Propheten, vorzügliche Figuren des reifen Weichen Stils. – An der Rückseite des Lettners eine Reihe spätrom. Steinreliefs, um 1240/1250 entstanden, 1967 hier eingelassen. Die Majestas Domini und Szenen aus dem Leben Christi wohl vom Lettner oder den Chorschranken der ersten Stiftskirche, woher auch die gleichzeitigen, an den spätgot. Chordiensten wiederverwendeten Standfiguren der Apostel und des Kirchpatrons stammen dürften. Die übrige mittelalterliche Domausstattung fast vollständig verloren. Eines der wenigen verbliebenen Stücke das große ∗ *Sandsteinrelief* mit Maria und Johannes unter dem Kreuz, um M. 15. Jh. aus einem Grabstein des 13. Jh. ausgehauen; an der südl. Qhs.-Wand im Durchgang des Kapitelgebäudes angebracht. Aus der großen Zahl nachmittelalterlicher Grabdenkmäler beachtlich vor allem die Epitaphe für Catharina Staude († 1548), Hans Schenck-Scheußlich zugeschrieben, und für Paulus Wagener († 1591) mit Darstellung des Apostels Paulus in einer dem Florisstil verpflichteten Rahmung. – Südl. des Doms von den ehem. Stiftsgebäuden der 2geschossige O-Trakt mit dem Kapitelsaal, voll. 1461, und ein Großteil des S-Flügels mit dem M. 13. Jh. angelegten Kreuzgang erhalten, der westl. Trakt 1945 zerstört. – Nach der Reformation das Stift 1551 aufgehoben, seitdem ev. Pfarrkirche. Rest. des Inneren 1843 bis 1847, des Äußeren 1887–1893; dabei der nördl. Qhs.-Giebel und die N-Vorhalle rekonstruiert. Die 1945 erlittenen schweren Schäden durch die Wiederherstellung 1946–1950 beseitigt. Umfangreiche Rest. der Bildfenster 1958–1963. [B 2]

STENDAL. – RATHAUS [307]. Die Stadtentwicklung Stendals erfolgte im 12. Jh. im Anschluß an eine Kaufmannssiedlung mit der Nikolaikirche im S-Teil der späteren Altstadt. Nördl. davon gründete Markgraf Albrecht der Bär zwischen den beiden Armen der Uchte eine neue Siedlung, der er um 1160 Markt- und Stadtrecht erteilte. Sie wurde im 13. Jh. unter Einbeziehung weiterer früher Siedelkerne mit einheitlichem Mauerring umgeben und wuchs zur bedeutenden Fernhandelsstadt, die 1359 der Hanse beitrat. Dank ihrer wirtschaftlichen Blüte im 15. Jh. sogar die größte und reichste Stadt der Altmark, eine Stellung, die auch in den großen Gemeinschaftsbauten zur Geltung kam. Der breitgelagerte, asymmetrische ∗ *Rathauskomplex* an der O-Seite des Marktes, der mit der dahinter aufragenden, schlanken Doppelturmfront der Marienkirche eine städtebaulich eindrucksvolle Baugruppe bildet, besteht aus verschiedenzeitlichen Bauteilen. Ältester Teil ist die über etwa quadratischem

Grundriß errichtete Laube mit den großen Erdgeschoßarkaden und Staffelgiebeln nach N und S, im wesentlichen A. 15. Jh., die Fassade im 19. Jh. verändert. Östl. anschließend der lange Trakt mit Gewandhaus im N-Abschnitt und Ratsflügel im S-Teil, nacheinander erb. um M. 15. Jh. Beide mit 2schiffigen, über Pfeilern gewölbten Erdgeschoßhallen, im 2. Obergeschoß des Ratsflügels die Große Stube (Ratsstube), deren prächtige Holztäfelung von 1462 teilweise erhalten ist. Die figürliche Ausstattung war mit Kaiser und den 7 Kurfürsten eine in Rathäusern beliebte Versinnbildlichung der Reichsgewalt, mit den alttestamentlichen Helden ein Hinweis auf den Sieg des Christentums. Der schräg vorgebaute sog. Corpsflügel im Kern gleichfalls spätgot., im späten 16. Jh. mit Schweifgiebeln zu einem Spätrenaissancebau umgeformt und 1885 bis 1888 durch den Neubau am Kornmarkt zum heutigen Baublock erweitert. Vor der Laube das Standbild des Roland, 1525 errichtet, 1974 durch Kopie ersetzt. [B 2]

STENDAL. – Marienkirche [308, 309]. Der Erstbau der Stadtkirche St. Marien, Hauptpfarrkirche Stendals, entstand wahrscheinlich im Zusammenhang mit der Altstadtgründung unter Albrecht dem Bären nach M. 12. Jh. Der 2türmige W-Bau dieser Kirche, erst im 14. Jh. vorgesetzt, wurde trotz starker Achsabweichung im Backsteinbau des 15. Jh. nicht nur beibehalten, sondern enorm erhöht und erst mit der Ausgestaltung der kupfergedeckten Spitzhelme 1518 voll. Der vermutlich in den 20er Jahren 15. Jh. parallel und sicherlich auch in Konkurrenz zum Dom beg. Neubau mit der Einwölbung 1447 abgeschlossen: eine 3schiffige, gestufte Halle von 5 Jochen mit einem – sowohl außen als auch im Binnenschluß – 5seitigen Umgangschor. In der Aufnahme des Umgangsmotivs folgte die Marienpfarrkirche einer an den großen märkischen Stadtkirchen im 14. Jh. einsetzenden Entwicklung. Der Bauverlauf von W nach O mit mehreren Planänderungen, dennoch die äußere Gesamterscheinung geschlossen: durch die niedrigen, ringsum zwischen den Strebepfeilern errichteten Randkapellen gleichsam ein Sockelgeschoß ausgebildet, das Chorpolygon durch einen Zinnenkranz bes. herausgehoben. An der SW-Ecke um 1473 die 2jochige Marientidenkapelle, heute Taufkapelle, mit ihren figurierten Gewölben angefügt, die ältere Vorhalle vor dem reich profilierten S-Portal daneben 1794 abgebrochen. Das ∗ *Innere* eine der großen Raumschöpfungen der Spätgotik,

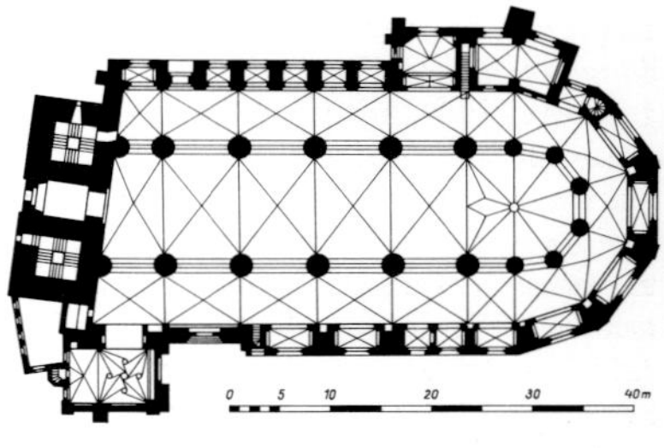

in ihrer schmucklosen Klarheit und Ausgewogenheit von seltenem Wohllaut: die zur Mitte gestaffelten Schiffe durch Rundpfeiler geschieden, auf denen die gestelzten Arkaden und stark gebusten Kreuzgewölbe aufsitzen; die Chorpfeiler schlanker, das Gewölbe über dem Binnenchor eine 9teilige Polygonalkuppel; am nördl. Ssch. über Sakristei und anliegender Kapelle hohe Emporenräume; die Randkapellen urspr. Gehäuse für zahlreiche Altarstiftungen, später bevorzugte Grablegen. – Der hervorragende, große Schnitzaltar kostbar gefaßt, inschriftlich von 1471; in der Schreinmitte ∗ *Tod und Krönung Mariens*, begleitet von Szenen des Marienlebens und der Jugendgeschichte Christi; die erste Wandlung mit Reliefs der Kreuzigung und des Jüngsten Gerichts, auf den Flügeln Gemälde der Passion Christi; in der Predella Darstellungen aus der Katharinenlegende. Das Gesprenge mit Maria, Katharina und Barbara A. 17. Jh. aus praktischen wie kultischen Gründen von ungewöhnlicher Rückwand hinterfangen. Der insgesamt in einer norddeutsch-niedersächsischen Tradition stehende Altaraufsatz läßt im skulpturalen Teil auch einen Zusammenhang mit der Erfurter Kunst erkennen, in den Malereien darüber hinaus mit Nürnberg-Franken. – Der Chor von eichengerahmten Gittern umschlossen, zum Schiff reicher Schrankenaufbau aus Teilen überwiegend der 2. H. 15. Jh., im 16. Jh. neu zusammengestellt. Über der Gitterzone mit den Durchgängen eine Reihe kielbogiger Arkaden, darunter vorzügliche Schnitzfiguren der Apostel und einer Krönung Mariae, um 1225/1230, offenbar von einer älteren Schranke. Über den abschließenden großen Kielbogen die Kreuzigungsgruppe aus verschiedenzeitlichen Schnitzfiguren des 14. Jh.; ihre urspr. Anordnung 1981 wiederhergestellt. Das Chorgestühl von Hans Ostwalt 1508, Reste eines älteren an der W-Wand der Kirche. Beachtenswert auch die geschnitzten spätgot. Reliefscheiben unter vielen Schlußsteinen aus der Bauzeit und die schöne Bronzetaufe von 1474. Aus der Zeit der durch die Reformation veränderten kultischen Bedürfnisse die Kanzel von 1566 und die westl. Orgelempore mit rahmender Renaissancemalerei und einer Orgel, die sich aus Teilen von 1580 und A. 17. Jh. zusammensetzt; 1940–1944 stark erneuert. [B 2]

STENDAL. – Jakobikirche [310]. In dem bislang als die Kirche einer Dorfsiedlung Stendal (Altes Dorf) angesehenen Sakralbau wird neuerdings die Pfarrkirche der jüngeren nördl. Neustadt vermutet. Die bestehende 3schiffige, 6jochige Halle mit langem, eingezogenem Chor im wesentlichen aus Backstein und an der Stelle des rom. Vorgängers in zwei Abschnitten im 14. Jh. entstanden: zunächst die östl. Hälfte des Lhs. bis zu dem mittleren Pfeilerpaar, 1311(?) beg., dann die westl. Hälfte nach M. 14. Jh., insgesamt das Lhs. wohl 1408 voll.; nur der zunächst kurze Chor 1460–1469 um 2 weitere Joche mit 3seitigem Polygonalschluß verlängert. Der W-Turm als Ersatz für den bereits 1808 eingestürzten rom. Turm 1893–1901 errichtet. – Die alte Ausstattung in wichtigen Teilen erhalten. Die in 6 Chorfenstern zusammengestellte Farbverglasung besteht aus Teilen von urspr. mindestens 12 Fenstern, die überwiegend dem letzten Drittel 14. Jh. angehören; die übrigen mit dem Passionsfenster im Chorscheitel aus der Zeit der Erweiterung um 1470. Ein bes. prächtiges Werk ist die spätgot. ∗ *Chorschranke*, einheitlich 1. V. 16. Jh. Der durchsichtige, ebenso reich wie filigran geschnitzte Aufbau mit schmiedeeiserner Vergitterung in sichtlicher Anlehnung an den älteren Chorabschluß der Marienkirche geschaffen. In den Baldachinnischen über der Gitterzone die Marienkrönung, beidseits flankiert von den Aposteln. Darüber freischwingend ineinanderverschränkte Kielbogen, bekrönt von der vollplastischen Kreuzigungsgruppe. In Chor und Schiff Teile eines Gestühls von etwa 1440/1450; an den Wangen feine Reliefdarstellungen zumeist alttestamentlichen Inhalts, an den Pulten Heilige. – Altar und Kanzel sind Hauptwerke des Werbener Bildhauers Hans Hacke: bei dem großen, 3geschossisgen Altaraufsatz, 1600–1603 aus Sandstein, das architektonische Gerüst von Spätrenaissanceornamenten förmlich überwuchert. Bedeutsam das theologisch streng lutherische Bildprogramm: im Zentrum das Passahmahl, in der Predella kleiner zugeordnet das Abendmahl, die oberen Geschosse mit Christus im Limbus und einer Trinitätsdarstellung; seitlich die Figuren des Kirchpatrons Jakobus und des Kirchenvaters Hieronymus, sinndeutend zusammengestellt mit dem Bildnis Luthers und des Stendaler Reformators Cordatus. An der nicht minder prachtvollen Kanzel von 1610–1612, mit unterlebensgroßer Jakobusfigur an der korbtragenden Säule, in den Brüstungsreliefs sowie den Statuetten von Christus und den Aposteln die protestantische Thematik fortgesetzt. [B 2]

STENDAL. – Uenglinger Torturm [311]. Von den im 15. Jh. umfassend erneuerten Befestigungsanlagen der Stadt nur geringfügige Reste des Mauerrings heute noch vorhanden. Eine bes. Bedeutung kommt den beiden erhaltenen Tortürmen zu. Das ältere Tangermünder Tor im Süden der Stadt stammt mit dem Feldsteinunterbau noch aus dem 13. Jh. und wurde um 1440 durch ein Backsteinobergeschoß mit Zinnenkranz zwischen Erkern und einem niedrigen, ebenfalls zinnenverzierten Rundaufsatz modernisiert. Der * *Uenglinger Torturm* an der NW-Ecke der Altstadt ist ein weitgehender Backsteinneubau von 1450/1460, vermutlich von Steffen Boxthude, mit prinzipiell gleicher Struktur; der quadratische Torbau und der auf der Plattform aufsitzende Rundturm aber jeweils ein Geschoß höher geführt und in der Detailgliederung ungemein bereichert und verfeinert – der Torturm gilt daher als einer der großartigsten im norddeutschen Backsteingebiet. Beide Torbauten schon 1834 rest. und somit Inkunabeln der Denkmalpflege in Preußen. [B 2]

STOLBERG. – Stadt und Martinikirche [312–314]. Die im 13. Jh. unterhalb der Burg der Grafen von Stolberg zur Stadt gewachsene Ansiedlung verdankt ihre Entstehung der bes. Lage an einer hier den Harz querenden Straße von Braunschweig nach Erfurt. Stolberg wurde Hauptort einer Grafschaft, die erst 1803 unter kursächsische Hoheit kam und 1815 an Preußen fiel. Für die Blüte im Spätmittelalter sorgte ein ertragreicher Silber- und Kupferbergbau, nach dessen Rückgang die Leineweberei Haupterwerbszweig war. Die Stadt durch die langgezogene Ausdehnung in mehreren engen Tälern von ungewöhnlicher Gestaltung, die bis heute in den Straßenräumen fast unverändert bewahrt geblieben ist. Dazu prägt – von späteren Zerstörungen verschont – vor allem der dichte Bestand der vom 15. bis 18. Jh. entstandenen Fachwerkbauten das Bild der reizvollen Harzstadt. Stattliches Zentrum am 3eckigen Marktplatz ist das Rathaus von 1482. Dahinter erhebt sich am Berghang die Stadtkirche St. Martini, ein im wesentlichen spätgot. Bau. Von dem beträchtlich kleineren und auch anders orientierten rom. Erstbau der W-Turm in die jüngeren Umfassungen einbezogen. Der Neubau wohl in mehreren Abschnitten erfolgt, zuletzt der Chor 1484 beg. und 1490 gew. Unter dem Chor eine große 2schiffige Krypta, nach der Reformation Erbbegräbnis der Grafen von Stolberg. An der N- und S-Seite des Chors mehrgeschossige, durch Höhe und Fachwerkgiebel wie ein Qhs. wirkende Annexe, im S mit Sakristei und Singchor. Statt vorgesehener Gewölbe der Chor flachgedeckt, das basilikal angelegte Lhs. in der Barockzeit mit hölzernen Tonnen geschlossen. – Die Ausstattung enthält einige sehr beachtliche Stücke, darunter das * *Epitaph* und die sekundär damit verbundene Grabinschrift für Ulrich Rißbach († 1488), Professor der Theologie in Erfurt und seit 1474 auch Pfarrer in Stolberg, der bei den Zeitgenossen wegen seiner Reformtätigkeit in hohem Ansehen stand und als »Leuchte Thüringens« galt. Auf dem Bronzerelief kniet er in Kanonikerhabit betend vor dem Schmerzensmann, den die Arma Christi umgeben; vorzügliches Werk wahrscheinlich der Gießwerkstatt Peter Vischers d. Ä. in Nürnberg. Von dort wohl auch die Grabplatte für Elisabeth von Stolberg († 1505) mit gravierter Darstellung der Verstorbenen. Von den Prinzipalstükken der aus Marmor und Alabaster gearbeitete * *Taufstein* von 1599 in besten Spätrenaissanceformen. [A 4]

STOLBERG. – Schloss [315]. Auf einem Bergsporn steil über der Stadt errichtet und mit der Gründung als Burg der Grafen von Stolberg sicher bis ins 12. Jh. zurückreichend, ist der bestehende Bau des Hauptschlosses im Kern die 1538/39–1549 für Graf Wolfgang von Stolberg-Wernigerode nach dem Entwurf von Andreas Günther – unter Einbeziehung älterer Teile – in Frührenaissanceformen geschaffene Dreiflügelanlage. Sie wurde später in ihrer äußeren Erscheinung und ebenso innen beträchtlich verändert, vor allem durch die Barockisierung um 1690/1710 und eine Erneuerung E. 19. Jh. – Eine Reihe der bar. hergerichteten Räume erhalten, in einigen die stukkierten Decken sowie Deckenmalereien von beachtlicher Qualität; der Blaue Saal mit stuckgerahmten Bildern von Samuel Blütner (1703) und Franz April (1710). Auch die Kapelle mit der schönen Rippenwölbung von 1539/1547 damals neu ausgestattet: der 2geschossige Logeneinbau mit Stukkaturen von Michael Caminade; der Altar bereits 1667 eingefügt. Einer Modernisierung in den 30er Jahren des 19. Jh. gehört im 1. Obergeschoß der später als * *»Roter Saal«* bezeichnete Raum in der SW-Ecke an: mit seiner einheitlichen Ausstattung und dem Mobiliar, die weitgehend erhalten blieben, darf er als höchst qualitätvolles Beispiel klassizistischer Innenraumgestaltung gelten. Der Entwurf dazu geht wohl auf den der weiteren Schinkel-Schule zuzurechnenden Berliner Architekten Gustav Alexander Meyer zurück, der von 1836 bis 1858 als Gräflich Stolbergischer Bauinspektor tätig war. [A 4]

STOLBERG. – Alte Münze [316]. Das durch stattliche Größe und aufwendige Gestaltung in der Altstadt Stolbergs bes. auffallende Gebäude Thomas-Müntzer-Gasse 19, inschriftlich 1535 erb., war urspr. für die Unterbringung der Münze bestimmt; später Justizkanzlei und Konsistorialgebäude, heute Heimatmuseum. Über massivem Unterbau die breite asymmetrische Fachwerkfront mit drei Oberstöcken ausgebildet, von denen die beiden oberen kräftig vorkragen. Über der Eingangstür ein die Fassade akzentuierender, bis ins Dach 4geschossig aufragender Polygonalerker. Ungewöhnlich reich an geschnitzten, auch der Hausteinarchitektur entlehnten Details, wie etwa die spätgot. Stabwerkprofilierung der rundbogigen Torfahrt. An den Brüstungen durchgehend Fächerrosetten, die Stockschwellen mit Schiffskehlen und die Balkenköpfe mit stark ausgearbeiteten Profilen, dazu die Fenster des letzten Oberstocks und teilweise des Erkers vorhangbogig geschlossen – allgemein zählt die Alte Münze zu den schönsten erhaltenen Fachwerkbauten aus dem 2. V. 16. Jh. [A 4]

TANGERMÜNDE. – STEPHANSKIRCHE [317, 318]. Die Kirche des vor 1188 durch Graf Heinrich von Gardelegen gegr., doch mit der Verlegung nach Stendal in Tangermünde aufgegebenen Stifts war – vermutlich ähnlich der Stiftskirche in Jerichow – eine 3schiffige, kreuzförmige Basilika, die wohl bereits eine westl. Doppelturmfront besaß; vom Qhs. dieser rom. Kirche die N-Wand und Teile der östl. Vierungspfeiler in den späteren Überbauungen erhalten. Vielleicht schon im 13. Jh. zur Hauptpfarrkirche erhoben, wurde ein Neubau 1376 – im Zusammenhang mit der Unterstellung der Kirche unter das von Kaiser Karl IV. auf der Burg eingerichtete Kollegiatstift – beg. Das zunächst bis gegen 1400 errichtete Lhs. eine 6jochige Backsteinhalle in der Tradition märkischer Bauten; eigentümlich die vielgliedrigen Bündelpfeiler, die Umsetzung einer hochgot. Form in Backstein, auf die von der Wölbung nur bedingt Bezug genommen wird. Kennzeichnend für das Äußere die Gitterfriese an den Strebepfeilern und als Gesimsband unter der Traufe. Der W-Bau als mächtiger, hochragender Riegel ab 1430/1440 bis zum späten 15. Jh. gänzlich neu aufgeführt; die erst 1601, aber noch im Sinne der Spätgotik dem N-Turm aufgesetzte Spitze im Stadtbrand 1617 vernichtet, die heutige bar. Haube mit Laterne von 1714. Nach Beseitigung der rom. O-Partie der spätgot. Hallenumgangschor inschriftlich 1470 beg. – eine der bedeutenden Raumschöpfungen dieser Zeit und – wenngleich unter dem Einfluß der Stendaler Kirchen – ganz eigenständige Leistung. Im Polygon statt der Randkapellen zwischen den stark eingezogenen Strebepfeilern raumhohe Nischen, nördl. und südl. an den Umgang große Doppelportal-Vorhallen wie Qhs.-Arme mit 2geschossigen Anräumen angesetzt. Auf der ∗*Südseite* die querhausartige Wirkung durch die «Schöppenkapelle« und den im späten 17. Jh. hergestellten breiten Giebelabschluß noch verstärkt. N- und S-Portal in reicher Zierrahmung aus glasierten Formsteinen. – Die Hauptstücke der Ausstattung in mehreren Phasen nach 1617 entstanden: die prunkvolle ∗*Kanzel*, vielleicht von dem Magdeburger Bildhauer Christoph Dehne, mit der Figur des Mose als Kanzelträger und den virtuos gearbeiteten Statuetten und Reliefs am Kanzelkorb, gestiftet 1619 – ein Höhepunkt norddeutscher Skulptur der Spätrenaissance. Ein gleichfalls hervorragendes Renaissance-Werk die Orgel, 1623/24 von Hans Scherer aus Hamburg; aus gleicher Zeit die Emporen mit gemalten Brüstungsfeldern, 1984 an den urspr. Standort zurückgesetzt. Der bar. Altaraufsatz von 1705. [C 2]

TANGERMÜNDE. – RATHAUS [319]. Der 2geschossige, in Backstein ausgeführte Gebäudekomplex mitten auf dem Marktplatz gilt als einer der schönsten Rathausbauten der Spätgotik im nördl. Deutschland. Urspr. nur die erweiternden Flügel des eigentlichen Rathauses, das an der N-Seite im Zuge der Langestraße sich anschloß und durch den Stadtbrand 1617 zerstört wurde. Der bestehende östl. Teil, um 1430, Hinrich Brunsberg von Stettin zugeschrieben, mit anfänglich hoher, erst im 16. Jh. durch einen Zwischenboden unterteilter Halle im Untergeschoß und dem Ratssaal im Obergeschoß. Beide Räume über Mittelpfeiler vielteilig gewölbt, die Fächerform im reicher gestalteten Ratssaal

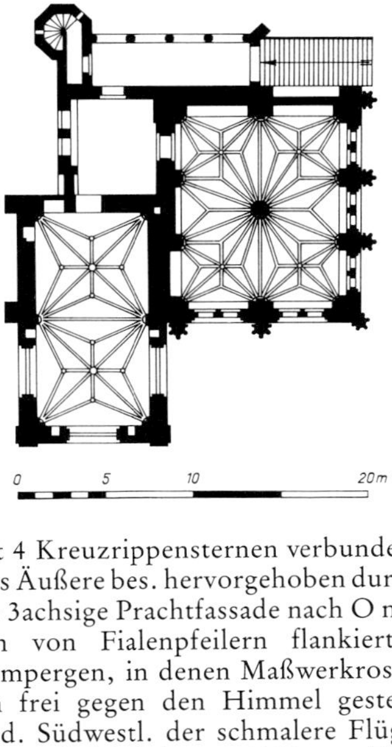

mit 4 Kreuzrippensternen verbunden. Das Äußere bes. hervorgehoben durch die 3achsige Prachtfassade nach O mit den von Fialenpfeilern flankierten Wimpergen, in denen Maßwerkrosetten frei gegen den Himmel gestellt sind. Südwestl. der schmalere Flügel mit Staffelgiebel, um 1480 angefügt, über der Erdgeschoßlaube die ehem. Ratsstube. Nach langen Vorbereitungen seit 1830 gründliche Rest. und Anbau mit Treppe und Türmchen an der N-Seite bis 1849 ausgeführt; seit 1928 Museum. [C 2]

TANGERMÜNDE. – NEUSTÄDTER TOR UND NIKOLAIKIRCHE [320]. Die mittelalterliche Stadtbefestigung hat sich in Tangermünde zum größten Teil bis heute erhalten. In ihrer Anlage vielleicht in die Zeit um 1300 zurückreichend, besteht sie aus der weithin geradlinig verlaufenden Ringmauer mit zahlreichen Mauer- und 4 Ecktürmen sowie den drei Torbauten. Die aufwendigste Toranlage war das ** Neustädter Tor* an der südwestl. Schmalseite der Stadt: in 3teiliger Folge setzte es sich aus dem Vortor, der über den (verschütteten) Graben geführten Brücke und dem inneren, von zwei Türmen flankierten Tor zusammen. Der niedrigere Rechteckturm großenteils noch aus der Bauzeit um 1300, der hohe und reicher gestaltete Rundturm mit der zinnenbewehrten Durchfahrt um 1450, vielleicht von Steffen Boxthude; der vorgekragte, umlaufende Wehrgang 1895–1897 rekonstruiert. Direkt hinter dem Tor ragt der wenig später, im 3. V. 15. Jh., errichtete Backsteinturm der Nikolaikirche auf. Der zugehörige kleine, spätrom. Saal mit Rechteckchor war urspr. die Pfarrkirche der aus einer Kaufmannssiedlung entwickelten Altstadt; seit dem 16. Jh. profaniert und später für Wohnzwecke umgestaltet. [C 2]

TANGERMÜNDE. – BURG [321]. Am nördl. Ende der Hochfläche, auf der die Stadt an der Mündung des Tanger in die Elbe liegt, erhebt sich über dem Steilhang zum Strom der einst allseits noch durch Gräben geschützte Burgberg. Die urspr. slawische Burg wurde wahrscheinlich in ottonischer Zeit ausgebaut, unterstand im 11. Jh. den Grafen der Nordmark und dann bis in 14. Jh. den askanischen Markgrafen. Burg und Stadt – die mit weitreichenden Handelsbeziehungen seit 1368 auch der Hanse angehörte – erlebten ihre Glanzzeit unter Kaiser Karl IV. († 1378), der Tangermünde nach dem vollständigen Erwerb der Mark Brandenburg 1373 zur Nebenresidenz erhob und hier bereits 1374 einen Reichstag abhielt. Damals erfolgte ein umfassender Ausbau der Anlage, wovon heute nur Reste künden: Teile der Ringmauer und der Kapitelturm (mit Walmdach von 1902). An der Stelle des für Friedrich I. 1699–1701 errichteten schlichten Barockbaus auf der Elbseite stand der – mit den von böhmischen Malern geschaffenen Fresken literarisch bezeugte – Palast Karls, daneben die gleichfalls verschwundene, 1377 gew. Schloßkapelle und Stiftskirche St. Johannis, deren Inneres mit Edelsteinwänden wie in den Kapellen der Burg Karlstein und der Wenzelskapelle des Prager Veitsdoms prachtvoll geschmückt war. Erhalten dagegen die sog. Kanzelei, ein Saalbau aus dem späten 14. Jh. Durch die Belehnung Burggraf Friedrichs von Hohenzollern mit der Mark 1415 in kurfürstlich-brandenburgischen Besitz gekommen, blieb die Burg Amtssitz bis zur Zerstörung 1640. Das heutige Bild durch die Wiederherstellungsarbeiten 1902 geschaffen. [C 2]

TANGERMÜNDE. – Kirchstrasse 59 [322]. Zu den großen Backsteinbauten von Rat und Kirche aus dem 15. Jh. bilden die das Altstadtbild bestimmenden Fachwerkhäuser einen reizvollen Gegensatz. Sie entstanden alle nach den verheerenden Stadtbränden von 1617 bzw. 1678 in jeweils kurzer Zeit, was den verschiedenen Straßenabschnitten ihre einheitliche Erscheinung gibt. Bezeichnend für die Neubauten sind die reich mit figürlichen Darstellungen und Ornamenten in Flachschnitzerei verzierten Rahmungen der Türen und Tore und die stolz angebrachten Inschriften, die von der jeweiligen Hauserneuerung Kunde geben. Am Haus Kirchstraße 59, das unmittelbar nach dem Brand von 1678 entstand, zeigt das **Portal* in seiner handwerklich tüchtigen Schnitzrahmung auch noch das alte Türblatt mit dem Datum 1679. [C 2]

THALHEIM. – Dorfkirche [323]. Mit der bäuerlichen deutschen Besiedlung der ostsaalischen Gebiete Mitteldeutschlands setzte im 12. Jh. auch der Bau zahlreicher dörflicher Pfarrkirchen ein, in ihrer zweckmäßigen Schlichtheit von unterschiedlicher Gestalt und fast immer sofort in Stein. Ein bezeichnendes und später kaum verändertes Beispiel für den sog. vollständigen Typus stellt die spätrom. Dorfkirche in Thalheim dar, in beherrschender Ortslage wohl noch im ausgehenden 12. Jh. errichtet: mit westl. Querturm, flachgedecktem Schiff, eingezogenem Chorraum und halbkreisförmiger Apsis ein 4teilig angelegter Bruchsteinbau, urspr. zweifellos verputzt, bis auf wenige gliedernde Details aus Sandstein, bes. im Innern, eindrucksvoll schmucklos. [C 4]

WEFERLINGEN. – Mausoleum an der Lambertuskirche [324]. Der Flekken Weferlingen befand sich bis ins 17. Jh. in wechselndem Besitz und kam

1648 an Brandenburg. König Friedrich I. übertrug das landesherrliche Domänenamt 1706 dem Markgrafen Christian Heinrich von Kulmbach-Bayreuth. Sein Sohn Friedrich Christian (* 1708 in Weferlingen, † 1769 in Bayreuth) ließ sich an der S-Seite der Lambertuskirche, einem schmucklosen, großen Emporensaal des 18. Jh. mit W-Turm, das später nur als Vorhalle genutzte Mausoleum erbauen. Der pompöse kleine Werksteinbau, vielleicht nach einem süddeutsch-fränkischen Entwurf, 1766–1768 von dem Baumeister und Bildhauer Bartoli ausgeführt. Die noch hochbar. Struktur des Wandaufbaus mit reichem Rokokodekor verbunden, wobei die Sinnbilder der »Letzten Dinge« in den Kartuschen und die Sitzfigur des Todes über dem Wappenaufsatz der Portalachse auf die vorgesehene Grabfunktion verweisen, die zahlreichen martialischen Attribute auf den hohen militärischen Rang des Bauherrn als kaiserlicher Generalfeldzeugmeister und Generalissimus des Fränkischen Kreises. [A 2]

WEISSENFELS. – Schloss Neu-Augustusburg [325, 326]. Die mittelalterliche, noch im 16. Jh. teilerneuerte Burg der Wettiner über der an einem alten Saaleübergang gelegenen Stadt wurde während des 30jährigen Krieges 1644/45 geschleift. An ihrer Stelle entstand das mächtige Residenzschloß der Herzöge von Sachsen-Weißenfels, als die Stadt 1656–1746 Sitz einer kursächsischen Sekundogeniturherrschaft war: die große, 3geschossige Dreiflügelanlage, die in der Reihe der monumentalen thüringisch-sächsischen Schloßbauten des 17. Jh. die reifste Frühbarocklösung darstellt. Grundsteinlegung 1660, der N-Trakt mit der Schloßkapelle im Rohbau 1667 fertig, Mittel- und S-Flügel 1669; letzte Arbeiten und die Innenausgestaltung 1694 abgeschlossen. Nach anfänglicher Beteiligung des Baumeisters Erhard Lindner lagen Planung und Ausführung in den Händen des Fürstlich Weimarer Landbaumeisters Johann Moritz Richter d. Ä., nach dessen Tod 1667 sein gleichnamiger Sohn des Werk fortsetzte, voll. unter Mitwirkung von Christoph Pitzler. Die langgestreckten Fronten über triklinem Grundriß sehr regelmäßig und symmetrisch ausgebildet, bis in die Einzelheiten streng und klar gegliedert. Von urspr. 3 Turmaufbauten nur der Mittelturm des Corps de logis geblieben, die anderen über den vortretenden Teilen von Kapellen und urspr. vorhandenem Theatersaal an den Enden der Seitenflügel bereits im 18. Jh. wieder abgenommen. Der Ehrenhof

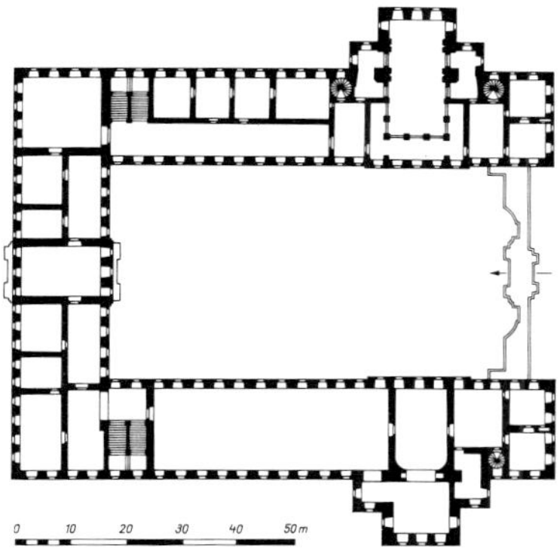

nach O von der sog. Galerie mit aufwendigem Portal abgeschlossen; dieses wie auch das Hauptportal am Mitteltrakt gegen 1690 von Christoph Pitzler. – Die * *Schloßkapelle*, im Typus den protestantischen Kapellen des 16. Jh. in der Nachfolge von Torgau verpflichtet, in der Gestaltung unmittelbar an Weimar anschließend, 1682 eingew.: ein großer, mit kassettiertem Tonnengewölbe bedeckter Rechtecksaal, dem an 3 Seiten doppelte Emporen anliegen. Die Binnenfassaden von den geschoßweise umlaufenden Architraven im Chorbereich mit Pilastern gegliedert, im übrigen mit Pfeilerstellungen. Der auch die Wölbung überziehende Stuckdekor von Giovanni Caroveri und Bartolomeo Quadri 1677/78, die höchst qualitätvollen Brüstungsmalereien, ein typologischer Zyklus alt- und neutestamentlicher Szenen, und die emblematischen Darstellungen von Johann Oswald Harms. Der ∗*Altaraufbau* und die Kanzel, urspr. als Kanzelaltar zusammengehörig, beg. 1678 von dem Schneeberger Bildhauer Johann Heinrich Böhme († 1680). Er selbst schuf nur die Assistenzfiguren der Kreuzigungsgruppe, die großartigen Gestalten der Maria und des Johannes, alles übrige nach dem Modell Böhmes von Johann Balthasar Stockhammer, 1683 voll. Als die Weißenfelser Herzogslinie 1746 ausstarb und die Herrschaft an das katholische Kursachsen zurückfiel, wurde die Kanzel aus dem protestantischen Kanzelaltar herausgelöst und mit neuer Treppe und Schalldeckel getrennt aufgestellt; an ihrer Statt am Altar das Verkündungsrelief angebracht. Die Orgel 1673 von Christian Förner, der Prospekt 1983 mit einem neuen Werk verbunden. [C 5]

WEISSENFELS. – Rathaus und Marienkirche [327]. Nach dem Stadtbrand von 1718, der das alte Rathaus einäscherte, wurde bis 1722 durch Johann Christoph Schütze der bar. Neubau errichtet. Die Marktfassade über hohem Rustikasockel mit gepaarten Kolossalpilastern an den Eckrisaliten und dem wie ein eingestellter Turm ausgebildeten Mittelrisalit ebenso wirkungsvoll wie repräsentativ gegliedert. Nördl. vom Rathaus die Stadtkirche St. Marien, der spätgot. Nachfolgebau der Pfarrkirche der im 12. Jh. mit Stadtrecht begabten Marktsiedlung. Ältester Teil der bestehenden Hallenkirche der mit breitem, 5seitigem Polygon zum Markt gewandte Chor, mit seinem »Dekor« an den Strebepfeilern ein bezeichnendes Werk des Reichen Stils um 1400. Auch der westl. Querturmbau, wohl 1. H. 15. Jh., noch auf das ältere Lhs. bezogen. Die Umfassungen der neuen 3schiffigen Halle, an den östl. Enden der Seitenschiffe mit 2 Polygonseiten, die Sakristei und die Pfeilerarkaden ab 1465, teilweise nach einem Plan des obersächsischen Werkmeisters Hans Reinhart, in Etappen aufgeführt. Die Netzgewölbe in den Ssch. erst um 1520 eingezogen, anstelle der nicht mehr ausgeführten Msch.-Wölbung 1660 eine hölzerne Flachtonne eingezogen, im 19. Jh. überarbeitet. Einer umfangreichen frühbar. Ausstattungsphase gehören alle Prinzipalstücke an: die Kanzel 1674, die eigenwillige kufenförmige Sandsteintaufe mit umlaufenden Hochreliefs 1681 und die große Altarschauwand, eine hohe Säulen- und Pilasterarchitektur mit reichem Figurenschmuck, von dem Hofbildhauer Andreas Griebenstein 1684. Den spätgot. W-Turm krönte Johann Christoph Schütze nach dem Brand von 1718 noch durch einen mit Pilastergliederung und Schweifhaube prächtig gestalteten Aufsatz – elegantes Gegenstück zu dem behäbigeren Turmabschluß des Rathauses. [C 5]

WEISSENFELS. – MARIENSTRASSE 2 UND 4 [328]. Der Bestand an historischen Wohnbauten in Weißenfels wurde durch Vernachlässigung und Abbrüche in jüngster Zeit erheblich dezimiert, das Vorhandene aber noch immer beachtlich, darunter – aus der Zeit der herzoglichen Residenz – die repräsentativen Barockbauten in der Leipziger Straße (Nr. 9–11) und in der Marienstraße (Nr. 2–8). Die Kavalierhäuser Marienstraße 2 und 4, südl. gegenüber der Marienkirche, mit aufwendigen Fassaden, bes. Haus Nr. 2 von 1720: 5achsig mit Mittelerker und -lukarne, die Seitenrisalite in den Obergeschossen von Pilastern gerahmt und jeweils mit Ovalfenster unter der Segmentverdachung betont, aufs üppigste mit Friesen, Gehängen, Muschel- und Wappenkartuschen sowie Nischenbüsten geschmückt. Etwas einfacher und jünger, 1730/1740, das 3achsige Nebenhaus Nr. 4. In beiden Gebäuden zudem beachtliche Stuckdecken erhalten. [C 5]

WERBEN. – JOHANNISKIRCHE [329, 330]. Eine Burg in Werben – zum Schutz eines alten Elbübergangs von der Altmark in die Prignitz – urkundlich erstmals 1005 genannt; sie lag vermutlich im Zentrum der späteren Stadt. Markgraf Albrecht der Bär übereignete die Burg 1160 dem Johanniterorden, als er hier – veranlaßt durch seine Pilgerfahrt nach Jerusalem – eine Komturei gründete, die erste in Norddeutschland überhaupt, und dieser gleichzeitig auch die vorhandene Kirche zuwies. Als Pfarrkirche St. Marien und Johannes Bapt. wurde sie damit bis zum Ausgang des Mittelalters zugleich Kirche der Johanniter-Komturei, was zu ihrer späteren Größe und reichen Ausgestaltung wesentlich beitrug. Der Erstbau war eine um M. 12. Jh. entstandene spätgot. Backsteinbasilika mit W-Turm, der weitgehend erhalten ist; gegen 1230 erhöht. Anstelle des rom. Lhs. in mehreren Abschnitten die großartige spätgot. Hallenkirche entstanden, die zu den überragenden Architekturleistungen ihrer Zeit zählt. Bereits A. 14. Jh. mit 2 Wandabschnitten im N und S beg., aber vielleicht zunächst nur im Zusammenhang mit einer Teilerneuerung des Vorgängers geplant. Diese Abschnitte mit den hochgot. Wimpergportalen und Fenstern dann einbezogen in den ab 1412 – und spätestens zu diesem Zeitpunkt sicher auch nach dem Plan einer 3schiffigen Halle – bis gegen 1430/1440 errichteten Neubau der westl. 5 Joche der Kirche: mit 8eckigen Bündelpfeilern nach weiterentwikkeltem Muster der Stephanskirche in

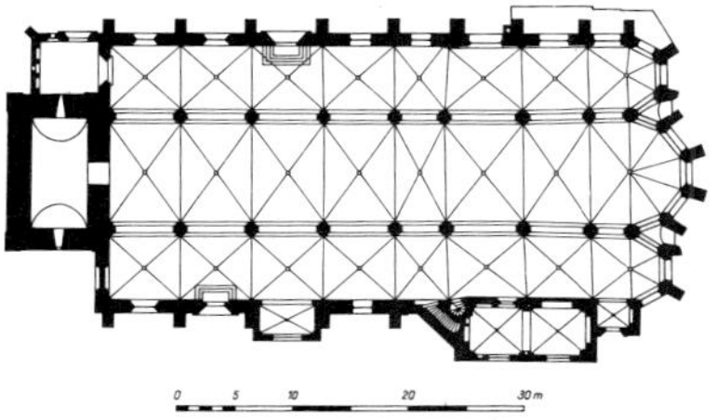

Tangermünde und gebusten, im Msch. überhöhten Kreuzrippengewölben. In der äußeren Erscheinung die Gitterfriese aus Formsteinen an den Strebepfeilern unter der Traufe der Hauptdekor. Der anschließend um M. 15. Jh. bis zur Vollendung 1466 erb. 3apsidiale Chor dagegen bis auf die Rosettenblenden über den Fenstern außen schmucklos; die großartige Wirkung der O-Seite als Chorfassade resultiert aus der in Grund- und Aufriß gestaffelten Zuordnung der flachen Nebenapsiden zum 5seitigen Hauptpolygon und dem Zusammenschluß unter einem gemeinsamen, abgewalmten Steildach. Im ∗*Innern* der Übergang von dem zurerst entstandenen W-Teil zum jüngeren Chorbereich fast nur an der variierten Form und den höheren Kämpfern der Pfeiler ablesbar, in der übrigen Gestaltung von beeindruckender Geschlossenheit. – Die Ausstattung in bemerkenswertem Umfang erhalten: die Glasmalerei in den 11 Fenstern der Apsiden und zwei des nördl. Ssch. mit Szenen des Alten und Neuen Testaments, Aposteln und Heiligenlegenden im 19. Jh. ergänzt und neu zusammengestellt, daher ohne ikonographisches Programm; einige Scheiben noch aus dem Vorgängerbau, sonst aus der Bauzeit des Hallen-Lhs. um 1420/1430 und des Chors mit Datierung 1467. Großes Schnitzretabel auf dem Hochaltar um 1430, in der Mitte Marienkrönung in einem Engel-Wolkenkranz, umgeben von Szenen des Marienlebens sowie Standfiguren von Aposteln und Heiligen in festlich gestalteten Rahmungen; auf den Flügelrückseiten Gemälde der Passion Christi. Seit 1721 über dem Mittelschrein ein kleinerer Schnitzaltar mit der seltenen Darstellung der Fürbitte Christi und Mariae vor Gottvater, dazu Johannes Bapt., Patron des Johanniterordens, A. 16. Jh. Aus gleicher Zeit auch ein Marienaltar, von einem weiteren Retabel nur das Relief der hl. Sippe überkommen, 1513 / 14 von dem Hamburger Bildschnitzer Helmeke Borstel. Ebenfalls aus Hamburg stammend der hohe 5armige, von drei Löwen getragene ∗*Standleuchter* und die Taufe, beide Messing, gegossen 1487 und 1489 von dem Glockengießer Hermen Bonstede. Nach der Reformation bestand die reiche Ordensniederlassung als ev. Kommende weiter bis 1809, die Kirche wurde 1542 ev. Stadtkirche. Zur danach geschaffenen Einrichtung gehört die Sandsteinkanzel, inschriftlich 1602 von dem Magdeburger Bildhauer Michael Spies. [C 1]

WERNIGERODE. – Theobaldikapelle in Nöschenrode [331]. Die unterhalb des Schlosses im Zillierbachtal gelegene Kapelle, angeblich eine Sühnestiftung des letzten Wernigeroder Grafen Heinrich († 1429), ist im Ursprung ein kleiner, kreuzförmiger Bau der 2. H. 13. Jh. Ihren bes. Reiz hat sie durch die reiche Ausgestaltung des Innern in ländlichen Barockformen: von den raumbeherrschenden Emporen die untere 1636/37 mit Brüstungsmalereien von Michael Sperling, die obere W-Empore 1655 – für die Orgel mit einem Prospekt von 1670 – und die 2. N-Empore 1712; die hölzerne Tonnenwölbung 1685, als Wolkenhimmel bemalt, darin Engel mit dem Te Deum; die geschnitzte Kanzel und der zugehörige Schalldeckel 1696, gleichzeitig die ∗*Triumphkreuzgruppe*. – Bedeutsam das große, 2flügelige Altarretabel, ein außerordentlich qualitätvolles Werk der Zeit um 1420 und aufs engste verwandt mit dem gleichartigen Schnitzaltar in der Wernigeroder Johanniskirche: in der Schreinmitte die von Engeln umgebene Madonna, zugeordnet Reliefs mit Szenen aus dem Marienleben und der Passion Christi, in der Predella Reliquienbüsten, darunter die des hl. Bischofs Theobald. [A 3]

WERNIGERODE. – Rathaus [332]. Das um 1420 erb. und 1427 von Graf Heinrich von Stolberg dem Rat der Stadt geschenkte »Spielhaus auf dem

Weinkeller« war ein massiver Rechteckbau an der S-Seite des Marktes, der im Unterstock des jetzigen Rathauses erhalten ist. Das Fachwerkobergeschoß – urspr. Festsaal für die Bürgerschaft – ab 1492 durch Zimmermeister Andreas Sprengel aufgesetzt und 1494–1498 durch den Anbau der Erkertürme durch Thomas Hilleborch voll. Erst als das alte, ostseitig auf dem Marktplatz stehende Rathaus 1528 abbrannte und dann abgebrochen wurde, übernahm das »Spielhaus« die Rathausfunktion. Die dafür notwendige Umgestaltung – im wesentlichen des Innern – 1539–1544 unter Mitwirkung von Simon Hilleborch. Die Marktfassade mit den zwei weit vortretenden Fachwerk-Erkertürmen, die über das stark vorgezogene Walmdach mit ihrem verschieferten Dachgeschoß und giebelbekränzten spätgot. Helmen hinausragen, und der doppelläufigen, 1741 erneuerten Freitreppe ein sehr einprägsames Architekturbild, das sich mit dem schräg anschließenden Waaghaus am Klint und dem Sparkassengebäude von 1939 – auf dem als Dacherker der alte O-Anbau von 1584 sitzt – zu einer reizvollen Baugruppe verbindet. Bereichernd zur Fachwerkgestaltung mit Andreaskreuzverstrebungen in den Brüstungsfeldern, geschnitzten Balkenköpfen und Schwellen treten die figürlich ausgebildeten Knaggen, die sich auch am Waagegebäude finden, das vielleicht noch vor 1492 entstand. Die Erkertürme urspr. nur vom Oberstock an vorhanden, das erste Fachwerkgeschoß nachträglich untergezogen und auf Holzstützen gestellt. Beeinträchtigende Rest. 1874, die Eingriffe teilweise später rückgängig gemacht. [A 3]

WERNIGERODE. – Schloss [333]. Die mittelalterliche Burg auf der vorgeschobenen Kuppe des Agnesberges wurde im 1. V. 12. Jh. von den Grafen von Wernigerode gegr. Urkundlich erscheint sie zuerst 1213, 1429 gelangte sie an die Grafen von Stolberg. Von der urspr. Kernburg Reste im Kellerbereich, Teile der im 14. Jh. verstärkten Anlage in der Ringmauer und dem Hausmannsturm erhalten. Von einer Erneuerung um 1500 zeugen noch Partien des N-Flügels (Inschrift am Saalbau 1494) und der 2. Mauerring mit der Kanonenbastion. Im 17. Jh. teilweise Umwandlung in ein Wohnzwekken dienendes bar. Schloß; das bestehende Sommerhaus mit Küchenbau im Kern von 1676. Seine heutige Erscheinung verdankt das Schloß dem weitgehenden Neubau von 1862–1885 unter Otto von Stolberg-Wernigerode, durchgeführt durch den Baumeister Carl Frühling – in seiner aufwendigen neugot. Gestalt mit den Türmen und Toren, Schmuck- und Pseudowehrformen nach den Vorstellungen der Zeit zum Idealbild einer mittelalterlichen Ritterburg stilisiert und bis in die Ausstattung ein bedeutendes Denkmal des Historismus der Gründerzeit. Die Schloßkirche St. Pantaleon, nach den Entwürfen von Friedrich Schmidt und Carl Frühling 1870–1880 ausgeführt, ostentativ an französischer Kathedralgotik orientiert. Das Innere des Schlosses, mit seiner gesamten Einrichtung aus der Bauzeit nahezu unverändert erhalten; in den wesentlichen Raumfolgen, mit den Festräumen und den Königszimmern, seit 1949 Museum. [A 3]

WERNIGERODE. – Breite Strasse 72 [334]. Die in Fachwerk errichteten Wohnbauten prägen bis heute das Altstadtbild Wernigerodes. Dabei handelt es sich zumeist um Häuser, die erst im späten 18. und im 19. Jh. entstanden, in jeweils kurzer Zeit – nach den verheerenden Stadtbränden von 1751, 1833 und 1847 – quartierweise in typisierenden Formen erb. Um so mehr fallen die in kleineren Bereichen oder einzeln dazwischen stehengebliebenen älteren Bauten auf, wie etwa das für H. und A. Krummel 1674 errichtete Haus Breite Straße 72 mit seiner bes. aufwendig gestalteten Fassade. Die beiden weit vorkragenden Oberstöcke in den konstruktiven wie füllenden Holzteilen mit reichem frühbar. Schnitzdekor überzogen: in den Brüstungsfeldern Reliefs mit allegorischen Darstellungen u. a. der Erdteile und Elemente, dazu abstruse Knorpel- und Teigwerkbildungen, florale und geometrisierende Formen, Fratzen, Festons an Ständern, Balkenköpfen, Schwellen und Füllhölzern. Die prunkende Ausgestaltung auch des Unterstocks weitgehend von 1875, ebenso Veränderungen im 2. Oberstock. [A 3]

WITTENBERG. – Schloss und Schlosskirche [335, 336]. Wittenberg verdankt seine Stadtwerdung den Askaniern: der zuerst 1180 genannte Burgward war von Albrecht dem Bären als Stützpunkt der ostelbischen Kolonisierung angelegt worden. Herzog Albrecht II. (seit 1261, † 1298) erhob Wittenberg zum Residenz- und Hauptort des Herzogtums Sachsen-Wittenberg und verlieh 1293 das Stadtrecht. Nach dem Aussterben der Askanier (1422) fiel das Herzogtum mit der Kurwürde 1423 an die Markgrafen von Meißen. Von den Wettinern wählte erst Kurfürst Friedrich III. der Weise Wittenberg zum landesherrlichen Sitz und ließ anstelle der verfallenen askanischen Burg am W-Ende der Stadt von 1489–1525 durch die Werkmeister Claus Roder und Conrad Pflüger das große spätgot. Wohnschloß errichten. Der architekturgeschichtlich bedeutende 3flügelige Hauptbau stark fragmentiert erhalten; die charakteristischen, zu den ersten in Mitteldeutschland zählenden Frührenaissancegiebel 1765 abgenommen, nach dem Übergang an Preußen im ganzen durch die Umwandlung zur Zitadelle (nach 1819) weiter entstellt. Von dem nach O anschließenden Vorschloß, das der Gesamtanlage einen unregelmäßigen Rechteckumriß gab, nur Teile noch in Umbauten des ausgehenden 18. Jh. vorhanden. Den N-Trakt des Hauptschlosses bildete von Anfang an die ***Schloßkirche*, zugleich Stiftskirche Allerheiligen (bis zur Säkularisierung 1525) und Kirche der 1502 gegr. Universität. Sie barg auch das von Friedrich dem Weisen gesammelte »Wittenberger Heiltum«, eine der größten Reliquiensammlungen ihrer Zeit, und eine Vielzahl von Werken der damals geachtetesten deutschen Künstler. Erb. 1498–1507 durch Conrad Pflüger, war die Kirche ein langgestreckter, netzrippengewölbter Emporensaal; an der N-Seite das Hauptportal, datiert 1499, an das Luther am 31. Oktober 1517 wahrscheinlich seine 95 Thesen gegen den Ablaß anschlug. Die spätgot. Umfassungen bilden noch die des bestehenden Baus, das Innere mit der Ausstattung, soweit sie noch vorhanden war, im 7jährigen Krieg 1760 durch Brand fast vollständig zerstört. Wiederaufbau als bar. Hofkirche durch den sächsischen Oberlandbaumeister Christian Friedrich Exner 1767–1770, die erneute Beschädigung 1813 und der Übergang an Preußen führten schließlich nach dem Eingreifen König Friedrich Wilhelms IV. zu einer stufenweisen Rest. Von den anfänglichen, weiterreichenden Vorhaben Ferdinand von Quasts 1558 lediglich die »Thesentür« verwirklicht. Die tiefgreifende, historisierende Erneuerung durch Friedrich Adler 1883–1892 betraf den an der NW-Ecke unmittelbar anschließenden Turm, der seinen hohen Aufbau samt Kuppelhelm mit monumentalisierter Krone erhielt, und das Innere, das in Annäherung an die ursprüngliche Gestalt mit gründerzeitlichem Aufwand als Ruhmes- und Gedächtnishalle der Reformation im umfassenden Sinn ausgebaut wurde. In die neugeschaffene, mit ihren Bildwerken und Bildern programmatisch verstandene neugot. Einrichtung die wenigen Ausstattungsstücke einbezogen, die den Brand 1760 überstanden hatten: so die beiden vorzüglichen Marmorfiguren der knienden Kurfürsten Friedrich der Weise und Johann der Beständige, 1519/20 von einem süddeutschen Meister geschaffen, urspr. dem Hochaltar »in ewiger Anbetung« zugewandt; außerdem die 1537/38 translozierten Grabdenkmäler der askanischen Herzogfamilie und verschiedene Epitaphe, darunter das hervorragende Bronzerelief für den Stiftspropst Henning Goede († 1521), wohl von Hans Vischer aus Nürnberg; vor allem aber die beiden riesigen Wandepitaphe mit jeweils zugehöriger Enkomiontafel und die Grabplatten der kurfürstlichen Brüder Friedrich und Johann: Das ∗*Epitaph für Friedrich den Weisen* († 1525), von Peter Vischer d. J. nach einer Visierung Lucas Cranachs d. Ä., als »Meisterstück« 1527 gegossen; in einer Nische mit feinster Frührenaissance-Ornamentik die überlebensgroße Hochrelieffigur des schwerthaltenden Fürsten im kurfürstlichen Ornat. Das gegenüberstehende Epitaph für Kurfürst Johann den Beständigen († 1532), inschriftlich von Hans Vischer 1534, mit geringen Abweichungen dem Epitaph Friedrichs nachgebildet. Die Grabstellen Martin Luthers († 1546) und Philipp Melanchthons († 1560) durch schlichte Schriftplatten des 16. Jh. ausgezeichnet, im Zuge der Rest. 1885 auf hohe Steinsokkel montiert. [C/D 3]

WITTENBERG. – Stadtkirche [337, 338]. Von dem bereits 1187 genannten Gründungsbau der Stadtkirche St. Marien fehlt bisher jede Spur. Ältester Teil der bestehenden Kirche ist der kreuzrippengewölbte Rechteckchor mit südl. Ssch., urspr. vielleicht als neues Sanktuarium mit seitlicher Kapelle des rom. Baus errichtet, nach den bemerkenswerten Schlußsteinskulpturen, den Fenstermaßwerken und dem Staffelgiebel kaum vor 1300 entstanden. Wenig später im 14. Jh. nördl. die Sakristei angesetzt, danach im W die mächtige Doppelturmfront erb., angeblich 1361 voll. Das erste Lhs. durch den spätgot. Neubau ersetzt, um 1412 beg. und 1439 gew. Das ∗*Innere* der breiten 3schiffigen Halle schlicht und mit Kreuz-, z. T. auch Netzrippengewölben über Achteckpfeilern ausgebildet, der Chor asymmetrisch angeschlossen. Das ∗*Äußere* prächtiger und mit den reich gestalteten Portalen im N und S, den großen Maßwerkfenstern sowie dem Dekor und Skulpturenschmuck der Strebepfeiler ein wichtiges spätes Werk des nachparlerischen Reichen Stils. Zur gleichen Zeit das hohe Glockengeschoß aufgesetzt; die zugehörigen steilen Spitzhelme im Schmalkaldischen Krieg zu Verteidigungszwecken 1547 abgenommen und

1556–1558 durch die seither die Stadtsilhouette mitbestimmenden Achteckgeschosse und die Schweifhauben mit Laterne von Ludwig Binder ersetzt. Eine bedeutsame Erweiterung war 1569–1571 die Aufstockung der Sakristei für die »Ordinandenstube«, den Raum zu der von Luther angeregten und seit 1535 verbindlichen Ordination aller ev. Geistlichen innerhalb des Kurfürstentums Sachsen und teilweise darüber hinaus. Völlige Umgestaltung des Innern durch die klassizistisch-regotisierende Einrichtung mit Lhs.-Empore, Chorlogen, Kanzel, Orgel und Gestühl 1810/11 durch den Dessauer Hofbaumeister Carlo Ignazio Pozzi. – Von der mittelalterlichen Ausstattung nur die kunstvoll-reiche spätgot. Messing-Taufe in der Kirche übriggeblieben, 1457 von Hermann Vischer d. Ä. in Nürnberg gegossen; das andere Inventar im Bildersturm 1521/22 zugrundegegangen. Dagegen in ungewöhnlichem Umfang die Werke der Folgezeit erhalten: Großer gemalter Altaraufsatz mit dem Abendmahl der Apostel auf der Mitteltafel von Lucas Cranach d. Ä., vor 1539, und den Darstellungen von Taufe und Beichte nach reformatorischem Verständnis auf den Flügeln und ebenso der Predigt auf der Predella, hinzugefügt von Lucas Cranach d. J. 1547 – thematisch sinnfällig zum ev. Lehrbild erhoben und durch die Mitwirkung Luthers, Melanchthons und Bugenhagens im Bilde zugleich ein Denkmal der Reformation. Aus der Fülle von Grabtafeln und Gedächtnismalen vornehmlich des 16. und 17. Jh. nennenswert die mit Gemälden von Lucas Cranach d. J. gestalteten Epitaphe für Johannes Bugenhagen († 1558), mit einer Taufe Christi, Caspar Niemegk († 1562), mit einer Anbetung der Hirten, und Paul Eber († 1569), mit der Darstellung vom Weinberg des Herrn als Symbol der christlichen Kirche, dazu die von Peter Spitzer geschaffenen Gedenkbilder für Sara Cracow († 1563), Melchior Fendius († 1564) und Franz Oldehorst († 1565). Von den skulptierten Epitaphen die vorzüglichsten für Matthias von der Schulenberg († 1569), ein Werk Georg Schröters aus Torgau 1571, und insbesondere für Lucas Cranach d. J. († 1586) mit dem alabasternen Grablegungsrelief von Sebastian Walther 1606. [C/D 3]

WITTENBERG. – Marktplatz mit Rathaus [339]. Das im Stadtzentrum an der N-Seite des Marktplatzes freistehende Rathaus wurde von 1523 bis etwa 1535 von Sebastian Krüger erb. Das stattliche, 3geschossige Gebäude in spätgot. Formen, u. a. mit Vorhangbogenfenstern, hatte – der außerordentlichen Größe entsprechend – den vielfältigen Aufgaben des Stadtregiments sowie dem Verkauf und Handel, aber auch als Hochzeits- und Festhaus der Bürgerschaft zu dienen. Das heutige Aussehen gewann es mit dem Renaissanceumbau 1570–1573 durch Maurer-Werkmeister Franz Freiwald und Steinmetz Hans Gröbel, die dem Bau an den Stirnseiten die großen Volutengiebel und an den Langseiten je 4 kleinere Giebel mit den Zwerchhäusern aufsetzten; an die Stelle des spätgot. Wendelsteins trat gleichzeitig das neue Hauptportal mit dem reizvollen Altanvorbau, im skulpturalen Teil ein Werk des Torgauer Bildhauers Georg Schröter. Die Funktion der städtischen Verkündlaube unterstrichen durch die Figuren von Religio und Pax und die Tugendpersonifikationen, überragt von Justitia auf dem mittleren Dreiecksgiebel; sämtliche Figuren

1868 durch Kopien ersetzt. Das Rathausinnere 1926–1928 vollständig neu geschaffen, zugleich große Teile der Fassade erneuert. – Auf dem Marktplatz die beiden Reformatorendenkmäler: gegenüber dem Rathausportal das weit überlebensgroße Bronzestandbild Martin Luthers, von Gottfried Schadow 1805 konzipiert, auf einem Granitsockel und unter einem gußeisernen neugot. Baldachin nach dem Entwurf Karl Friedrich Schinkels, errichtet 1817–1821. Das Denkmal für Philipp Melanchthon als Gegenstück zum Lutherdenkmal geschaffen und westl. von diesem aufgestellt: die Figur von Friedrich Drake 1858 beg., der in seiner neugot. Formgebung doktrinärer gehaltene Baldachin nach einer Zeichnung von Johann Heinrich Strack, 1865 eingeweiht. Beide Tabernakel 1967 neu gegossen.
[C/D 3]

WITTENBERG. – MELANCHTHONHAUS [340]. 1518 hatte Philipp Melanchthon einen Ruf als Professor für Griechisch an die Universität Wittenberg angenommen. 1536 wurde für ihn – längst engster Mitarbeiter Luthers und hochgeachtet als Praeceptor Germaniae – auf Kosten des Kurfürsten Johann Friedrich und der Universität und mit Unterstützung des Rates der Stadt in der Collegienstraße auf dem schon 1520 erworbenen Grundstück ein neues, vornehmes Wohnhaus errichtet. Über schmalem Grundriß stark in die Tiefe gestreckt sind die zur Straßen- wie Gartenseite gleichartig gegliederten, 3achsigen Hausfronten von gestaffelten Giebeln mit Halbrundaufsätzen in charakteristischer Frührenaissancegestaltung bekrönt – ein in Mitteldeutschland zu dieser Zeit als Würdeform bevorzugt verwandtes Architekturmotiv. Die wichtigsten Räume – das Arbeits- und Sterbezimmer im 1. Obergeschoß und die Scholarenstube mit Malereien von 1538 bis 1543 im 2. Obergeschoß – bei der Wiederherstellung des Hauses 1897 in Anlehnung an die urspr. Ausstattung eingerichtet. Der 1967 rekonstruierte Garten entspricht – etwas verkleinert – mit dem originalen Steintisch noch dem Zustand der Zeit Melanchthons.
[C/D 3]

WITTENBERG. – LUTHERSTUBE IM LUTHERHAUS [341]. Auf dem Gelände des mittelalterlichen Heiligengeistspitals, das 1503 den Augustinereremiten für ihre Klostergründung zugewiesen wurde, entstand im 16. Jh. am östl. Ende der Collegienstraße die große Gebäudegruppe mit Lutherhaus und Augusteum. Der Bau des im S angeordneten Lutherhauses ab 1504 als Konventgebäude der Augustinereremiten errichtet und von Martin Luther als Ordensangehörigem schon seit 1508 mit Unterbrechungen bewohnt. Nach Aufhebung des Klosters (1522) Luther zunächst für seine Vorlesungen und als Wohnung überlassen, schenkte Kurfürst Johann Friedrich ihm und seiner Frau das Haus schließlich 1532. Trotz verschiedener späterer Eingriffe ist das 3geschossige, langgestreckte Gebäude mit den zu Luthers Lebzeiten vorgenommenen Ausbauten in wichtigen Teilen erhalten: an der Hoffront beachtlich das sog. Katharinenportal von 1540, ein aus Pirna geliefertes spätgot., kielbogengerahmtes Sitznischenportal mit dem Reliefbildnis Luthers an einem der Baldachine. Im 1. Obergeschoß die als Familienzimmer und Ort der Tischgespräche berühmt gewordene ***Lutherstube*, deren deckenhohe Holztäfelung einschließlich der Sitzbänke sowie die Felderdecke und Dielung zwischen 1535 und 1538 eingebaut wurden; die farbige Fassung 1629 (sowie schon der Ofen von 1602) von einer behutsamen, frühzeitig den Raum als »Museum Lutheri« achtenden Erneuerung. Auch 2 angrenzende Zimmer in ihrer schlichten Raumgestalt aus dieser Zeit erhalten. Die beiden Hörsäle dagegen stark verändert, in wesentlichen Zügen mit den historisierenden Decken auf Entwürfe Friedrich August Stülers von 1846 zurückgehend. Von Stüler auch das Äußere in den 50er Jahren 19. Jh. regotisierend erneuert, die Rest. erst mit der Einrichtung als Reformationsgeschichtliches Museum 1883 abgeschlossen; heute Lutherhalle. – Der zur Straße abschirmende Zweiflügelbau des Augusteums (Collegium Augusti) im Kern 1580–1586 von Hans Irmisch, mehrfach erneuert, bes. 1781–1802, der O-Giebel von Franz Schwechten 1902. [C/D 3]

WÖRLITZ. – STADTKIRCHE [342]. Die erste, reich dotierte Pfarrkirche der von Markgraf Albrecht dem Bären bei einer älteren Burg angelegten Bauernsiedlung Vuerliazi wurde 1200 gew. Davon die Umfassungen des Schiffs mit dem spätrom. aufwendigeren S-Portal und der Unterteil des W-Turms in den bestehenden, vergrößerten Kirchenbau einbezogen, ebenso der polygonale Chorschluß des 15. Jh. Die Erweiterung der Kirche und ihre Ausgestaltung im neugot. Stil war eine der letzten großen Baumaßnahmen im Bereich der Wörlitzer Anlagen, ausgeführt 1805–1809 nach den Vorstellungen von Fürst Leopold III. Friedrich Franz von Anhalt-Dessau und vielleicht auch Vorgaben von Friedrich Wilhelm von Erdmannsdorff, die Entwürfe Georg Christoph Hesekiel zugeschrieben. In den Neuteilen aus Backstein errichteter kreuzförmiger, einschiffiger Bau mit ausladendem Qhs., 5/8 Polygon und W-Turm, dazu mit Fialen und Giebeln reich gezierte Portalvorhallen und die Sakristei; für die neugot. Bau- und Schmuckformen des Äußern wie Innern verschiedene Anregungen einschließlich der Vorlagen englischer und deutscher Architekturbücher des 18. Jh. (z. B. von B. und Th. Langley und J. G. Grohmann) wirksam. Der sehr hohe Turm – wichtig als weit ins Land wirkender und in Sichtachsen der Gartenanlagen eingestellter Blickpunkt – in wesentlichen Zügen dem Turm der Liebfrauenkirche in Brügge nachgebildet. Das ∗*Innere* von gesucht-zierlicher Formgebung und mit einheitlich neuer Ausstattung in bewußt eingesetzter Materialfarbigkeit: die 2geschossigen, schmalen Emporen im Schiff und in den Qhs.-Armen und der Fürstenstuhl im Chorschluß durchgehend aus Holz und in den struktiven Teilen ungefaßt, sämtliche Kapitelle und das Brüstungsmaßwerk aus Stuck. Anstukkiert auch die dünnen Rippen der in den einzelnen Raumabschnitten unterschiedlichen Wölbung und der angeblendete große Kielbogen mit dem anhaltinischen Wappen über der Öffnung des Schiffs zum Qhs. Gleichzeitig auch der Altar in Tischform und der Taufstein, beide Stuckmarmor, die Holzkanzel und die Orgel. Über den Qhs.-Emporen 2 großformatige Bilder mit der Taufe Christi und dem Abendmahl, Frühwerke der Brüder Heinrich und Ferdinand Olivier 1810. [C 3]

WÖRLITZ. – ANLAGEN, SCHLOSS UND GOTISCHES HAUS [343–345]. Die 112 Hektar umfassenden Wörlitzer Anlagen in der Elbaue, von 1764 an geschaffen durch Fürst Leopold III. Friedrich Franz von Anhalt-Dessau (1740–1817, regierte seit 1758) und seinen Freund Friedrich Wilhelm von Erdmannsdorff, stellen ein einzigartiges Gesamtkunstwerk des 18. Jh. dar. Der erste bedeutende Landschaftspark auf dem europäischen Festland nach dem Beispiel englischer Gartenkunst (Stourhead und Stowe) mit seinen Denkmälern und Bildwerken und vor allem den in Deutschland wegweisenden Bauten des Klassizismus und der Neugotik ist zugleich Zeugnis der aufgeklärten Herrschaft eines Kleinstaatfürsten, der in einem weitreichenden philanthropischen und agrarökonomischen Reformprogramm für die Wohlfahrt des Landes – das »Gartenreich« Anhalt – »das Schöne mit dem Nützlichen« sinnfällig zu verbinden trachtete. Landwirtschaftliche Nutzung und Gestaltung poetischer Erlebnisbereiche gehen daher auch in den Anlagen unmittelbar ineinander, die aus mehreren Teilen zusammenwuchsen: zunächst der Schloßgarten und westl. davon Neumarks Garten, dann Schochs Garten und der Weidenheger nördl. des Sees, schließlich die 1788 beg. Neuen Anlagen. Mit den Gärtnern Johann Friedrich Eyserbeck, Johann Leopold und Johann George Schoch und Johann Christian Neumark schufen der Bauherr und Erdmannsdorff, ausgehend von ihren Reiseeindrücken vornehmlich in England, aber auch in Italien und Frankreich, die in einer Vielzahl von »Gartenbildern« mit Wiesen-, Wasser- und Feldflächen zwischen Baumgruppierungen und Kulissenpflanzungen, Brücken, Skulpturen, Denkmälern und Bauten sich darbietende und mit axialen und fächerförmigen Sichtbeziehungen zu markanten Blickpunkten der näheren und weiteren Umgebung »natürlich« gestaltete Landschaft. Der ∗ *Blick über den Wolfskanal zum Venustempel* (1794), einem Monopteros nach römischem Vorbild, ist dafür ebenso bezeichnend wie der Blick von dem – gleichfalls einem antiken Bauwerk nachgebildeten – Tempel der Flora (1796–1798) zum Gotischen Haus oder vom Elbdamm über die Goldene Urne und Neue Brücke zur Stadtkirche. Die Wörlitzer Anlagen waren in ihrer Gesamtheit zu Beginn des 19. Jh. fertig; die Wiederherstellung der historischen Gestalt schon in den 20er Jahren des 20. Jh. beg. und in Etappen betrieben, verstärkt seit 1981. – Die ersten von Friedrich Wilhelm von Erdmannsdorff in Wörlitz errichteten Bauten waren der sog. Englische Sitz 1765 und das Nymphäum 1767/68. Dann folgte 1769–1773 anstelle eines älteren Jagdschlosses das neue ∗*Schloß*, ein »Landhaus« nach palladianischem Vorbild, das der Gründungsbau des Klassizismus in Deutschland wurde: ein 3geschossiger Rechteckbau mit – an der Hauptfront zur Stadt – auf einer Freitreppe vorgesetztem, monumentalem Säulenportikus, von eindrucksvoll kubischer Geschlossenheit und maßvoll-harmonischer Detailgestaltung, inschriftlich vom Bauherrn zum Wohnsitz seiner Gemahlin bestimmt. Der Palmensaal im Dachgeschoß mit dem Belvedere erst 1783/84 hinzugefügt. Der Grundriß entspricht den Anforderungen repräsentativer Wohnlichkeit. Das in seiner Ausstattung unverändert erhaltene Hauptgeschoß in der Raumfolge um die mittlere Achse Vestibül – Lichthof – Großer Festsaal angeordnet, Höhepunkte der Speisesaal und die Bibliothek sowie die Zimmer des Fürstenpaars. Insgesamt verbindet die klassizistische Raumgestaltung in den Stukkaturen und Wandmalereien Elemente des englischen Adam-Stils, Raffaelsche Grotesken, pompejanische Muster und Chinoiserien zu einem kostbaren Raumkunstwerk, in das eine Fülle älterer wie zeitgenössischer Kunstwerke eingefügt wurde. Die zahlreichen antiken Fundstücke oder Kopien hiervon waren Geschenke oder von beauftragten Künstlern besorgt,das Mobiliar nach Angaben des Architekten Anfertigungen im Lande. Die Räume im Obergeschoß dienten Angehörigen der engeren Hofgesellschaft. – Bewußtes stilgeschichtliches Pendant zum Schloß ist das Gotische Haus, eines der ersten Bauwerke der Neugotik in Deutschland und von großer Vorbildwirkung. Zunächst als Ersatz für das alte Gärtnerwohnhaus erb., dann auch für den Aufenthalt des Fürsten und die Unterbringung seiner umfangreichen Kunstsammlungen bestimmt. Das Hauptgebäude mit der italianisierend-gotischen Kanalfront nach dem Vorbild der Kirche Madonna dell'Orto in Venedig, gewählt wohl unter dem Einfluß Erdmannsdorffs, 1773/74 ausgeführt von dem Fürstlichen Kammerdiener und späteren Oberbaurat Georg Christoph Hesekiel. Im Gegensatz dazu folgt der 1785/86 schräg angeb. Flügel zur * *Gartenseite* mit der in dem Weiß-Rot-Kontrast von Putzgliederung und Backsteinflächen reizvollen, zierlich-kulissenhaften Fassade in seiner Formgebung der englischen Tudorgotik. Als Baugruppe im weiteren vergrößert durch die seitlichen Pavillons am Wolfskanal 1787/88, den Neuen Turm 1789/90 – wofür wiederum Erdmannsdorff verantwortlich war – und die Kabinette hinter der Gartenfront 1811–1813. Von den Innenräumen bes. beachtlich der Kirchensaal und der mit hölzernem Gewölbe geschlossene Rittersaal in ihrer hervorragenden neugot. Ausgestaltung. Die Sammlung älterer deutscher Kunst nimmt entwicklungsgeschichtlich Bemühungen der deutschen Romantik vorweg, am ungewöhnlichsten dabei die Glasmalerei-Kollektion des 15.–17. Jh., vor allem der durch Johann Kaspar Lavater besorgten Schweizer Scheiben. – Weitere klassizistische Parkbauten und Denkmalgestaltungen, die auf Entwürfe Erdmannsdorffs zurückgehen, sind u. a. der Sommersaal am Küchengebäude 1770/71, die Insel mit dem Gedenkstein für Jean Jacques Rousseau – bezeichnenderweise am Eingang der Anlagen – von 1782, die 2 Pavillons des Eisenhart für Bibliothek und Südsee-Sammlung 1783/84, das Ensemble des sog. Stein, ein Findlingsbau mit Grotte und »Vesuv« sowie der Villa Hamilton 1788–1796, der als Synagoge errichtete Vestatempel 1789/90 und das zur Aufnahme der Antikensammlung bestimmte Pantheon 1795 bis 1797. Die um den Kirchplatz stehenden neugot. Bauten von Marstall 1775/76 und Grauem Haus 1789 vertreten ebenso wie Gärtnerei und Palmenhaus 1797–1799 die frühe Rezeption der »vaterländischen Vergangenheit« in der »Franz-Gotik«. [C 3]

WOLMIRSTEDT. – SCHLOSSKAPELLE [346]. Eine auf dem nördl. Hochufer der Ohre gelegene Burg der Grafen von Walbeck erstmals 1009 erwähnt. Sie befand sich im 12. Jh. im Besitz Albrechts des Bären und verblieb den Askaniern bis 1319. Damals von den

Erzbischöfen von Magdeburg pfandweise übernommen, wurde sie durch Otto von Hessen 1342 endgültig erworben und war in der Folgezeit eine der beliebtesten erzbischöflich-magdeburgischen Residenzen. Größere Baumaßnahmen nachweislich unter Erzbischof Ernst von Wettin: er ließ am O-Rand der Kernburg über einem älteren Tor gegen 1480 eine neue Kapelle errichten, einen 1schiffigen 3jochigen Backsteinbau in engster Anlehnung an die 1470 gew. Kapelle der bischöflich-brandenburgischen Residenz in Ziesar. Wie dort auch in Wolmirstedt die Hoffront als prachtvolle Schaufassade mit Zierfriesen aus durchbrochenen Formsteinen und einem gitterwerkgerahmten Portal mit reicher Maßwerkfüllung im Tympanon gestaltet. Die Volutengiebel der beiden Schmalseiten 1580 in Angleichung an den neuen Schloßtrakt hinzugefügt, den der Administrator Johann Friedrich 1575–1582 südl. gegenüber der Kapelle in Renaissanceformen mit repräsentativer Giebelfolge hatte aufführen lassen. Das Kapelleninnere – ein Raum mit eingezogenen Strebepfeilern und einem hochgelegenen Laufgang auf der N-Seite, urspr. auch einer Empore in der großen W-Nische – im 30jährigen Krieg zerstört; damals die Gewölbe weitgehend eingestürzt und die Ausstattung vernichtet. Instandsetzung 1862, seither denkmalpflegerische Teilmaßnahmen zur Bestandsicherung, in größerem Umfang wieder seit 1975. Selbst im reduzierten Zustand belegen Raumstruktur und erhaltene Architekturformen innen eindrucksvoll die hervorragende Bedeutung des Baus in der Reihe der spätgot. Schloßkapellen Mitteldeutschlands, die bereits durch die äußere Erscheinung angezeigt ist. [B 2]

ZEITZ. – Dom St. Peter und Paul [347, 348]. 968 Gründung des Bistums Zeitz durch Otto I. in der auf einem Bergsporn in der Elsterniederung bestehenden königlichen Burg. Bereits 1028 Verlegung des Bischofsitzes nach Naumburg; danach in Zeitz bedeutendes Kollegiatstift, seit 1555 ev. Die erste Bischofskirche unbekannt, ein Neubau wohl nicht vor M. 11. Jh. Von der 3schiffigen, kreuzförmigen Basilika mit ausgeschiedener Vierung beachtliche Teile der Umfassungsmauern vom Chorquadrat bis zum W-Bau und insbes. die ∗*Krypta* erhalten, eine 3schiffige Halle mit gurtgegliederten Kreuzgratgewölben, auf schlanken Säulen von kämpferlosen (vielleicht etwas älteren?) Pyramidenstumpfkapitellen getragen. Die abschnittweise Umgestaltung unter weitgehender Beibehaltung des alten Grundrisses etwa M. 14. Jh. mit dem hochgot. Chorpolygon beg., sein Rippengewölbe erst um 1400. Gleichzeitig erste Teile des neuen spätgot. Lhs. (S-Seite), dann – noch vor 1433 – der 2geschossige Choranbau mit Sakristei und Singchor, schließlich nach mehrfachem Planwechsel die auch nach N erweiterte 3schiffige, 4jochige Halle, abgeschlossen mit den über kämpferlosen Bündelpfeilern aufsteigenden Kreuz- und Netzrippengewölben (Schlußsteine datiert 1487 und 1497): das Äußere bis auf die großen Maßwerkfenster von ausnehmender Schlichtheit, das Innere ein stattlicher, lichter Raum, in seinen aufwendigen Architekturformen von kathedralem Anspruch. An den Pfeilern ein Zyklus paarweise aufgestellter Apostel aus Sandstein, entstanden im 3. V. 15. Jh., die Schnitzfiguren der beiden Kirchpatrone bereits um 1430. 1536 der nördl. Qhs.-Arm nach Einsturz vollständig erneuert. – Von der mittelalterlichen Klausur der O-Trakt und Teile des S-Trakts erhalten. – Der N-Flügel des got. Kreuzgangs ins südl. Ssch. der Kirche einbezogen, darüber breite Empore. – Das heutige Raumbild der Kirche wesentlich geprägt durch die bar. Ausstattung der unter Herzog Moritz von Sachsen-Zeitz (1619 bis 1681) eingerichteten und 1664 der hl. Dreifaltigkeit gewidmeten Schloßkirche: bereits 1663 Einbau der Doppelorgel auf hölzernen Emporen in beiden Qhs.-Armen, nur die südl. mit klingendem Werk, die nördl. Scheinprospekt; 1664 Einfügung der großen, die W-Joche einnehmenden Hofloge. Der mächtige, 2geschossige Aufbau des ∗*Hochaltars*, mit Palmbaum-Säulen, üppigen Blatt- und Fruchtgehängen sowie zahlreichen Kindengeln, 1671 von Hans Caspar Sandtmann, wohl unter maßgeblicher Beteiligung von Hofbildhauer Heinrich Schau, das Kreuzigungsbild von dem Hofmaler Christian Schäfer. Von H. Schau auch die Chorschranken mit dem Pultengel geschaffen und 1674 schließlich die Kanzel in großartigen Frühbarockformen. Unter den zahlreichen Grabmälern und Epitaphen auch die Bronzeplatten für die in Zeitz bestatteten Naumburger Bischöfe Johann II. v. Schleinitz († 1434), Peter v. Haugwitz und Georg v. Haugwitz (beide † 1463), der Vischer-Werkstatt zugeschrieben. Künstlerisch bedeutend das Renaissance-Epitaph des letzten katholischen Bischofs Julius v. Pflug († 1564) mit vorzüglicher lebensgroßer Darstellung des auch als Diplomat und Humanist hervorgetretenen Kirchenfürsten. – 1982 der südwestl. Vierungspfeiler samt den darauf ruhenden Gewölben eingestürzt; umfassende Wiederherstellung im Gange. [C 5]

ZEITZ. – Moritzburg [349, 350]. Die 968 in den Besitz der Bischöfe von Naumburg gekommene und seit dem späten 13. Jh. von ihnen als ständiger Wohnsitz genutzte Burg in der Folgezeit zur Feste ausgebaut; Teile der spätgot. Fortifikation in die bar. Bastionärbefestigung einbezogen. Anstelle der im 30jährigen Krieg zerstörten Wohngebäude das durch Herzog Moritz angelegte und nach ihm benannte frühbar. Residenzschloß des 1656 bis 1718 bestehenden wettinischen Sekundogeniturfürstentums Sachsen-Zeitz: 1657 beg., der S-Flügel 1663 bezogen, 1673 im ganzen fertig. Planende und ausführende Architekten waren – wie in Weißenfels – der Fürstlich Sächsische Landbaumeister Johann Moritz Richter d. Ä. und nach dessen Tod 1667 sein Sohn Johann Moritz Richter d. J. Innerhalb der unregelmäßig vieleckigen, mit Türmen bewehrten und von Graben geschützten Ummauerung in der W-Hälfte der über trapezförmigem Grundriß 3flügelige, 3geschossige Schloßbau, an seiner O-Seite durch schmalen Flügel mit der Schloßkirche verbunden. Alle Fassaden mit regelmäßiger Fensterfolge zur Ehrenhof- wie Landseite gleichartig streng ausgebildet; Haupttrakt der W-Flügel mit Erdgeschoßarkaden, Durchfahrt und Seigerturm sowie einem stattlichen 3läufigen Treppenhaus, das als frühes deutsches Beispiel dieses Typs gilt. Die innere Raumfolge weitgehend erhalten; im ersten Obergeschoß mehrere Räume mit schweren Balkendecken, an der SW-Ecke die große ∗*Tafelstube*: in den Feldern der Kassettendecke allegorische Gemälde, u. a. mit Darstellungen der Weltteile, Jahreszeiten und Tierkreiszeichen, 1663 von Christian und Wilhelm Richter. Außerdem in 2 Räumen Stukkaturen um 1690, vermutlich von Johann Peter und Samuel Rust. – An der zur Stadt gerichteten O-Seite der Anlage das 1661–1672 als »Kavalierhaus« errichtete wuchtige Torgebäude, über quadratischem Grundriß zu 7 Achsen 4geschossig aufragend. An beiden Seiten der gewölbten Durchfahrt monumentale, rustizierte Portale, bes. aufwendig das im Sinne antiker Triumphbogen gestaltete ∗*Portal* zur Stadtseite; im Aufsatz das Wappen der Herzöge von Sachsen-Zeitz. An den Torbau nach N und S große kasemattierte Schanzen angeschlossen. [C 5]

ZERBST. – Trinitatiskirche [351]. Im Ergebnis jahrzehntelanger konfessioneller Auseinandersetzungen zwischen Reformierten und Lutheranern in Stadt und Fürstentum Zerbst wurde den Reformierten in Zerbst 1680 die Nikolaikirche zugewiesen – der großartige spätgot. Hallenbau seit 1945 Ruine – und für den lutherischen Gottesdienst die neue Pfarrkirche zur hl. Dreifaltigkeit errichtet. Grundsteinlegung der protestantischen Predigtkirche 1683, eingew. 1696. Baumeister war der seit 1681 bereits mit dem Zerbster Schloßbau beschäftigte Holländer Cornelis Ryckwaerts; nach dessen Tod 1693 der Innenausbau durch Giovanni Simonetti voll. Der Zentralbau – einer der frühesten dieser Art in Deutschland und wichtiger Vorläufer für den protestantischen Zentralkirchenbau des 18. Jh. – über dem in der holländischen Architektur vorgeformten Grundriß eines griechischen Kreuzes mit 2geschossigen Anräumen in den Ecken der Kreuzarme angelegt, im Aufriß palladianisch-klassizistisch umgesetzt zu einem mächtigen Kubus mit bekrönendem Pyramidendach und an allen 4 Seiten vortretenden Giebelrisaliten. Die Fassaden durch Kolossalpilaster streng gegliedert, plastischer Schmuck nur an den 3 Portalen und in den Giebelfeldern. Durch den Bombenangriff im April 1945 bis auf die Umfassungsmauern zerstört. Beim Wiederaufbau 1951–1960 das Äußere vollständig rekonstruiert, der Innenraum vereinfacht wiederhergestellt. Die prachtvoll bar. Altarschauwand von G. Simonetti mit den seitlichen Durchgängen und dem Skulpturenprogramm rest.; die Gemälde verloren. [C 3]

ZÖRBIG. – Stadtkirche [352]. Die spätgot., 1537/1541 und 1888 teilweise veränderte Pfarrkirche St. Moritz, eine Pseudobasilika mit W-Turm und Polygonalchor, besitzt einen prächtig geschnitzten bar. Altaraufsatz von 1694. Seine eigenwillige Gestaltung als großes, figurenreiches Wolkenoval – hier mit 2facher Erscheinung Christi in einem für die protestantische Ikonographie bezeichnenden Verständnis des Abendmahls – hängt aufs engste mit dem vom Zeitzer Hofbildhauer Heinrich Schau 1686 in Bad Lauchstädt geschaffenen Altar zusammen. Der Aufsatz in Zörbig entstand, als beide Städte zum Sekundogeniturfürstentum Sachsen-Merseburg gehörten. – Ein monumentales ∗*Triumphkreuz* mit der überlebensgroßen Figur des toten Christus von etwa 1240/1245 im Chorbogen aufgehängt, wahrscheinlich urspr. in der Stiftskirche auf dem Petersberg und nach der Auflösung des Stifts 1538/1540 nach Zörbig verbracht. Das höchst beachtliche Werk steht formal im Zusammenhang mit dem Kruzifixus der Halberstädter Liebfrauenkirche und gehört in die Reihe der mitteldeutschen Großkreuze des 13. Jh. [C 4]

CHRONOLOGIE DER ABGEBILDETEN WERKE

Spätantike und Frühes Mittelalter

Halberstadt, Domschatz, Konsulardiptychon: 417
Hornhausen, Reiterstein: 7. Jh.
Quedlinburg, Wipertikirche: nach 936, Krypta-Einbau um 1000
Quedlinburg, Stiftskirche: voll. um M. 10. Jh., »Confessio« um 962/964
Gernrode, Stiftskirche: nach 959 beg., 965 teilweise fertig
Quedlinburg, Stiftskirche, Neubau: nach 966 – 1021
Merseburg, Dom: 1015 – 1021 und nach 1036 – 1042
Halberstadt, Domschatz, Liturgischer Diskos: 2. Drittel 11. Jh.
Nienburg, Klosterkirche: nach 1042 bis 1060
Zeitz, Dom: um M. 11. Jh.

Romanische Architektur

Hadmersleben, Klosterkirche, Halle unter der Nonnenempore: 2. H. 11. Jh. bzw. 3. Drittel 12. Jh.
Magdeburg, Liebfrauenkirche und Klausur: nach 1063 – 2. V. 12. Jh.
Quedlinburg, Stiftskirche, Neubau: nach 1070, gew. 1129
Sangerhausen, Ulrichskirche: nach 1074 oder 1. V. 12. Jh.
Ilsenburg, Klosterkirche: 1078 – 1087
Dingelstedt-Huysburg, Klosterkirche: 1084 – 1121
Drübeck, Klosterkirche: um 1100, W-Bau um 1170
Freyburg/Unstrut, Neuenburg: 12. Jh.
Kloster Gröningen, Klosterkirche: frühes 12. Jh. und um 1170
Hamersleben, Stiftskirche: 2. und 3. Jahrzehnt 12. Jh.
Saaleck, Burg: vermutlich 1. H. 12. Jh.
Halberstadt, Liebfrauenkirche: 1. H. 12. Jh., gew. 1146
Gernrode, Stiftskirche, W-Chor und Qhs.-Emporen: 2. V. 12. Jh.
Falkenstein, Burg: 2. V. 12. Jh. bis 1170/1180
Petersberg, Stiftskirche: 2. V. 12. Jh., O-Teile 1174 – 1184
Schulpforta, Klosterkirche: 1136/37 beg.
Jerichow, Stiftskirche und Klausur: beg. um 1148 – M. 13. Jh.
Quedlinburg, Wipertikirche, Neubau: nach 1148
Osterwieck, Stephanikirche, W-Bau: nach M. 12. Jh.
Salzwedel, Marienkirche, Gründungsbau: 2. H. 12. Jh.
Ballenstedt, Klosterkirche: 3. V. 12. Jh.
Querfurt, Burg: 2. H. 12. Jh., Burgkirche 3. V. 12. Jh.
Rudelsburg, Kernburg: 2. H. 12. Jh. bis M. 13. Jh.
Landsberg, Doppelkapelle: zwischen 1156 und etwa 1174
Naumburg, Dom, Mittelkrypta: um 1160/1170
Hecklingen, Klosterkirche: um 1160 bis um 1176 und zwischen 1220 und 1240
Havelberg, Dom: gew. 1170
Frose, Stiftskirche: um 1170
Seehausen, Petrikirche: bald nach 1170 beg., W-Bau 1. H. 13. Jh.
Merseburg, Neumarktkirche: nach 1173 – gegen 1200
Diesdorf, Stiftskirche: 4. V. 12. Jh. bis frühes 13. Jh.
Arendsee, Klosterkirche: um 1183 bis 1208
Ilsenburg, Klosterkirche, Erneuerung und Stuckestrich: spätes 12. Jh.

Magdeburg, Liebfrauenkirche, Umgestaltung: E. 12. Jh.
Melkow, Dorfkirche: E. 12. Jh.
Dambeck, Dorfkirche: E. 12. Jh.
Thalheim, Dorfkirche: E. 12. Jh.
Sandau, Stadtkirche: um 1200
Aken, Nikolaikirche: um 1200
Ermsleben-Konradsburg, Klosterkirche: um 1200
Stendal, Dom: um 1200, gew. 1258
Blankenburg, Bartholomäikirche: A. 13. Jh. – 14. Jh.
Naumburg, Dom: gegen 1210 – 1242
Schönhausen, Dorfkirche: gew. 1212
Memleben, Jüngere Klosterkirche: 1. V. 13. Jh.
Salzwedel, Marienkirche, Neubau: 1. V. 13. Jh.
Freyburg/Unstrut, Neuenburg, Doppelkapelle: 2. und 3. Jahrzehnt 13. Jh.
Freyburg/Unstrut, Marienkirche: 2. V. 13. Jh.
Schulpforta, Abtskapelle: um 1240

Romanische Plastik

Gernrode, Stiftskirche, Heiliges Grab: 3. V. 11. Jh.
Merseburg, Dom, Grabplatte Rudolfs v. Schwaben: kurz nach 1080
Quedlinburg, Stiftskirche, Äbtissinnengrabmäler: um 1129
Gernrode, Stiftskirche, Taufstein: M. 12. Jh.
Magdeburg, Dom, Grabplatte Friedrichs v. Wettin: bald nach 1152
Kloster Gröningen, Klosterkirche, Emporenreliefs: um 1170
Merseburg, Dom, Taufbecken: um 1180
Halberstadt, Dom, Taufstein: um 1195/1200
Halberstadt, Liebfrauenkirche, Chorschrankenreliefs: um 1200
Schönhausen, Dorfkirche, Triumphkreuz: um 1200/1210
Halberstadt, Dom, Triumphkreuzgruppe: um 1220
Ilsenburg, Klosterkirche, Kruzifixus: etwa 1220
Hecklingen, Klosterkirche, Stuckengel: um 1220/1225
Naumburg, Moritzkirche, Kruzifixus: um 1225/1230
Stendal, Marienkirche, Schrankenfiguren: um 1225/1230
Halberstadt, Domschatz, Madonna: um 1235
Hamersleben, Stiftskirche, Chorschrankenreliefs: um 1240
Großwulkow, Dorfkirche, Kruzifixus: 1. H. 13. Jh.

Romanische Malerei und Schatzkunst

Halberstadt, Domschatz, Abraham-Engel-Teppich: M. 12. Jh.
Quedlinburg, Stiftskirche, Fresken der Krypta: um 1200
Quedlinburg, Stiftsschatz, Knüpfteppich: um 1200
Merseburg, Domschatz, Illuminierte Bibelhandschrift: A. 13. Jh.
Axien, Dorfkirche, Gewölbe- und Wandmalereien: 2. V. 13. Jh.
Pretzien, Dorfkirche, Wandmalereien im Chor: um 1240
Halberstadt, Domschatz, Reliquien-Schrank: um 1245

Gotische Architektur

Magdeburg, Dom, Neubau: beg. 1209, gew. 1363, W-Türme bis 1520
Magdeburg, Liebfrauenkirche, Einwölbung: zwischen 1220 und 1240
Eisleben, Andreaskirche, W-Bau: 2. V. 13. Jh. und ab 2.V.15. Jh.
Merseburg, Dom, Erneuerung: um 1230/1240

Halberstadt, Dom: 1236/1239 – 1491
Nienburg, Klosterkirche: nach 1242 und E. 13. Jh.
Schulpforta, Klosterkirche, Erneuerung: vor M. 13. Jh. beg. – gegen 1300
Salzwedel, Lorenzkirche: um M. 13. Jh.
Magdeburg, Dom, sechzehneckige Kapelle: um M. 13. Jh.
Naumburg, Dom, W-Chor: um 1250/1260
Blankenburg, Bartholomäikirche, Chorverlängerung: 2. H. 13. Jh.
Halle, Dom: nach 1271 – 1. V. 13. Jh.
Havelberg, Dom, Umbau und Wölbung: nach 1279
Gardelegen, Marienkirche: 13. Jh., Chor nach 1306, Lhs. um 1500
Halberstadt, Martinikirche: E. 13. Jh. – 14. Jh.
Magdeburg, Wallonerkirche: E. 13. Jh. beg., 1366 gew.
Aken, Nikolaikirche, Doppelturmfront: um 1300 – nach 1317
Salzwedel, Marienkirche, Hallen- und Chorneubau: um 1300 bis 2. H. 14. Jh. sowie 15. Jh.
Wittenberg, Stadtkirche: um 1300 bis 1361
Salzwedel, Katharinenkirche: um 1300 – um 1430
Tangermünde, Neustädter Tor: um 1300 und um 1450
Werben, Johanniskirche: A. 14. Jh., 1412 – 1466
Magdeburg, Maria-Magdalenen-Kapelle: 1315
Naumburg, Dom, O-Chor: gegen 1330
Halle, Ulrichskirche: 14. Jh., Gewölbe 1509/10
Zeitz, Dom: um M. 14. Jh. – 1497
Querfurt, Burg, Verstärkung: 3. V. 14. Jh. – 15. Jh.
Tangermünde, Burg: 4. V. 14. Jh.
Tangermünde, Stephanskirche: 1376 bis E. 15. Jh.
Halle, Moritzkirche: 1388 – 1510, Gewölbe 1555 – 1557
Magdeburg, Petrikirche: spätes 14. Jh.
Kemberg, Stadtkirche: spätes 14. und 15. Jh.
Aschersleben, Stephanikirche: E. 14. Jh. – 1507
Quedlinburg, Wordgasse 3: 14. oder 15. Jh.
Weißenfels, Marienkirche: um 1400, 1465 – um 1520
Stendal, Rathaus: A. 15. Jh. bis 3. V. 15. Jh.
Mansfeld, Schloßkirche: 1. V. 15. Jh.
Stolberg, Martinikirche: 15. Jh., Chor 1484 – 1490
Stendal, Jakobikirche: 1311(?) – 1408 und 1460 – 1469
Wittenberg, Stadtkirche, Lhs.: um 1412 – 1439
Burg, Oberkirche: Chor gew. 1359, Lhs. 1415 – 1455
Halle, Roter Turm: 1418 – 1474, Helm 1506
Wernigerode, Rathaus: um 1420, 1492 – 1498
Bernburg, Marienkirche, Chor: gegen 1420/1435
Stendal, Dom: kurz nach 1420 – um 1470
Stendal, Marienkirche: 1420er Jahre bis 1447 und um 1473
Seehausen, Petrikirche, Lhs.: 2. V. 15. Jh. – 1486
Eisleben, Andreaskirche: 2. V. 15. Jh. bis gegen 1500
Naumburg, Wenzelskirche: 1426 bis 1511 bzw. um 1523
Tangermünde, Rathaus: um 1430 und um 1480
Schönebeck-Salzelmen, Johanniskirche: 1430 – A. 16. Jh.
Salzwedel, sog. Mönchskirche: 1435 bis E. 15. Jh.

Eisleben, Petri- und Pauli-Kirche: 1447 – 1513
Sangerhausen, Jakobikirche: um M. 15. Jh. – 1510, Turm 1516 – 1542
Heidberg-Hohenlangenbeck, Dorfkirche: 15. Jh.
Kleinau-Klein Rossau, Dorfkirche: 2. H. 15. Jh.
Stendal, Marienkirche, Chorschranke: 2. H. 15. Jh. und 16. Jh.
Allstedt, Schloß, Kernburg: 2. H. 15. Jh. und 1507 – 1511
Stendal, Uenglinger Torturm: um 1450/1460
Naumburg, Marientor: 1455/56, erneuert 1511
Merseburg, Schloß: nach 1471 – um 1500
Profen, Dorfkirche: 4. V. 15. Jh. bis A. 16. Jh.
Wolmirstedt, Schloßkapelle: um 1480
Halle, Moritzburg: 1484 – 1503
Wittenberg, Schloß und Schloßkirche: 1489 – 1525
Eisleben, Sterbehaus M. Luthers: um 1500
Kemberg, Stadtkirche, Sakramentshaus: um 1500
Wittenberg, Lutherhaus: um 1504
Halberstadt, Dom, Lettner: voll. 1510
Merseburg, Dom, Lhs.: 1510 – 1517
Osterwieck, Stephanikirche, Chor: nach 1511 beg. – 1516
Eisleben, Annenkirche: beg. 1514, voll. 1585 – 1608
Osterwieck, Mittelstraße 12 und 13: 1521
Wittenberg, Rathaus: 1523 – etwa 1535
Halle, Marktkirche: 1529/30 – 1554
Stolberg, Alte Münze: 1535
Schönebeck-Salzelmen, Johanniskirche, Wölbung: 1536/37

Gotische Plastik

Merseburg, Dom, Triumphkreuz: um 1240
Zörbig, Stadtkirche, Triumphkreuz: etwa 1240/1245
Merseburg, Dom, Grabmal des Ritters v. Hagen: um 1245
Magdeburg, Dom, hl. Mauritius, Verkündigung, sitzendes Herrscherpaar: um M. 13. Jh.
Magdeburg, Alter Markt, Reiterstandbild: um M. 13. Jh.
Magdeburg, Dom, Kluge und Törichte Jungfrauen: 3. V. 13. Jh.
Naumburg, Dom, sog. W-Lettner und Stifterstandbilder: um 1250/1260
Arendsee, Klosterkirche, Kruzifixus: etwa 1250/1260
Nienburg, Klosterkirche, Sandsteinsäule: 3. bzw. 4. V. 13. Jh.
Blankenburg, Bartholomäikirche, Stifterfiguren: um 1270
Kötschlitz-Horburg, Dorfkirche, Madonna: etwa 1270/1280
Havelberg, Dom, Leuchter der alten Chorabschrankung: um 1300
Halberstadt, Martinikirche, Bronzetaufe: A. 14. Jh.
Salzwedel, Marienkirche, Buchpult: A. 14. Jh.
Stendal, Marienkirche, Kreuzigungsgruppe: 14. Jh.
Nienburg, Klosterkirche, Grabmal Markgraf Thietmars: um 1350
Halberstadt, Dom, Maria und Engel: kurz nach 1350
Magdeburg, Dom, Chorgestühl: vor 1363
Groß Ammensleben, Klosterkirche, weibliche Heilige: 4. V. 14. Jh.
Querfurt, Burgkirche, Tumba Gebhards XIV. v. Querfurt: um 1383
Havelberg, Dom, Lettner und Chorschranken: zwischen 1395 und 1411

Salzwedel, Marienkirche, Kalksteinfiguren: etwa 1410
Halle, Moritzkirche, Bildwerke des Conrad v. Einbeck: 2. Jahrzehnt 15. Jh.
Quedlinburg, Rathaus, Roland: 1. H. 15. Jh.
Stendal, Dom, Chorgestühl: um 1430
Magdeburg, Dom, Lettner: 1445 bis 1447
Salzwedel, Marienkirche, Triumphkreuzgruppe: M. 15 Jh.
Stendal, Dom, Sandsteinrelief: um M. 15. Jh.
Stendal, Marienkirche, Chorschranke: 2. H. 15. und A. 16. Jh.
Magdeburg, Dom, hl. Mauritius: 1467
Stendal, Marienkirche, Schreinaltar: 1471
Salzwedel, Katharinenkirche, Hauptaltar: 1474
Altenhausen, Dorfkirche, Doppelmadonna: um 1480
Staßfurt, Hospitalkapelle, Schnitzaltar: um 1480/1490
Werben, Johanniskirche, Standleuchter und Taufe: 1487 und 1489
Magdeburg, Wallonerkirche, Schnitzaltar: 1488
Stolberg, Martinikirche, Epitaph Rißbach: um 1488
Merseburg, Dom, Epitaph Thilos v. Trotha: E. 15. Jh.
Kötschlitz-Horburg, Dorfkirche, Kruzifixus: um 1500
Schulpforta, Abtskapelle, Schmerzensmann: um 1500
Abbendorf, Dorfkirche, Vesperbild: A. 16. Jh.
Magdeburg, Dom, Grabmal der Königin Edith: A. 16. Jh.
Naumburg, Dom, Platten vom Grabstein Rudolfs v. Bünau: um 1505
Freyburg/Unstrut, Marienkirche, Schnitzaltar: um 1510
Salzwedel, Marienkirche, Hochaltar: um 1510
Stendal, Jakobikirche, Chorschranke: 1. V. 16. Jh.
Merseburg, Dom, Kanzel: um 1517
Mansfeld, Schloßkirche, Sakramentsnische: angeblich 1519
Salzwedel, Marienkirche, Bronzetaufe: 1520–1522
Gardelegen, Marienkirche, Anna Selbdritt: um 1520
Halle, Dom, Pfeilerskulpturen: zwischen 1522 und 1525
Halle, Dom, Chorgestühl: um 1525
Stendal, Rathaus, Roland: 1525
Halle, Dom, Kanzel: 1526
Holleben, Dorfkirche, Schnitzaltar: um 1530

Gotische Malerei und Textilkunst

Naumburg, Dom, Farbverglasung des W-Chors: um 1250/1260
Schulpforta, Klosterkirche, Triumphkreuz: bis 1268
Salzwedel, Marienkirche, Chorfenster und Wandmalereien: um 1350/1360
Loburg, Laurentiuskirche, Sakramentsschranktür: um 1400
Sangerhausen, Jakobikirche, Schnitzretabel: um 1400
Halberstadt, Dom, Glasmalereien des Chorumgangs: um 1400–1440
Halberstadt, Liebfrauenkirche, Fresken der Barbarakapelle: um 1420
Quedlinburg, Ägidienkirche, Altar: um 1430
Stendal, Dom, Bildverglasung: 2. und 3. V. 15. Jh.
Kleinau-Klein Rossau, Dorfkirche, Wandmalereien: 2. H. 15. Jh.
Aschersleben, Stephanikirche, Altarflügel: 3. V. 15. Jh.
Eisleben, Andreaskirche, Kanzelbehang: A. 16. Jh.

Naumburg, Wenzelskirche, Gemälde: 2. und 4. Jahrzehnt 16. Jh.
Mansfeld, Schloßkirche, Flügelaltar: etwa 1520
Merseburg, Dom, »Türkenschlacht«: gegen 1526
Halle, Marktkirche, Flügelaltar: 1529

Renaissance und Manierismus, Architektur

Halle, Dom, Umbau: 1520–1523
Wittenberg, Lutherhaus, Lutherstube: 1535 und 1538
Wittenberg, Melanchthonhaus: 1536
Stolberg, Schloß: 1538/39–1549
Bernburg, Schloß: 1538/39 und 1567–1570
Halle, Marktkirche, Emporen: 1550 bis 1554
Gardelegen, Salzwedeler Tor: um M. 16. Jh.
Falkenstein, Burg, Neubauten: 3. V. 16. Jh.–1601
Coswig, Schloß: beg. 1555
Wittenberg, Stadtkirche, Turmabschlüsse: 1556–1558
Letzlingen, Jagdschloß: 1559–1563
Osterwieck, Stephanikirche, Lhs.: gew. 1562
Quedlinburg, Stieg 28: 1564 und 1580 sowie 1. Drittel 17. Jh.
Leitzkau, Schlösser: 1564–E. 16. Jh.
Prettin, Schloß Lichtenburg: 1565 bis 1582
Plötzkau, Schloß: 1566–1573
Burg, Oberkirche, O-Giebel: 1567
Hecklingen, Gänsefurth, Schloß, Umbau: um 1570
Wittenberg, Rathaus, Umbau: 1570 bis 1573
Loburg, Laurentiuskirche, Umbau: 1580–1584
Annaburg, Schloß: 1572–1578, 1585
Kroppenstedt, Stadtkirche, Lhs.-Umgestaltung: 1593 und 1616
Altenhausen, Dorfkirche, Umbau: 1594
Salzwedel, Radestraße 9: 1596
Merseburg, Schloß, Erneuerung: 1605–1608
Osterwohle, Dorfkirche: nach 1607 bis 1621
Quedlinburg, Rathaus, Erneuerung: 1615
Halle, Moritzburg, Brautzimmer des Talamts: 1616
Droyßig, Schloßkapelle: 1622/23

Renaissance und Manierismus, Plastik und Malerei

Wittenberg, Schloßkirche, Epitaph Friedrichs d. Weisen: 1527
Mansfeld, Schloßkirche, Sakramentshaus: 1537
Wittenberg, Stadtkirche, Altaraufsatz: vor 1539 und 1547
Eisleben, Andreaskirche, Tumba des Grafen Hoyer VI. v. Mansfeld: 1541
Dessau, Marienkirche, Abendmahlsbild: 1565
Kemberg, Stadtkirche, Flügelaltar: 1565
Bernburg, Schloß, Erkerreliefs: 1568/69
Wittenberg, Stadtkirche, Epitaph v. d. Schulenburg: 1571
Eisleben, Annenkirche, sog. Steinbilderbibel: 1585
Halle, Moritzkirche, Kanzel: 1592
Magdeburg, Dom, Kanzel: 1595 bis 1597
Heidberg-Hohenlangenbeck, Dorfkirche, Taufgestell: 1598
Stolberg, Martinikirche, Taufstein: 1599
Dehlitz/Saale, Dorfkirche, Kanzel und Logenprospekt: E. 16./A. 17. Jh.
Neindorf, Schloßkapelle, Wandgrab v. d. Asseburg: nach 1604

Prettin, Schloßkirche Lichtenburg, Altaraufsatz: 1612/13
Sangerhausen, Jakobikirche, Grabmal Tryller: nach 1618
Tangermünde, Stephanskirche, Kanzel: 1619

Architektur des Barock

Zeitz, Moritzburg: 1657 – 1673
Weißenfels, Schloß: 1660 – 1694, Schloßkapelle gew. 1682
Schönebeck-Salzelmen, Johanniskirche, Ausstattung: 1665 (Altar) bis um 1685
Coswig, Schloß: 1667 – 1677
Quedlinburg, Steinweg 11: 1671
Wernigerode, Breite Straße 72: 1674
Oranienbaum, Stadtanlage: ab 1683
Zerbst, Trinitatiskirche: 1683 – 1696
Oranienbaum, Schloß: 1683 – 1708/09
Reinharz, Schloß: 1690 – 1701 und 1748
Ballenstedt, Schloß: nach 1690 – 1748
Allstedt, Schloß: Barockisierung zwischen 1691 und 1723, Südschloß 1746/47
Blankenburg, Schloß: 1705 – 1718, 1723 und 1727 – 1731
Dessau, Georgenkirche: 1712 – 1717
Naumburg, Marien-Magdalenen-Kirche: 1712 – 1730
Quedlinburg, Blasiuskirche: 1714/15 bis 1723
Weißenfels, Rathaus: 1718 – 1722
Weißenfels, Marienstraße 2 und 4: 1720 und 1730/1740
Burgscheidungen, Schloß, neue Flügel und Garten: 1724 – 1732
Egeln, Klosterkirche Marienstuhl: 1732 – 1734
Frankleben, Dorfkirche: 1733 – 1735
Dornburg, Schloß: 1751 – 1758/59
Dessau-Mosigkau, Schloß: 1752 – 1757
Hecklingen-Gänsefurth, Schloß: 1757
Weferlingen, Mausoleum: 1766 – 1768
Bad Lauchstädt, Kuranlagen mit Kursaalbau und Pavillons: 1776 – 1787
Gröbzig, Synagoge: spätes 18. Jh. bis 1832

Plastik und Malerei des Barock

Zeitz, Dom, Hochaltar: 1671
Naumburg, Wenzelskirche, Hochaltar: 1677 – 1680
Weißenfels, Schloßkapelle, Altar: 1678 – 1683
Tangermünde, Kirchstraße 59, Portal: 1679
Merseburg, Neumarktkirche, Altarfiguren: 1695
Naumburg, Wenzelskirche, Orgel: 1695 – 1697 und 1743 – 1746
Halberstadt, Martinikirche, Altar: 1696
Wernigerode, Theobaldikapelle, Triumphkreuzgruppe: 1696
Großkorbetha, Dorfkirche, Altar: 1696
Profen, Dorfkirche, Inneneinrichtung: 17. – 18. Jh.
Ilsenburg, Klosterkirche, Hochaltar: 1706
Blankenburg, Bartholomäikirche, Altarschauwand: 1712
Oranienbaum, Marktplatz, Orangenbaum: 1719
Großjena, Weinbergreliefs: 1722
Ermlitz, Landhaus, Leinwandtapeten: 2. V. 18. Jh.
Dingelstedt-Huysburg, Klosterkirche, Ausstattung: 2. H. 18. Jh.

Klassizismus

Wörlitz, Anlagen: ab 1764 – A. 19. Jh.
Dieskau, Dorfkirche, Hoffmannsche Grabkapelle: 2. H. 18. Jh.
Wörlitz, Schloß: 1769 – 1773 und 1783/84

Wörlitz, Gotisches Haus: 1773/74 bis 1811 – 1813
Dessau-Waldersee, Luisium: Schloß 1774 – 1778, Park seit 1780
Oranienbaum, Schloßpark, Inselgarten mit Pagode: 1793 – 1797
Wörlitz, Anlagen, Venustempel: 1794
Bad Lauchstädt, Theater: 1802
Wörlitz, Stadtkirche, Umbau: 1805 bis 1809
Wittenberg, Stadtkirche, Innenneugestaltung: um 1810/11
Wittenberg, Marktplatz, Reformatorendenkmäler: 1817 bis 1821 und 1858 – 1865
Magdeburg, Nikolaikirche: 1821 bis 1824
Köthen, Schloß, Thronsaal im Ludwig-Bau: 1822
Köthen, Marienkirche: 1827 – 1832
Halle, Franckesche Stiftungen, Francke-Denkmal: 1829
Stolberg, Schloß, »Roter Saal«: 1830er Jahre
Sommersdorf-Sommerschenburg, Gneisenau-Mausoleum: zwischen 1831 und 1841

19. Jahrhundert

Letzlingen, Jagdeschloß, Umgestaltung: 1843
Kemberg, Stadtkirche, Turm: 1856 – 1859
Ballenstedt, Schloßpark: seit 1859 verändert
Wernigerode, Schloß, Um- und Neubau: 1862 – 1885
Wittenberg, Schloßkirche, Erneuerung: 1883 – 1892
Dessau, Mausoleum: 1894 – 1898

20. Jahrhundert

Dessau, Bauhaus: 1925/26
Magdeburg, Stadthalle: 1926/27
Magdeburg, Dom, Ehrenmal von E. Barlach: 1929
Schwenda, Dorfkirche, Deckenmalerei: 1938

KÜNSTLERVERZEICHNIS

BILDNACHWEIS

Constantin Beyer, Weimar 17, 88, 239, 262, 300, 332
Klaus G. Beyer, Weimar 2, 4, 15, 22, 31, 35, 48, 49, 53, 54, 55, 62, 63, 69, 71, 76, 78–87, 90, 91, 92, 94–97, 100, 106, 107, 109, 112, 124, 125, 130, 134, 136, 138, 139, 142, 143, 145, 147, 148, 150, 159–167, 169–184, 187, 189–195, 197, 198, 200, 202, 206 bis 216, 218, 240, 241, 242, 244, 246, 247, 249–254, 256, 259, 267, 270, 285, 286, 301, 302, 307, 309, 311, 319, 330, 333, 334, 336, 338, 344, 347, 348
Otfried Birnbaum, Halle 13, 46, 47, 56, 57, 65, 67, 105, 113, 116, 127, 151, 196, 199, 201, 226, 230, 248, 352
Brandenburgisches Landesamt für Denkmalpflege, Meßbildarchiv, Berlin 7, 8, 12, 18, 61, 70, 129, 132, 157, 158, 229, 231, 233, 282, 283, 284, 298, 324, 329
Domstift Naumburg, Naumburg / F. Wittchen 220
Joachim Fritz, Berlin 29, 33, 50, 152, 155, 263, 320
Fritz Hege, Naumburg 51, 219, 293
Landesamt für Denkmalpflege, Dresden / W. Rabich 5, 6
Walter Kirsch, Wittenberg 340
Hans-Joachim Krause, Leipzig 28, 104, 115, 117, 118, 234
Peter Kühn, Dessau 27, 343
Landesamt für Denkmalpflege Sachsen-Anhalt, Halle / W. Fuchs 133, 135, 204, 296; K. Geipl 10, 30, 43, 44, 45, 64, 66, 68, 74, 185, 238, 257, 271, 281, 297, 299, 308, 341, 346; H.-J. Krause 41, 345; O. Krupp 325; W. Palm 306; S. Schütze-Rodemann 34; G. Preuß 9, 72, 110, 122, 168, 258, 266, 288; R. Ulbrich 114; Archiv 243
Dieter Möller, Bernau b. Berlin 317
Heinrich L. Nickel, Halle 11, 89, 93, 99, 101, 103, 141, 255
Renate Rössing, Leipzig 232
Sächsische Landesbibliothek, Abt. Deutsche Fotothek, Dresden 16, 19, 21, 23, 25, 36, 42, 52, 73, 75, 77, 98 102, 119, 120, 121, 123, 126, 128, 131, 137, 149, 154, 188, 203, 205, 222, 224, 227, 235, 236, 260, 261 268, 269, 272–280, 289–292, 294, 295, 303, 304, 305, 310, 313, 314, 318, 321, 323, 328, 331, 349, 350, 351
Christoph Sandig, Leipzig 32
Hans-Hartmut Schauer, Halle 237
Helga Schmidt-Glassner, Stuttgart 217
Sigrid Schütze-Rodemann, Halle 3, 14, 26, 37, 40, 58, 60, 108, 111, 140, 146, 153, 186, 228, 264, 265, 287, 312, 316, 327, 335, 337, 339, 342
Staatliche Museen zu Berlin – Preußischer Kulturbesitz, Berlin 144, 225
Karl Sütterlin, Magdeburg 1, 59, 156, 322
Universitätsfilm- und Bildstelle, Halle/O. Birnbaum 24, 221, 223, 245, 326; D. Brandt 38, 39, 315; U. Zeitlmeier 20

Die Grundrißzeichnungen der Marktkirche in Halle und der Stiftskirche in Quedlinburg stellte freundlicherweise das Landesamt für Denkmalpflege Sachsen-Anhalt, Halle, zur Verfügung. Die übrigen Grundrisse und Lagepläne sind entnommen aus: Georg Dehio, Handbuch der deutschen Kunstdenkmäler, Bezirk Magdeburg, Berlin 1974, und Bezirk Halle, Berlin 1976.

A
1
2
3
4
5
N i e d e r
Oster
Abb
Aller
Oker
s a c h s e
Osterwieck
Kl
Ha
Ilsenburg
Drübeck
Wer
Blankenb
Wippe
T h ü r i
0
10
20
30

SACHSEN-ANHALT